W0048545

Gudula Walterskirchen

»DER FRANZI WAR EIN WENIG UNARTIG«

GUDULA WALTERSKIRCHEN

„Der Franzi war ein wenig unartig"

HOFDAMEN DER HABSBURGER ERZÄHLEN

RESIDENZ VERLAG

Bibliografische Information der Deutschen Bibliothek
Die Deutsche Bibliothek verzeichnet diese Publikation in der
Deutschen Nationalbibliografie; detaillierte bibliografische Daten
sind im Internet über http://dnb.d-nb.de abrufbar.

www.residenzverlag.at

© 2013 Residenz Verlag
im Niederösterreichischen Pressehaus
Druck- und Verlagsgesellschaft mbH
St. Pölten – Salzburg – Wien

Umschlaggestaltung: Gabriele Adébisi-Schuster
Umschlagbild: IMAGNO/Austrian Archives
Lektorat: Marie-Therese Pitner
Grafische Gestaltung / Satz: Gabi Adébisi-Schuster
Gesamtherstellung: CPI Moravia Books

ISBN 978-3-7017-3301-9

INHALTSVERZEICHNIS

VORWORT

Wie geht es bei den Royals zu? Wer verlobt sich mit wem? Welche Prinzessin ist schwanger? Wie lebt man an einem Fürstenhof? Alle diese Themen beschäftigen heute illustrierte Blätter und werden vom Publikum begierig aufgesogen – selbst wenn die Berichte nicht der Realität entsprechen. Meist wissen Klatschreporter die Vorgänge nur von der Gerüchtebörse, und welch ein Glücksfall, wenn einmal ein Hofangestellter »auspackt«.

Im Zeitalter der Habsburger gab es ebenfalls diesen »Hoftratsch«, der in Boulevardblättern verbreitet wurde. Doch wie es wirklich bei Hof zuging, erfuhr das Volk nicht. Zu dicht waren die Reihen des Hofstaats geschlossen, der ausschließlich aus Mitgliedern alter Adelsgeschlechter bestand, völlig abgeschottet lebte und unter sich blieb. Und dennoch gibt es für den Historiker Möglichkeiten, hinter den Paravent der offiziellen Repräsentation zu blicken und mehr vom Familien- und Privatleben am Hof der Habsburger zu erfahren. Als hervorragende Quelle erweisen sich die Hofdamen und Erzieherinnen, die in ihren Briefen und Tagebuchaufzeichnungen ausführlich über das Hofleben berichten. Aufgabe der Hofdamen war es, die weiblichen Mitglieder der Kaiserfamilie überallhin zu begleiten, sie zu unterhalten, Sekretariatsdienste zu leisten und ihnen im Idealfall als Freundin zur Seite zu stehen. Diskretion war daher die oberste Maxime für jene, denen die Ehre zuteilwurde, dem Kaiser, der Kaiserin oder deren Familienmitgliedern zu dienen.

Diese Aufzeichnungen waren nicht für die Öffentlichkeit bestimmt und sind damit glaubwürdige und authentische Beschreibungen der einzelnen Mitglieder der kaiserlichen Familie, ihres Familienlebens, ihrer Gemütszustände, der Familienfeste und der Wirkung außerordentlicher politischer Ereignisse, wie etwa der Revolution von 1848, auf die Familie. Damals floh Kaiser Ferdinand samt seiner Familie nach Tirol und später nach Olmütz, weil er ihr Leben bedroht sah.

Sehr anschaulich gelang die Schilderung des Alltagslebens der allerhöchsten Familie Louise von Sturmfeder, der Erzieherin von Erzherzog Franz Joseph und seiner Geschwister, die in ihrem Tagebuch detailreich die Entwicklung des späteren Kaisers und ihres ausgesprochenen Lieblings von Geburt an schildert. Gräfin Irma Sztáray, die Kaiserin Elisabeth in ihren letzten Jahren auf ihren abenteuerlichen und strapaziösen Reisen begleitete, führte Tagebuch über ihre Erlebnisse. Landgräfin Therese Fürstenberg beschreibt in ihren kritisch-offenen Briefen an ihre Schwestern schonungslos, wie es bei Hof zuging.

Etliche der Quellen, die ich zitiere, wurden von mir neu entdeckt, manche wurden bereits in der breiten Habsburger-Literatur als kurze Passagen zitiert. Ihre Wirkungskraft und Anschaulichkeit entfalten diese lebendigen Schilderungen jedoch erst, wenn man sie ausführlich wiedergibt. Naturgemäß sind sie subjektiv und im Detail nicht immer korrekt, doch ihre Unmittelbarkeit macht diesen Mangel mehr als wett. Lassen Sie sich also in die längst versunkene Welt des Habsburgerhofes zu Wien zurückversetzen!

Eine Reise in die Vergangenheit zu unternehmen, ist ein Abenteuer. Natürlich hatte ich bereits eine ungefähre Vorstellung, wohin die Reise gehen sollte. Doch wenn man beginnt, in Archiven zu »graben«, ist es immer ungewiss, ob man das findet, was man zu finden hofft. Oft wird man enttäuscht, dafür entdeckt man Schätze, von denen man nicht einmal ahnte, dass sie existieren. Bei den Recherchen zu dem vorliegenden Buch erlebte ich ein wahres Wechselbad. Am Beginn stand eine Enttäuschung: Ich hatte gehofft, den bereits von anderen Historikern gesuchten Nachlass der Gräfin Karoline »Lily« Hunyady zu finden, Hofdame und enge Vertraute von Kaiserin Elisabeth. Sie heiratete später Otto Walterskirchen; es lag also nahe, das Familienarchiv in Wolfsthal zu durchforsten. Doch leider war dort nichts zu finden. Da Karoline und Otto kinderlos geblieben waren, gibt es auch keine Nachkommen, die einen Nachlass übernehmen hätten können. So bleibt zu vermuten, dass ihr Nachlass entweder zu dem Teil des Familienarchivs gehörte, der im Zuge der Kämpfe und Plünderungen im Zweiten Weltkrieg in Wolfsthal vernichtet wurde. Es ist auch denkbar, dass die Haushälterin des Paares, die nach dessen Tod mit der Auflösung des Haushalts betraut war, den papierenen Nachlass aus Unkenntnis einfach weggeworfen hat.

Entschädigt wurde ich bald danach, als ich von Prinz und Landgraf Johannes zu Fürstenberg die Erlaubnis erhielt, im Familienarchiv des Schlosses in Weitra zu forschen. Ich fand ein perfekt geordnetes Archiv vor und einen wahren Schatz: vier Kartons randvoll mit Briefen der Landgräfin Therese Fürstenberg, die zuerst Hofdame von Erzherzogin Sophie und dann von Kaiserin Elisabeth war. Diese Briefe wurden bisher nicht beachtet oder veröffentlicht. Brigitte Hamann sah sie für ihre Elisabeth-Biografie nur kurz ein und verwendete nur einige wenige Notizen aus einem im Nachhinein von der Landgräfin verfassten Notizbuch. Therese Fürstenberg schildert in diesen Briefen, die vorwiegend an ihre

Schwestern gerichtet sind, sehr scharfsinnig und offen das Leben am Hof und speziell jenes der Kaiserfamilie, das Verhältnis ihrer Mitglieder untereinander und die Auswirkungen wichtiger weltgeschichtlicher Ereignisse auf die Familie. So etwa beschreibt sie berührend die Reaktion Erzherzogin Sophies auf die Nachricht vom Tod ihres Sohnes Kaiser Maximilian in Mexiko.

Weiters befindet sich in Weitra der umfangreiche Briefwechsel zwischen Thereses Großmutter, Landgräfin Maria Theresia zu Fürstenberg, und ihrem Mann, die beide hohe Ämter bei Hof bekleideten und sehr einflussreich waren.

Ein weiterer Schatz, den ich heben konnte, sind die Erinnerungen der Hofdame Kaiserin Zitas, Gräfin Agnes Schönborns. In ihrem hochspannenden Bericht erzählt sie von der Flucht in die Schweiz, den Restaurationsversuchen Kaiser Karls in Ungarn und der Reise ins Exil, von der Angst des Paares um seine Kinder, seinen Mut und unerschütterlichen Glauben.

Angesichts der Breite des Themas und der Fülle des Materials war es notwendig, eine strenge Auswahl und eine rigorose zeitliche Eingrenzung vorzunehmen. Ich beschränke mich daher vor allem auf die Regierungszeiten Kaiser Franz' II., Franz Ferdinands, Franz Josephs I. sowie Karls, also etwa auf die Zeit von Mitte des 18. bis zum Beginn des 20. Jahrhunderts. Da im Vordergrund die Originalzitate und Quellen stehen, musste ich mich auch hier beschränken und konnte zu jeweils einem Thema immer nur eine Auswahl bringen. Der Vorteil dieser dadurch recht subjektiven Betrachtungsweise ist jedoch, dass so im Stile der »oral history« für den Leser die damalige Lebenswelt viel anschaulicher, lebendiger und plastischer wird als durch eine traditionelle Überblicksgeschichte, die nichts auslassen möchte.

Wichtig war mir auch, den weiblichen Blick auf das Geschehen in den Mittelpunkt zu rücken, dem sonst in dieser Zeit kaum Beachtung geschenkt wird. Durch die zentrale Position der Erzählerinnen ist ihre Darstellung aber viel mehr als bloß eine zufällige Anekdotensammlung und bildet das tatsächliche Geschehen recht gut ab. Ihre Berichte zeigen, dass Frauen damals in einer scheinbar reinen Männerwelt viel einflussreicher waren als man vermuten möchte – selbst wenn sie im Hintergrund wirkten!

Bei dem enormen Interesse an den Habsburgern und speziell an Kaiserin Elisabeth hat es mich erstaunt, wie viel hochinteressantes Material ich entdecken konnte und wie viel davon noch der Veröffentlichung harrt. Vielleicht in einem nächsten Buch ...

I.

Hofdamen

INTIME BEOBACHTERINNEN

Beim Begriff »Hofdame« denkt man zuerst an eine Person, deren alleinige Aufgabe es ist, Damen aus der Herrscherfamilie zu unterhalten, zu begleiten und bei Festen schön gekleidet zu repräsentieren. Somit wäre eine Hofdame nichts anderes als Aufputz, Gesellschafterin und Anstandsdame. Bei genauer Betrachtung trifft nichts dergleichen auf die Hofdamen der Habsburger zu, oder nur an der Oberfläche. Sehr wohl begleiteten die Hofdamen der Kaiserinnen diese auf ihren Reisen, lasen ihnen vor und leisteten ihnen Gesellschaft. Aber je nach Intelligenz und Kommunikationsfähigkeit war die Bedeutung der Hofdamen ungleich größer und einige von ihnen machten erstaunliche Karrieren und brachten es zu enormem Einfluss.

Im Unterschied zur »Palastdame« – ein Ehrenamt mit einer rein zeremoniellen Funktion – war »Hofdame« ein richtiger Beruf. Erforderlich dafür waren mehrere Befähigungen und diese Stellung wurde auch bezahlt, inklusive einer Abfertigung und Rente nach dem Ausscheiden. Voraussetzungen waren eine tadellose Herkunft und Erziehung, weshalb die Hofdamen ausschließlich aus alten adeligen Familien stammten. Wie für andere Hofämter auch mussten sie eine sogenannte »Ahnenprobe« bestehen, also acht adelige Vorfahren väterlicher- sowie mütterlicherseits vorweisen können. Dafür gab es eigene »Ahnenproben-Examinatoren«, die dem Oberstkämmerer unterstanden. Die Ahnenprobe war Voraussetzung für die sogenannte »Hoffähigkeit«, damit man für den Verkehr bei Hofe überhaupt zugelassen war.

Weiters mussten Hofdamen unverheiratet sein, nur in Ausnahmefällen – etwa die Erzieherinnen der habsburgischen Kinder, die streng genommen ja keine Hofdamen waren – durften sie auch verheiratet oder verwitwet sein. Somit war der Hof auch eine Art Heiratsmarkt, denn bei der Menge an jungen unverheirateten Hofdamen auf der einen Seite und an Kämmerern, Offizieren und was sonst noch an jungen Männern bei Hofe ein und aus ging, musste es ja immer wieder »funken«. Mit der Heirat schieden die Hofdamen aus dem Hofdienst aus. Bei Kaiserin Elisabeth kam zu diesen Auswahlkriterien noch hinzu, dass die Hofdamen besonders hübsch, womöglich ungarischer Abstammung und gesundheitlich fit sein mussten, um die Kaiserin auf ihren berühmt-berüchtigten Wanderungen begleiten zu können. Sie wurden vor Dienstantritt sogar ärztlich untersucht, um ihre Fitness zu bestätigen.

Es gab auch immer wieder Fälle, in denen sich ein Mitglied des Erzhauses in eine junge Hofdame verliebte und sie entweder offiziell heiraten wollte oder in geheimer Liebschaft mit ihr verbunden war. Eines der prominentesten Beispiele dafür sind Thronfolger Erzherzog Franz Ferdinand und Gräfin Sophie Chotek, Hofdame von Erzherzogin Isabella. Er verzichtete für diese Liebesheirat sogar auf die Thronfolgerechte für seine Kinder aus dieser nicht standesgemäßen, also morganatischen Ehe.

Wie dieses Beispiel zeigt, bestanden zwischen den Mitgliedern des Kaiserhauses und den Hofdamen keinesfalls jene Schranken wie gegenüber der Dienerschaft. Im Gegenteil, die Hofdamen wurden oft – formell durch Heirat oder informell durch persönliche Nähe – selbst Teil der kaiserlichen Familie. Sie blickten einerseits distanziert auf das Geschehen bei Hof, weil sie ja erst im Erwachsenenalter dazustießen, andererseits erlebten sie es aus nächster Nähe, weil sie dieses Leben ja teilten. Somit sind sie die idealen Berichterstatterinnen über das Privatleben der Habsburger.

Dem steht jedoch oft ihre ausgesprochene Diskretion entgegen, wie in ihren Briefen deutlich wird. Selten werden die allerhöchsten Herrschaften beim Namen genannt, meist bleibt es bei Andeutungen oder Abkürzungen und allzu Privates wird häufig gänzlich ausgespart. Denn Diskretion gehörte zu den wichtigsten Eigenschaften einer Hofdame, schließlich war sie ja Trägerin von Staatsgeheimnissen. Privates und Politik waren im Kaiserhaus eng verflochten. Denken wir nur an den Tod des Kronprinzen Rudolf, dessen wahre Umstände so lange wie möglich geheim gehalten wurden – was seine Geliebte Mary Vetsera betraf, sogar bis weit über das Ende der Monarchie hinaus! Erst gegen Ende des 19. Jahrhunderts wird diese Diskretion, vor allem in der Umgebung Kaiserin Elisabeths, zunehmend fallen gelassen und immer kritischer und offener beurteilt. Ob dies an der Person der Kaiserin liegt, die ja selbst recht direkt war, oder an den veränderten Zeitumständen, ist schwer zu beurteilen. Besonders direkt und offen sind die Hofdamen in ihren Tagebüchern, so sie welche geführt haben, denn diese waren ja an keinen Adressaten gerichtet und die Diskretion blieb somit gewahrt.

Zur Hofdame ernannt zu werden, bedeutete für die Betreffende und ihre Familie eine große Auszeichnung. Daher entbrannte oft ein regelrechter Wettkampf der ehrgeizigen Angehörigen darum, einer jungen Frau einen der begehrten Hofdamen-Posten zu sichern. Einblick geben etwa die Briefe von Baronin Sophie Scharnhorst an ihre Freundin Gräfin Evelina Antonia von Sickingen, die in Ischl lebte. Gräfin Sickingen führte ein großzügiges Haus, pflegte im Sommer engen Kontakt mit Erzherzogin Sophie und war allseits beliebt.

Scharnhorst[1] war Hofdame der Prinzessin Amalie von Schweden, die mit dem Kaiserhaus vielfach verwandt war, in Hacking bei Wien lebte und bei der die Kaiserfamilie ein und aus ging. Sie war für viele eine enge, weil verschwiegene Vertraute und war zu vielen offiziellen und familiären Anlässen eingeladen. Dadurch bekam auch ihre Hofdame einen tiefen Einblick in das Hof- und Familienleben:

»Wien, 5. Januar 1858. Seitdem die Erzherzogin (Sophie, Anm.) *Dir geschrieben hat, ist die Wahl* (der neuen Hofdame,

Anm.) *kein Geheimnis mehr. Et je vous répond, qu'on en parle!* *Gestern machte ich einige Visiten nach meiner langen Einsperrung und wurde allenthalben damit empfangen. Die guten desappointierten* (enttäuschten, Anm.) *Mütter sind etwas verschnupft. Et pourquoi? Als ob Karoline* (Gräfin Sickingen, die Tochter der Adressatin, Anm.) *nicht ebensogut Anwartschaft zur Hofdame hätte wie die anderen Komtessen. Ich höre alles an, antworte sehr wenig und lasse sie schnattern, wenns sie freut. Ohne dem kommt keine Heirat und keine Hofdame zustande.«*

Um das gleiche Thema dreht sich auch der nächste Brief an die Freundin:

»Wien, 17. Januar 1858. Du kannst Karolinens Zukunft mit Beruhigung entgegensehen. Wem die Erzherzogin die Hand reicht, der kann sie zuversichtlich ergreifen, denn sie leitet nur zum Guten. Ich bin nicht in Sorgen, denn bei Karolinens Tüchtigkeit, ihrem Pflichtgefühl und ihren Talenten wird sie ihren ehrenvollen Beruf sicher ganz erfüllen. Im Anfang gibt es Schwierigkeiten. Dem kann sie vorarbeiten, um sich leichter hineinzufügen. So möchte ich ihr z. B. raten, sich im Vorlesen zu üben und ihre Stimme zu kräftigen, welche sonst anfänglich durch Befangenheit leicht unsicher wird. Ich spreche aus Erfahrung.«

Und einige Wochen später berichtet sie:

»Die Gnade Gottes waltet über Dir. Die Ernennung Koras (Gräfin Karoline Sickingen, Anm.) *zur Hofdame der Erzherzogin Sophie hat ein mächtiges Echo auf allen Seiten hervorgerufen. Viele möchten die schöne Alpenrose sehen und pflücken, die nun in den kaiserlichen Garten verpflanzt werden soll.«*

DIE OBERSTHOFMEISTERIN –
DIE HERRSCHERIN IM HINTERGRUND

Die Hofdamen nahmen nicht nur im Hinblick auf das Privatleben der Kaiserfamilie eine wichtige Stellung ein, da sie meist die engsten Vertrauten ihrer Herrinnen oder Schutzbefohlenen waren und ihnen somit näher standen als deren Familienangehörige. Sie spielten im Hintergrund auch eine wichtige politische Rolle: Sie brachten die ihrer Ansicht nach richtigen Männer aus Politik und Militär zusammen, knüpften geheime Beziehungen, gaben Beurteilungen über politische Ereignisse und wichtige Mitglieder der Politik ab und sogar der Kaiser fragte manch eine gerne um ihren Rat und ihre Einschätzung. Besonders hohe Bedeutung und Ansehen besaß die Stellung einer Obersthofmeisterin. Das Damen Conversations Lexikon von 1834 definiert diese Rolle so:

»Die Obersthofmeisterin ist die vornehmste Charge unter dem weiblichen Hofstaate einer Fürstin, mit dem Titel Excellenz. Sie führt die Oberaufsicht über das gesammte weibliche Dienstpersonale, sowohl in disciplinarischer als moralischer Hinsicht, ist das Organ der Befehle vom Hofmarschallamte und wacht über die Aufrechterhaltung der Etiquette. Der Fürstin, welcher sie dient, zunächst stehend, übt sie selbst auf diese, vermöge ihres Amtes, einen nicht unbedeutenden Einfluß, und die spanische Hofgeschichte zeigt oft genug, wie die Obersthofmeisterin, bei der Ausübung der strengen Formen ihres Amtes, den Königinnen dieses Landes eine sehr unbequeme Dienerin wurde.«[2]

Ein Beispiel für eine außerordentlich gewichtige Obersthofmeisterin mit einer bedeutenden politischen Rolle bei Hof ist Landgräfin Maria Theresia zu Fürstenberg[3], die als Obersthofmeisterin von Kaiserin Maria Anna, Gemahlin Kaiser Ferdinands I., viele Fäden zog.

Eigentlich hatte ihr Kaiser Franz bereits 1831 das Amt der Obersthofmeisterin der zukünftigen Kaiserin Maria Anna übertragen. Sie, die selbst zehn Kinder geboren hatte, diente ihrer Herrin dreißig Jahre lang. Als sie ihr Amt antrat, war ihr jüngstes Kind gerade erst zehn Jahre alt. So wuchsen ihre Kinder im fernen Weitra auf und sahen ihre Mutter nur in deren Urlaub. Ihr Mann Friedrich war einerseits traurig über die Trennung, unter der auch seine Frau litt, denn die beiden hatten eine Liebesehe geschlossen, was damals keine Selbstverständlichkeit war. Zum anderen aber unterstützte er aus einem ganz pragmatischen Grund die »Berufstätigkeit« seiner Frau – eine in der damaligen Zeit ausgesprochen seltene, wenn heute auch gebräuchliche Konstellation: Er hatte nämlich Schulden und sie unterstützte ihn finanziell. Friedrich war ein charmanter, an den schönen Künsten interessierter und diplomatisch begabter Mensch. Nur in wirtschaftlichen Angelegenheiten erwies er sich als völlig untalentiert, was sich fatal auf die Finanzen der großen Familie auswirkte. Nach einigen fehlgeschlagenen Spekulationen und Fehlinvestitionen war er dermaßen verschuldet, dass sogar seine Apanage aus Donaueschingen, dem Stammhaus der Fürstenberg, verpfändet war und er sich in Wien nicht mehr blicken lassen konnte. *»Wenn nicht Therese ihren Hofgehalt gäbe«*, notierte er am 21. September 1834 in sein Tagebuch, *»so weiß ich nicht, wie ich auskäme.«*[4]

Die beiden führten also eine im heutigen Sinn moderne Ehe; der eheliche Briefwechsel wird in diesem Buch noch mehrmals als Quelle für das Privatleben der Herrscherfamilie Kaiser Ferdinand und Maria Anna zitiert werden. Sie war sein Halt und eine stille, aber sehr starke Persönlichkeit. Maria Theresia, die auch wesentlich mehr Geschäftssinn besaß als ihr Mann, nahm ihm unauffällig die Fäden des Wirtschaftsbetriebes aus der Hand und lenkte diesen in ruhigere Gewässer. Dafür förderte sie seine Laufbahn bei Hof kräftig, und nachdem die Schuldenfrage bald gelöst war, ging es mit Friedrichs Karriere, zuletzt war er Zeremonienmeister gewesen, bald wieder bergauf.

Er wurde Mitglied der Reichshofräthlichen Hofkommission und im Jahr 1846 schließlich Obersthofmarschall. Diese Beförderung durch den jungen Kaiser Franz Joseph dankte er ihm unter

anderem durch seine großartige Leistung im Revolutionsjahr
1848, als er die Stellung in der Hofburg tapfer hielt und diese vor
der Erstürmung durch die Revolutionäre bewahrte. »*Der Landgraf Fritz Fürstenberg war der einzige von allen Hofchargen und
Hofbeamten, der die ganze Zeit mit Lebensgefahr in der Burg
blieb.*«[5]
Die Enkelin Therese schildert die politisch bedeutende Rolle
ihrer Großmutter während der Revolution 1848 und danach:
»*Bei Großmama war's interessant, die Burg zuerst voll Gesinde
dann voll Militär bot täglich etwas Erstaunliches; das war
unser Standpunkt; für die Erwachsenen war's freilich anders!
Meine Großmutter hatte durch die Verhältnisse eine Stellung
wie vor und nach ihr keine Obersthofmeisterin. Sie besaß das
volle Vertrauen der Kaiserin, die damals, ohne daß es den Anschein hatte, kräftig in die Ereignisse eingriff und an ihrem
Netze wob. Bei der Obersthofmeisterin kamen Metternich und
Kolowrat*[6] *zu den geheimsten Besprechungen zusammen, durch
ihre Hände gingen die wichtigsten Depeschen, mit Windischgrätz*[7]*, ihrem Neffen, war sie eng befreundet. Nie wollte sie Memoiren schreiben um niemand zu verletzen, und den Kaiser Ferdinand seines Nimbus' zu berauben. Ich erinnere mich wie die
Himmelpfortgasse* (im Familienpalais der Fürstenberg in
Wien, Anm.) *Schauplatz lebhafter Konversation war, als Kos-
zut*[8] *uns gegenüber in der* ›*Ungarischen Krone*‹ *wohnte.*«[9]

Bei den Fürstenbergs lag es in der Familientradition, hohe Ämter
bei Hof zu bekleiden. Maria Theresias Schwiegervater Joachim
Egon[10] beispielsweise brachte es vom einfachen Kämmerer bis
zum Obersthofmarschall. Und sein Sohn Friedrich Egon[11], der
Mann Maria Theresias, trat in dessen Fußstapfen und machte
ebenfalls Karriere bei Hof. Ihre Tochter Gabrielle bekleidete ebenfalls die Stellung einer Hofdame und unterstützte gleichzeitig ihre
Nichte Therese, die Enkelin Maria Theresias, bei deren Anfängen
als Hofdame der Erzherzogin Sophie.

Der immense Einfluss Maria Theresia Fürstenbergs ist unter anderem dadurch zu erklären, dass Kaiser Ferdinand bekanntermaßen ein sehr schwacher Fürst war. Er litt, was heutzutage allgemein bekannt, damals jedoch streng gehütetes Staatsgeheimnis war, an Epilepsie. In einem ihrer zahlreichen Briefe an ihren Mann Friedrich erwähnte sie ein einziges Mal dieses delikate Geheimnis: »[...] *der Kaiser hat heute Nacht einen Anfall gehabt um 3 Uhr, seit her schläft er, man muß nun sehen, es ist doch ein Jammer.*«[12]

Ansonsten war Maria Theresia sehr diskret und verriet nur wenig über ihre Aktivitäten und das Privatleben der Kaiserfamilie, hätte ein Bekanntwerden dieser Informationen doch fatale Folgen gehabt. Im Familienkreis jedoch, wie der Bericht ihrer Enkelin zeigt, sprach sie ausführlicher über ihr Berufsleben.

EIN TEURER BERUF

Eine zentrale Rolle im Beruf der Hofdame spielte die Repräsentation. Die Sorge um eine ständige Erneuerung der Toilette nimmt in den Briefen und Notizen breiten Raum ein. Es war nicht nur anstrengend, immer nach der neuesten Mode und zu jedem Anlass passend gekleidet zu sein, es war außerdem recht kostspielig. Allein mit der Entlohnung für den Hofdienst wären die teuren Roben – etwa für den exklusiven »Ball bei Hof« – nicht zu finanzieren gewesen; so musste meist die Herkunftsfamilie einspringen und finanziell aushelfen. Es war auch üblich, dass die Herrinnen ihren Hofdamen zu besonderen Anlässen, Namenstagen oder Weihnachten, schöne Stoffe, Schmuck oder andere Accessoires schenkten und somit die Toilette mitfinanzierten. Die Repräsentationspflichten zählten daher nicht nur für die Mitglieder des Erzhauses, sondern auch für deren jeweiligen Hofstaat zu den eher unangenehmen Seiten des Hoflebens.

Baronin Scharnhorst schrieb ihrer Freundin Gräfin Sickingen, deren Tochter eben zur Hofdame erkoren worden war und dementsprechend ausgestattet werden musste:

»*Ich rate dir nicht, teure Eva, das Mieder für Karoline hier ma-*

chen zu lassen. Die Zivilisation ist noch nicht bis zu den dünnen biegsamen Fischbeinen der Franzosen fortgeschritten, die besonders unentbehrlich bei der komplizierten Form sind, die Du wünschst. Das meinige, das ich nach meinem Pariser Modell bei dem besten Miedermacher verfertigen ließ, hat eine einfache Form und viel weniger Fischbein. Und doch drückt es mich sehr, weil sie weder dünn noch biegsam sind. Ich schickte gestern zu dem Miederschneider, er war aber nicht zu Hause. Heute will ich es wieder versuchen, aber bestellen werde ich es nicht, weil ich die Überzeugung habe, daß es nicht zu brauchen sein wird und Du folglich ein unnützes Möbel teuer bezahlen würdest.«[13]

»HOFKRAXN« IM »KÄFIG«

Zur Hofdame ernannt zu werden, bedeutete einerseits eine große Ehre, andererseits aber auch Opfer und Verzicht. Der Hofdienst war anstrengend, Raum für Privatleben blieb kaum, auf Schritt und Tritt wurde man beobachtet, jede Äußerung bewertet. Die persönliche Einschränkung ging so weit, dass viele Hofdamen an einem chronischen Blasen- oder Nierenleiden erkrankten, weil es ihnen oft nicht möglich war, die Toilette aufzusuchen, wenn es sie dringend danach verlangte! Wie schwer es den jungen Frauen vor allem zu Beginn fiel, sich nach ihren unbeschwerten Jungmädchenjahren, die sie meist auf einem Landschloss zugebracht hatten, an die Strenge des Wiener Hofes und die neuen Anforderungen zu gewöhnen, schildert sehr drastisch Landgräfin Therese Fürstenberg. Sie war auf Vermittlung ihrer einflussreichen Großmutter im Jahr 1865 von Erzherzogin Sophie zur Hofdame berufen worden. Von ihrem Dienstantrit schrieb sie an ihre Schwestern: *»Ischl, 4. Okt 1865. Ich muß Euch gleich heute meinen Gruß senden, liebe Schwestern und Euch sagen, daß es furchtbar schwer ist von zu Haus zu scheiden und daß es hier schrecklich einsam ist. Das schwerste ist nun vorüber, denn was kann härter sein, als der Augenblick, wo man sein warmes Nest im elterlichen Heim verlasst, um draussen in der kalten Welt einer ungebann-*

*ten Zukunft entgegen zu gehen. Ach Gott wozu drüber reden, nun
ist geschehen, ich bin in die neue Pforte eingetreten, ein Weg ist
vor mir den ich gehen muß, und da will ich in Gottes Namen
trachten nach Möglichkeit gut zu thun. Euch aber, nächst den Eltern, habe ich zu danken für alle Liebe und Nachsicht; wir waren
recht glücklich zusammen!* [...] *Wir müssen allesamt den Eltern
recht dankbar sein für alles was wir zu Haus genossen haben;
wie selten ist das der Fall in unsern Kreisen.* [...] *es kommt mir
wie ein Traum vor und ist doch so wahr! Durch Mama wißt ihr,
daß und wie wir ankamen und daß wir zwei Stunden darauf bei
der Erzherzogin* (Sophie, Anm.) *saßen. Sie war unendlich gut,
freundlich, und es ist endlich der nähere Verkehr mit ihr vielleicht
nicht so imposant als man meint, aber hunderttausend Dinge,
die man wissen, thun, an die man denken soll machen einem
schwindlig.* [...] *Mein erster Diensttag ist vorüber. Früh wurden
wir, Fritzi, Lulu und ich zur Gratulation vorgelassen, da war die
entrouve* (Begegnung, Anm.) *mit dem Erzherzog und dem Kaiser;
da die beiden Gefährtinnen mitsammen sind, lief ich allein, recht
verschämt ins Amt das der Bischof liest, verirrte mich dabei und
war froh meinen Weg erfragen und beim Hinterpförtl in die Kirche schleichen zu können;* [...] *am Willen fehlt's nicht, aber bedeu-
tend am Geschick! Beim Reden mit dem Kaiser, ist mein Hofgefühl
und Längstvergangenes war da und mir wurde ganz warm.«*¹⁴

Die letzte Bemerkung spielt darauf an, dass Therese als junges
Mädchen den Kaiser einmal privat getroffen und sich augenblicklich ein wenig in ihn verliebt hatte, ohne dass dieser das ahnte.
*»Ischl, 16. Okt. 1865. Liebe Gabi, Geselligkeit ist ein gutes Ding,
aber hier ist's mir doch zu bunt, mein Zimmer scheint ein Gast-
haus für desennuyerte* (Zerstreuung suchende, Anm.) *Leute,
und wenn einem die Zeit zu eigner Beschäftigung, ohnehin sehr
kurz, auch noch verloren geht, da wünscht man seinen Neben-
menschen wo der Pfeffer wächst.* [...] *Gestern* (ihr Geburtstag,
Anm.) *war halt ein Tag, wie die andern; aber die guten Men-*

schen haben ihn doch nicht vergessen u ich bin von allen Seiten beschenkt worden. D. Herrin war so gut mir einen Rosenkranz v. Marmor zu geben, der mich sehr freute u. in einer steinernen Dose lag. u die Tanten Liechtenstein, denen ich nicht genug danken kann für ihre Güte, gaben mir ein geschnitztes Weihbrunn, eine Onixbrosche u. eine Kragerlgarnitur. Dann schickte Fürstin Kinsky ein Riesenbouquet. [...] Hier im Haus komme ich bisher ganz gut aus, es ist eben nicht schwer. Und ich hoffe, daß Baldine (ihre Kollegin, Anm.) und ich ein Ménage machen werden.«*

Einige Wochen später klang Therese in ihrem Brief an ihre Schwester Louise[15] nicht mehr so verzweifelt:

»Ich bin nun eben nicht unglücklich hier, und wäre ich allein in der Welt gestanden, so könnte ich vielleicht ›in Frieden‹ sein; aber es ist eben ein halbes Leben, und wir waren's so gut gewohnt, der Kontrast ist zu groß, und sich des Familienlebens entwöhnen zu müssen, vielleicht für's ganze Leben, ist eine harte Aufgabe. Gottes Wille geschehe! Übrigens klagen darf ich wirklich nicht, ich habe nun vieles besser gefunden als ich dachte, vor allem kommt mir alle Welt so freundlich entgegen, eine Erfahrung, die ich Gottlob schon öfter gemacht habe. Angefangen von der Herrin, die wirklich wohlwollend und nachsichtig ist, attention (Aufmerksamkeit, Anm.) merkt und einem gern Freude macht; man arbeitet nun einmal lieber, wenn's nicht umsonst ist! Also die erste Scheu habe ich überwunden, und kann ohne Erröten meine Stimme ertönen lassen. Sie interessiert sich für alles, weiß das Unglaublichste, so daß man was lernen kann. Mein Tag ist ganz ausgefüllt, das Muß gibt einem den Muth der Verzweiflung. Um acht Uhr ist das Frühstück aufgebaut und wenn um 10 Uhr die Messe beginnt sind sechs Zeitungen durchgesehen. [...] Daß Ischl sich nun entvölkert ist eine wahre Wohlthat, denn hier scheint es sich jeder Mensch zur Aufgabe gemacht zu haben seines Nächsten Bewegungen in und unter dem Haus und sogar die Gesichter die man dazu macht zu controliren.«[16]

Das Hofleben empfand die junge Frau, die an die Fröhlichkeit und Freizügigkeit in der Abgeschiedenheit des Familiensitzes in Weitra gewohnt war, als drückend und die Hofgesellschaft als negativ gestimmt:

»Du bist wirklich gut, meine Louise, und Ihr seid's beide, daß Ihr meine Briefe gern liest, denn es sind langweilige Episteln voller Lamento; in diesen Ton falle ich immer wieder, trotz aller guten Vorsätze für's Gegentheil; und ich weiß wahrhaftig kaum wie man sich seinen guten Humor erhalten kann, umgeben von lauther klagenden, lamentierenden, desparaten Menschen, denn alles was mich umgibt hoch und niedrig ist eigentlich mehr oder minder mißmuthig und unzufrieden; das ist das gepriesene, convoitirte (begehrte, Anm.) *Hofleben, und da soll man sich die guten Seiten heraussuchen! Da hör ich alle Augenblick ›wie die* <u>noch</u> *gut ausschaut‹ mit Neid sagen, oder ›über's Jahr wirst du schon* <u>auch</u> *mager sein‹, und so fort, andres tröstliche. Daß die Umgebung einen großen Einfluß auf einen hat, es hängt auch ab davon, wie man's Leben auffaßt, ist sicher. Ich weiß ja vom vorigen Jahr, wie man glücklich sein kann in der Nähe von Zufriedenheit und Glück und ich kehre jedesmal mit frischem Muth in meinen Käfig zurück, nachdem ich bei Großmama Dummheiten hören und machen konnte. Es ist wohl so, daß hier die Lebendigkeit gethötet und ich in einem Jahr auch eine Jammergestalt bin. Übrigens die wahren Klagbäume sind noch in Schönbrunn.«*[17]

»Ich wollte gleich die Gelegenheit benützen und dir Mama's Ankunft melden; mußte ihr jedoch den Rang lassen, und so bin ich recht froh, daß mir heute die Theaterstunden gehören, indem die letzte Novität <u>so</u> *arg ist, daß die Erzherzogin ihre Hoffräuleins nicht hineinschleppen kann. Wie wäre ich gern mit Mama gewandert, wie gern hätte ich die garstige Burg verlassen, um mich ein wenig in Althart*[18] *zu erfrischen, an Euch und an den Mädln. [...] Mein Klavier macht mir viel Spaß und in den letzten Tagen war's eine rechte Wohlthat so ein Ding zur Verfügung zu haben, die Erzherzogin war grippiert, ging nicht aus, nicht ins*

Theater, liess sich nicht vorlesen, das war dann nicht ganz
leicht, die vielen einsamen Stunden des Tages auszufüllen.« [19]
»*Ich war ja die letzte Zeit zu Hause ganz glücklich, freilich*
nicht auf deine, wohl aber auf meine Art; gibt's ja so viel was mich
freut und interessirt und endlich sind alle Leut so gut für mich.
Vielleicht find ich noch eine Möglichkeit mich hier einzugewöhnen,
bisher sah ich's nicht recht ein. Je mehr man in das Treiben oder
eigentlich regetiren (?) *um einen herum Einblick gewinnt, je*
gründlicher schreckt man zurück; was man an Illusion, an aner-
zogenem ›Cultus‹ mitbrachte, schwindet einem unter der Hand.
Vorurtheil, Kleinlichkeit, Egoismus, umgibt einen.« [20]

Mit den Jahren fand sich Therese immer mehr mit ihrem vorge-
zeichneten Schicksal ab. Heiratspläne schien sie zunehmend zu
verwerfen und hatte sich offenbar fest vorgenommen, ganz und
für immer auf eine eigene Familie zu verzichten. Dies war ja die
Voraussetzung, um als Hofdame verbleiben zu können. Wie
schwer ihr das dennoch fiel und dass es auch an möglichen Kan-
didaten nicht gemangelt hätte, zeigen ihre Briefe:
»*Schönbrunn 10 Juni 1868.* [...] *mit meinem Leben, wie ich's vor*
mir sehe, bin ich ganz versöhnt, und auch entschlossen meinen
Berufspflichten gegenüber, den inneren Wiederstand zu be-
kämpfen. Du mußt das nicht abgestumpft nennen, wenn man
kein Glück *mehr* sucht, *die Fakultät sich an allem Erfreulichen*
herzlich *zu* erfreuen *bleibt einem ja doch unverkürzt; und es*
bleibt doch wohl zu erwägen, ob der Zustand nicht besser ist, als
wenn ich mich fort und fort gegen eine verhasste Lebensweise de-
batirt u. schließlich, nur um ihr zu entgehen, den ersten besten
geheirathet, oder in Ermangelung eines Gegenstandes, doch leb-
haft solches gewünscht hätte. Der innere Friede ist nicht gestört;
es ist blos klar geworden, was sich von Zeit zu Zeit immer wie-
der in mehr od. weniger bestimmten Umrissen gezeigt hat; und
der Gedanke, daß auf Erden unsre Wege getrennt sein müssen,
ist mir so geläufig und eigen, daß selbst das nicht so schwer zu

tragen ist, als man wohl meint. Ich bin bereit Gottes Willen an-
zunehmen.«[21]

Therese Fürstenberg hegte bald große Bewunderung für Erzherzogin Sophie, ihre Dienstherrin. Und entwickelte gemäß den Strei-
tigkeiten zwischen Sophie und ihrer Schwiegertochter Kaiserin
Elisabeth eine Antipathie gegen Letztere. Ihre Briefe sind voll von
Spitzen gegen Kaiserin Elisabeth:
»[...] *Wenn übrigens Louis* (ihr Bruder, Anm.) *den Volksfreund*
(ein Theaterstück, Anm.) *zu Gesichte bekommt, und drum einen*
fulminanten und nicht ungerechten Artikel über das Treiben in
tonangebenden Kreisen, findet, wird er sich zweimal bedenken
Dich in diesen Sündenpfuhl zu bringen. Ich wurde angeredet [...]
mitzuwirken, konnte aber, angehängt wie man ist, nicht dran
denken, nun wirds so arg, daß wir Hofkraxen wieder ausgela-
den wurden, weil ehrbare Kammerfräulein nicht einmal zu-
schauen können. Onkel Fritz ist auch acht Tage hier; ich sollte
morgen, Sonntag, mit ihm und Anna Moritz bei Ernestine essen,
nun muß eben kein Familiendiner sein, und ich nicht heraus kön-
nen. Kann mein Futter allein im Käfig verschlingen. Die Erzher-
zogin hat sich bisl verkühlt, bei Promenaden in Regen und
Wind. [...] Die Tante (Hofdame Gabrielle, Anm.) *ist glücklich*
wieder über der Leitha herüber zu sein, in der ganzen Gesell-
schaft ist nur Eine der's so behagte, daß sie am Besten sich ganz
dort etabliren möchte, natürlich! Weils unmöglich und ärgerlich
ist; [...] Ich habe meine Freud an dem Kronprinzen (Rudolf,
Anm.), *der ein herziges frisches begabtes, und dabei gutes Kind*
ist, Eigenschaften, die Gott erhalten und fördern möge; in der
Menschen unschuldiger *Jahre ist so leicht und so schnell was ver-*
dorben. Gott befohlen deine Therese!«[22]

Therese spielt in diesem Brief auf die bekannte Vorliebe Kaiserin
Elisabeths für Ungarn an, dessen Grenze ja die Leitha bildete, und
die sie für »unmöglich« hält. Als »Käfig« wurde die Hofburg nicht

nur von der Landgräfin Fürstenberg bezeichnet. Auch bei anderen Hofdamen findet sich diese Bezeichnung, die sehr viel über das Lebensgefühl bei Hof aussagt. Schließlich findet sich Therese ab und nimmt ihre Stellung als Schicksal hin. An Louise schreibt sie ein Jahr später beinahe resignierend:

»Meine Anstellung ist die Brücke zu gar nichts, sondern der Stand für den mich Gott geschaffen hat, und den ich ertragen muß, und den ich mit Gleichmuth, wenn möglich mit Heiterkeit ertragen werde so lange ich lebe. Ich habe die Erzherzogin wirklich gern.«[23]

Einige Jahre später zeigte sich die Landgräfin bereits deutlich selbstbewusster und hatte bereits eine wichtige Vertrauensstellung bei Hof. Sogar vom Kaiser selbst wurde sie mit heiklen Missionen beauftragt:

»Als der Kronprinz Friedrich Wilhelm zum ersten Mal nach der Gründung des deutschen Reiches einen Besuch am Wiener Hof machte, fürchtete der Kaiser, er könnte durch Unhöflichkeiten verletzt werden. Da sagte er zu mir, ich möge doch dafür sorgen, daß ihm der Titel Kaiserliche Hoheit von niemandem versagt werde und alle Formen eingehalten würden. [...] Vielleicht wollte der Kaiser eben diese Autorität durch mich geltend machen und beauftragte mich, in diesem Sinne zu wirken. Übrigens gibt es kaum etwas Undisziplinierteres wie die kaiserliche Familie, was aus vielen Beispielen bekannt ist.«[24]

Therese Fürstenberg stand Kaiserin Elisabeth recht skeptisch gegenüber – sie gehörte ja zum »Lager« Erzherzogin Sophies. Die Kaiserin wiederum trachtete, sich einen eigenen Zirkel ergebener Hofdamen heranzubilden. Wie erwähnt spielte neben der ungarischen Abstammung das Aussehen eine wichtige Rolle. Eine ihrer engsten Vertrauten war Lily Hunyady, die offenbar alle Qualitäten aufwies, die die Kaiserin so schätzte. Ihr Vater war bereits Erster Obersthofmeister der Kaiserin und besaß ebenfalls das Vertrauen seiner Herrin. Leider sind von ihr, wie erwähnt, keine Aufzeichnungen erhalten, vielleicht hat sie solche auch nie angefertigt. Jedoch war sie bis zu ihrer Verehelichung im Jahr 1871 mit dem Diplomaten Baron Otto Walterskirchen stets um ihre Herrin. Danach aber kümmerte sich Elisabeth offenbar nicht mehr um sie. Das junge Paar lebte in relativer Armut, hatte doch Otto als Nachgeborener keinen eigenen Besitz und musste von den Einkünften seines Berufes leben. Seine diplomatische Karriere verlief alles andere als steil, im Gegenteil musste er oft lange auf einen Botschafterposten warten. *»Der arme Otto Walterskirchen soll wieder einen großen Verschmach haben, daß er keinen Posten beim großen Diplomaten-Leih-mir-die-Scheer bekommen hat«*, bemerkte etwa Therese Fürstenberg lakonisch.[25] Der Kaiserin fiel es offenbar nicht ein, sich für das Fortkommen und Auskommen ihrer ehemaligen engen Freundin einzusetzen, sie kümmerte sich nicht mehr um Lily und deren Kinder. Nur in ihrem berühmten »Schönheiten-Album« hatte Lily weiterhin ihren Platz und war, wenn auch nicht dauerhaft im Herzen ihrer Herrin, so doch als Fotografie dauerhaft in ihrer Nähe.

TREU BIS IN DEN TOD

Gänzlich anders als Therese Fürstenberg empfand Gräfin Irma Sztáray, damals knapp 30-jährig, ihre Berufung zur Hofdame Kaiserin Elisabeths.[26] Sie folgte Gräfin Marie Festetics, die sich nach zwanzig Jahren Dienst den Strapazen der vielen Reisen und den hohen Anforderungen der Kaiserin nicht mehr gewachsen fühlte, und Gräfin Janka Mikes nach, die heiratete. Gräfin Mikes stellte der Kaiserin die Gräfin Sztáray vor, für deren Wahl die Vorliebe Kaiserin Elisabeht für Ungarn ausschlaggebend war. Diese fühlte sich zutiefst geehrt und war der bereits relativ alten Herrin sofort völlig ergeben, wie sie in ihren Memoiren berichtet: *»August 1894. Ein Brief aus Ischl. Noch niemals brachte mir die Post eine freudigere Botschaft. Was ich nach dem Lesen dieses Briefes empfand, kann nur der ermessen, dem es zumindest ein-*

mal gegeben ward, ein stillgehegtes heißes Verlangen urplötz-
lich, wie auf ein Zauberwort, erfüllt zu sehen. Immer wieder
durchlas ich den Brief und ich fühlte, daß meine Sonne den Ze-
nith erreicht hatte. Ihre Majestät die Kaiserin und Königin ließ
mich zu sich berufen und gleichzeitig befragen, ob ich Kraft
genug in mir fühlte, um sie auf ihren für diesen Winter geplan-
ten weiten Reisen zu begleiten. Ach, ich fühlte in diesem Augen-
blicke die Kraft, mit ihr bis ans Ende der Welt zu gehen! Was ich
antwortete?

Am nächsten Tage reiste ich nach Ischl. In begreiflicher Be-
fangenheit stieg ich auf dem Ischler Perron aus, von wo mich ein
Hofwagen in die kaiserliche Villa brachte. Der Hof dinierte eben.
Ich begab mich daher zu Frau Ida v. Ferenczy, deren tiefinnerli-
ches Wesen und herzlicher Empfang sehr beruhigend auf mich
wirkten. Ist es denn auch zu verwundern, dachte ich bei mir,
daß ich jetzt so überaus bewegt bin? Wie aus einem Traume er-
wachend, stehe ich da am ersehnten Ziele! Ihr werde ich dienen
dürfen, die ich bisher nur aus der Ferne mit verehrenden Gedan-
ken begleitete! Und da ich mich heute an ihre Seite stelle, fühle
ich die ganze Bedeutung dieses Augenblickes; mein Herz pocht
und meine Seele bebt. Ich kenne ja die Kaiserin gar nicht. Den
Nachmittag verbrachte ich mit Gräfin Mikes, Hofdame Ihrer
Majestät.[27] Dankbar gedenke ich dessen, daß sie es war, die mir
während der Spazierfahrt die ersten Weisungen für meinen
künftigen Dienst erteilte. Ich erinnere mich, daß sich mir aus
dieser, auch die Details erörternden gütigen Belehrung zwei
charakteristische Momente sofort in die Seele prägten. Erstens,
daß Ihre Majestät nur mit geraden, aufrichtigen Menschen sym-
pathisiere und gerne auch ein unangenehmes Wort gestatte,
wenn es nur wahr sei; weiters, daß sie mit Rücksicht auf ihre
empfindlichen Nerven von ihrer Umgebung unbedingte Selbst-
beherrschung und eine wohltuend wirkende Ruhe erwarte. Der
ersten Bedingung glaubte ich leicht entsprechen zu können, hin-
sichtlich der zweiten aber vertraute ich auf Gott und gelobte mir

die größte Selbstbeherrschung. *Am nächsten Morgen empfing mich Gräfin Mikes mit dem Bedeuten, daß ich aller Wahrscheinlichkeit nach noch im Laufe des Vormittags vorgestellt werden würde, es sich daher empfehle, mich rechtzeitig bereit zu halten. Doch kaum hatte sie die Worte ausgesprochen, kam schon der Befehl, wir sollten unverzüglich kommen, Ihre Majestät erwarte uns. So geschah es, daß ich nicht einmal mehr in meine Wohnung gehen konnte; die Gräfin half mir mit ihrer Toilette aus und ich trat in fremden Kleidern zum ersten Male vor die Kaiserin.*

Der große Augenblick war nun da. Pochenden Herzens stand ich mit meiner Gefährtin an der Ecke der Villa und gleich darauf erblickte ich Ihre Majestät; sie promenierte. Unter ihrem großen weißen Schirme ergoß sich das Licht auf das aufgelöst herabwallende Haar, das wie eine schimmernde Hülle ihre königliche Gestalt umfloß. Jetzt wandte sie sich, wir näherten uns und ich wurde vorgestellt. Sie hatte etwas in ihrem Wesen, das faszinierte. Während ihr leuchtendes trauriges Auge zum ersten Male auf mir ruhte, stand ich wie im Banne eines überirdischen Wesens und meine Seele empfand gleichsam schmerzlich ihre Minderwertigkeit und Alltäglichkeit. Ob sie es wahrnahm, weiß ich nicht, doch kam sie mir selbst zu Hilfe mit ihrem holdseligen Lächeln, das bezauberte und – befreite. Es war eine einzig unvergeßliche Audienz.

Durch Fragen, die sie an mich richtete, und durch Antworten auf meine Fragen suchte mich die hohe Frau in entzückend freundlicher Unmittelbarkeit kennen zu lernen. Meine Befangenheit schwand wie Nebeldünste im Sonnenschein. Ich fühlte die Nähe einer großen und guten Seele, die mich ermutigte, ja erhob. Ich empfand, daß ich die Höhe ihres Fluges niemals erreichen würde, und doch fühlte ich mich durch ihre Güte wie mit emporgehoben. Ich fühlte ihre sieghafte Macht, und schon hier, bei der ersten Begegnung, gab ich ihr meine ganze Seele zu eigen, kraft jener unwiderstehlichen Anziehungskraft der Seelen, die nach höheren Regionen streben. Beim Abschied küßte mich die Kaiserin. Wie glücklich war ich!

Wenn sich in diesem Augenblicke der Schleier des Schicksals gehoben und ich die letzte Station dieses Kalvarienberges erblickt hätte! – Aber auch dann wäre ich mit ihr gegangen. Noch lange sah ich der herrlichen Gestalt nach, die sich entfernte, dann ging auch ich. Und in dieser glücklichen Stunde wurde mein Schicksal besiegelt – mit schwarzem Siegel besiegelt.«[28]

Diese Memoiren, im Rückblick nach der Ermordung Kaiserin Elisabeths veröffentlicht, idealisieren und verklären das Bild ihrer Herrin, ganz im Gegensatz zu den oft recht kritischen Anmerkungen von Marie Festetics. Die Schilderungen zeigen jedoch, dass Elisabeth mit ihrer Menschenkenntnis genau das Wesen gewählt hatte, das sie brauchte: eine vollkommen ergebene Vertraute und Bewunderin. An dieser Ergebenheit änderte sich auch auf den vielen strapaziösen Reisen nichts, auf denen sie die Kaiserin begleiten musste und die in einem separaten Kapitel noch näher beschrieben werden.

Die Hofdamen entwickelten im Lauf der Zeit generell eine enge Beziehung zu ihren Herrinnen, selbst wenn sie nicht gleich von Beginn an eine Zuneigung verspürt hatten. So erging es Therese Fürstenberg, die, obwohl sie zu diesem Zeitpunkt bereits Kaiserin Elisabeth zugeteilt war, dennoch um Erzherzogin Sophie bangte, als diese im Frühjahr 1872 schwer erkrankte:

»Meine gute Gabi, dies mal war es nicht Faulheit, die mich am Schreiben verhinderte, wohl aber der totale Mangel eines ruhigen Augenblickes; es war eine lange Zeit in der man kaum zur Besinnung kam und in der mir klar wurde daß ich der Erzherzogin _wirklich_ attachirt (zugeneigt, Anm.) *bin. Zwei Tage war sie schon krank, [...] ehe ein ordentlicher Arzt befragt wurde, erst der Kaiser, der aber vom Banat kam, brachte Winderhofer, der gleich Bamberger* (beides Hofärzte, Anm.) *rief. Mittwoch an ihrem Namenstag war früh nach einer ganz schlechten Nacht*

eine Seite ganz kalt, worauf so schnell die Sakramente gereicht
wurden, daß nur Erzherzogin Elisabeth noch schnell herbei eilen
konnte. Unser armer Erzherzog (ihr Mann Franz Karl, Anm.)
war zum Erbarmen, durfte nur selten und kurz hinein; er ist so
›fidgety‹ (unruhig, Anm.); noch am selben Tag besserte es sich,
hoben sich die gesunkenen Kräfte und kehrte allmählich das Be-
wußtsein wieder. Nun geht es langsam aber stetig vorwärts. Die
Tage waren gräulich und zu der Bangigkeit kam noch die Theil-
nahme der Leute; nicht ein Moment der Ruhe; von früh bis spät
Abend anfragende Menschen in unsern Zimmern, so daß man
kaum eine hl. Messe erwischen konnte. Ja meine Gabi ich dachte
sicher dich in Weitra zu erwarten und sah wie sehr leicht ich
dem (Kopie abgeschnitten, Anm.) aber wie schwer mir die
Trennung von der guten Erzherzogin persönlich geworden
wäre; der Gedanke sie nicht mehr zu sehn, der einem so nah
kam, griff wirklich tief und hart. Alles das ist nun wie ein böser
Traum, der vorüber ist. Der Kaiser war tief erschüttert und
bekümmert, und der Kronprinz (Rudolf, Anm.) so besorgt und
ergriffen, das Kind hat das Gemüth für die ganze Familie über-
nommen!«[29]

Wenige Tage später, am 28. Mai, starb Erzherzogin Sophie.

VON INTRIGEN UND GEISTERN

Ein emotionales Naheverhältnis verband auch Gräfin Agnes
Schönborn mit ihrer Herrin. Sie wurde zum Dienst bei Kaiserin
Zita berufen, die gemeinsam mit ihrem Mann Karl im Jahr 1916,
nach Kaiser Franz Josephs Tod, den Thron bestieg. Die Kaiserin
und Gräfin Schönborn waren nicht nur beinahe gleich alt – Agnes
wurde 1893 geboren, Zita 1892 –, sondern auch entfernt miteinander verwandt, nämlich Cousinen zweiten Grades, und deshalb seit
Kindheit miteinander bekannt. Agnes' Mutter war ebenso wie
Zitas Großmutter, die Schwester von Agnes' Großvater, eine geborene Prinzessin Löwenstein. Die Kaiserin suchte für ihre engste

Umgebung bewusst Menschen aus, denen sie absolut vertrauen konnte. Schließlich war sie ja seit ihrer Hochzeit mit Erzherzog Karl heftigen Anfeindungen ausgesetzt, die sich nach ihrer Thronbesteigung noch steigerten. Man verunglimpfte sie etwa als »Italienerin«, weil sie aus dem Hause Parma stammte, und rechnete sie dem Feindeslager zu, weil sich Italien im Ersten Weltkrieg, der damals tobte, in Gegnerschaft zu Österreich-Ungarn befand. Die junge Agnes war noch unverheiratet und wollte eigentlich Bibliothekswissenschaften studieren, als sie der schicksalsschwere Ruf an den Hof ereilte, der ihr ganzes Leben verändern sollte: *»Im März (*1916*, Anm.) kam ein Brief von Kaiserin Zita an Mama, in dem die Kaiserin bat, mich als Hofdame gehen zu lassen. Wie ich später nach und nach erfuhr, wollte die Kaiserin jemand ihr persönlich nahestehenden bei sich haben, statt der eminent gescheiten Erzsi Kállay, eine vehemente Ungarin, Nichte von Graf Stephan Tisza, Ministerpräsident von Ungarn. Gegen die wurde von Österreich stark intriguiert, vor allem weil sie ellenlange Briefe an ihre Schwester nach Ungarn schrieb und durch den Kurier mitschickte. So konnten sie nicht censuriert werden und es wurde angenommen, dass Erzsi alles was bei Hof geschah nach Ungarn meldete. Sie wurde vorläufig noch nicht weggeschickt, sondern ich kam an die Stelle von Nora Nostitz, die den Dienstkämmerer I. M. Graf Nandi Attems heiratete. Ich fürchte, Mama war enttäuscht, dass ich sofort begeistert einstimmte, zu I. M. zu gehen. Mama sagte I. M. sie solle mir ruhig weiter ›Du‹ sagen, ich ihr aber ›Majestät‹ und 3. Person. Leider nahm ich das Ganze mehr als Unterhaltung – ich hätte viel mehr davon haben können. Nora machte noch die ungarische Krönung mit. Ich rückte am 31. März 1917 ein, Mama wollte vermeiden, dass man vielleicht dumme Witze darüber mache, wenn ich am 1. April eingerückt wäre. Meine erste Amtshandlung war bei Noras Hochzeit, der I. M. beiwohnte und zu der sie mir sehr netter Weise einen schönen weißen Fuchs, den sie selbst angehabt hatte, lieh, um mich eleganter aussehen zu machen.*

Ich weiß nicht mehr, was ich alles an Kleidern bekam, nur, dass Papa sehr darauf schaute, daß ich ordentliche Koffer habe. Nun hat eine für mich sehr schöne Zeit angefangen. Meine Pflichten waren, Briefe zu beantworten, I. M. auf Fahrten zu begleiten und eventuell Abordnungen zu empfangen. [...] *Erzsi und ich hatten abwechselnd je einen Tag Bereitschaftsdienst für den Fall, dass I. M. ausfahren wollte. Einmal lag ich an meinem Tag um 9 Uhr noch im Bett, als mir gemeldet wurde, ich soll in den Blauen Hof* (des Schlosses Laxenburg, Anm.) *hinüberkommen, I. M. wolle nach Wien fahren. Die Majestäten und die Kindern wohnten im Blauen Hof, die Suiten im alten Schloss. Ich zog mich zwar mit Hilfe meiner Kammerjungfer, Klementine Nadler, wie der Blitz an und raste hinüber – die Majestäten mit Kronprinz Otto waren schon weg, nach Wien, niemand wusste Genaueres! Ich also in einem Suitenauto* (Suite bedeutet Hofstaat, Anm.) *schnell hinterher. In die Hofburg – nichts. Fast jeder Polizist auf der Strasse wurde gefragt – niemand hatte des Ah.* (allerhöchste, Anm.) *Auto gesehen bis dass ich endlich nach Meidling dirigiert wurde, wo I. M. und der Kronprinz im Auto ganz bescheiden in einer Ecke rechts vom Eingang warteten; ich war furchtbar beschämt, umsomehr, als I. M. mir kein Wort des Vorwurfs sagte, nur erwähnte, sie habe erst gestern spät abends erfahren, dass S. M. nach Galizien fahre und dass sie ihn zur Bahn begleitet habe.*

Ein anderes Mal wollte I. M. zu Fuß Besorgungen machen. ›Es erkennt mich ja niemand‹, davon war sie überzeugt. Erst ging alles ganz glatt, auch in den Geschäften, in denen sie bekannt war. Am Graben begegneten wir Graf Pauli Thun in Uniform, der sofort Front machen wollte, ich konnte ihm aber noch rechtzeitig abwinken und er ging einfach salutierend weiter. Nur ich und der Detectiv begleiteten I. M. Aber dann merkte ich auf einmal, dass uns Leute nachgingen, immer mehr und mehr. ›Die Zita, die Zita‹, hörte ich hinter uns flüstern, bald wagten sich auch einige nach vorn, um I. M. ins Gesicht zu sehen – zum

Glück war der Detectiv unmittelbar hinter uns. Endlich waren wir beim Michaelertor und schlüpften durch eine Tür links vom Michaelerplatz aus. Ich hatte noch einen kurzen Schreck, als sich eine Hand uns nachstreckte, aber es war nur der Detectiv, der die Türe zumachte. So waren wir also wieder zuhaus, aber wo? Die Apartments der Majestäten waren bei der Ballhaus-Stiege, jenseits des inneren Burghofs und wir kannten uns absolut nichts aus. Wir kamen an Erzherzogs-Wohnungen und an vielen verschlossenen Türen vorbei, bis wir schließlich einen Gardisten überraschten, der mit aufgeknöpftem Kragen, die Füße auf dem Schreibtisch bequem las – den Armen hat fast der Schlag getroffen, als er plötzlich die Kaiserin vor sich sah. Er ging uns voraus hinüber zu den kaiserlichen Apartments – immerfort an seinem Kragen nestelnd.

Der Alltag in Laxenburg war bequem und unaufregend. Die paar Briefe waren bald geschrieben, und dann waren wir viel am Teich. Die beiden Buben von Graf Alexander Esterhazy, Obersthofmeister I. M., Johny und Charly, waren da, unsere junge Sekretärin, Ilka Wehner, und Peter Revertera, Stellvertreter während der Hochzeitsreise von Graf Nandi Attems, der mich gleich zur Hilfe bei seiner Kurmacherei mit Ida Schwarzenberg einspannte. Ich hatte ihn sehr gern, es war aber immer klar, dass er der Ida gehörte und so verliebte ich mich nicht in ihn. [...] Als Peter und Ida sich schließlich verlobten, machten mir meine Suitenkollegen, die die Situation gar nicht richtig erkannt hatten, so quasi Condolenzbesuche.«[30]

Der erwähnte Graf Attems hatte Agnes' Vorgängerin Nora Gräfin Nostitz geheiratet und trug Schuld daran, dass sich die junge Frau einige Jahre später sehr ängstigte und auch die Kaiserin einen kräftigen Schrecken bekam. Es ging um eine alte Legende, die die Habsburger umwehte, nämlich jene der »Weißen Frau«. Agnes Schönborn berichtet ebenfalls davon in ihren Erinnerungen:

»*Ich hatte damals* (Frühjahr 1918 in Schönbrunn, Anm.) *ein Privaterlebnis: Wie ich einmal beim Telephon stand, kam Nandi Attems vorbei und sagte: ›Ich höre, Sie wohnen in den Zimmern, in denen der Nora* (Nostitz, Anm.) *die weiße Frau erschienen ist?‹ ›Was sagen Sie da?‹ ›Ja, einmal, wie Nora schon im Bett war, spürte sie plötzlich, dass ihr Bett vom Kopfende her verschoben wurde. Erst später constatierte sie, dass dort eine alte, verklebte Tapetentüre war. Eine weiße Frau trat heraus, stellte sich einen Moment neben das Bett und ging dann ins Nebenzimmer. Nora ihr nach. Die Frau blieb eine kleine Weile beim Schreibtisch stehen und ging dann auf den Gang hinaus. Dorthin konnte ihr Nora im Nachthemd nicht folgen, weil dort ein Gardist Wache stand. Nora konnte nur noch sehen, dass die Frau sich in der Richtung zur ›Stiege der weißen Frau‹ – von oben bis hinunter in die Einfahrt – entfernte. Einige Zeit darauf war Nora in einem Schloss bei Bekannten und sah dort plötzlich das Porträt ihrer weißen Frau. Es war eine Hofdame von Maria Theresia, die ein eher liederliches Leben geführt hatte. Leider habe ich sowohl den Namen des Schlosses als den Namen der Frau vergessen – vielleicht wäre er durch Ini Attems, den Sohn von Nandi und Nora, zu erfahren? – Ich war wütend. Wie wir alle, war ich in diesen Tagen mit den Nerven recht herunter, und dazu noch das! Zum Glück musste ich gleich darauf mit I. M. in die Stadt fahren – zu ihrem Arzt, Prof. Peham, oder in die Farvoritenstrasse zu Tante Marie Therese – und ich erzählte ihr möglichst nonchalant die Geschichte. Sie war einen Moment still, und sagte dann: ›Ich verbiete dir in diesem Zimmer zu wohnen – zieh sofort wenn wir nachhause kommen in ein anderes.‹ Ich war hocherfreut und zog dann ins Zimmer vom Herzog von Reichstadt.*«

Gräfin Schönborn wusste nicht, dass sich Kaiserin Zita seit ihrer Verehelichung intensiv mit der Geschichte der »Weißen Frau« beschäftigte. Sie hatte bereits als Mädchen davon gehört und, als sie dann selbst in der Hofburg und in Schönbrunn wohnte, ihre Nachforschungen intensiviert. Es ging die Sage, dass in der Hofburg, oder nach anderen Erzählungen auch in Schönbrunn, zu besonderen Gelegenheiten eine »Weiße Dame« gesehen worden sei, und zwar immer dann, wenn ein Unglück für die Habsburger bevorstand oder jemand starb. So etwa soll sie in der Hofburg in der Nacht des Todes von Kronprinz Rudolf gesehen worden sein. Seltsamerweise sei sie beim Tod Kaiserin Elisabeths nicht gesehen worden und auch später nicht mehr, wie Kaiserin Zita selbst berichtet.[31] Sie vermutete, dass die Weiße Dame erlöst worden war. Wie groß muss daher das Erschrecken Kaiserin Zitas gewesen sein, als ihr Agnes Schönborn vom Erlebnis Nora Nostitz' berichtete. Dadurch wird verständlich, warum sie so heftig reagierte und ihrer Hofdame den sofortigen Umzug befahl.[32] Erstaunlich daran ist, dass die tiefgläubige Katholikin Zita an Geistererscheinungen und Prophetie glaubte und sich dadurch in Schrecken versetzen ließ.

2.

»Der Franzi war ein wenig unartig«

**ÜBER DIE ERZIEHUNG
DER KLEINEN HABSBURGER**

Für die Erziehung der kleinen Erzherzöge und Erzherzoginnen
wurde bereits vor deren Geburt eine »Aja« ausgewählt. Diese Bezeichnung für eine Kinderfrau leitet sich vom spanischen und italienischen Wort »aya« ab und wurde im österreichischen Herrscherhaus über Jahrhunderte verwendet.

Vor der Wahl der richtigen Aja hing vieles ab, immerhin oblag
ihr die Obsorge für die Gesundheit nicht irgendwelcher Kinder,
sondern der späteren Erben von Weltreichen, denen eine politische Schlüsselrolle zukommen würde. Bei der damals – auch in allerhöchsten Kreisen – recht hohen Kindersterblichkeit eine sehr
schwierige und verantwortungsvolle Aufgabe. Manche Aja ging
an ihre Aufgabe rein intuitiv heran, was mehr oder weniger
glückte. Manche bereitete sich auf ihren verantwortungsvollen
Posten akribisch vor und studierte nicht nur die aktuelle medizi-
nische, sondern vor allem auch die pädagogische Literatur, wie
etwa die Erzieherin des kleinen Erzherzog Franz Joseph. Sie verab-
scheute die damals gängige Pädagogik der »Abhärtung« und wies
sogar den Vater des Kindes zurecht, der den Knaben ängstigte und
ihm Schrecken einjagte. Das erforderte doch außerordentlichen
Mut und Selbstbewusstsein.

Die Aja überwachte nicht nur die Erziehung der Kinder, sondern auch deren Hofstaat: die Amme, die in der ersten Zeit die
Kinder säugte, die Stubenmädchen, die Köchinnen, die Leibgarde,
die Kammerdiener und wer sonst noch alles gebraucht wurde. Die
leiblichen Eltern bekamen die Säuglinge und Kleinkinder nur

kurz zu Gesicht, wenn sie ihnen satt und herausgeputzt präsentiert wurden. Wickeln, Spazierengehen, das Überwachen des Schlafes, die Pflege bei Krankheiten, das Erlernen des Gehens und der Sprache – all diese Dinge, für die heute selbstverständlich eine Mutter zuständig ist, oblagen der Aja. Somit entwickelten die Kinder naturgemäß eine sehr starke Bindung zu ihrer Kinderfrau, die oft ein Leben lang anhielt.

MARIA THERESIAS »MAMI« – GRÄFIN CHARLOTTE FUCHS

Am weitesten unter ihnen brachte es die Aja Kaiserin Maria Theresias, Gräfin Charlotte Fuchs, geborene Mollard.[33] Sie war eine hochgebildete Dame, die zuerst als Erzieherin der jungen Erzherzogin wirkte und so zu ihrer Ersatzmutter wurde – die Kaiserin nannte sie zeitlebens zärtlich »Mami«. Gräfin Fuchs kam als Charlotte von Mollard als Hofdame der Erzherzogin Maria Anna, Tochter Kaiser Leopolds I., an den Wiener Hof. Im Jahre 1710 heiratete sie den Grafen Christoph Ernst von Fuchs und gebar zwei Mädchen. Nach der Geburt Maria Theresias wurde sie von der Kaiserin mit der Erziehung des Kindes betraut. Nach ihrer Thronbesteigung ernannte Kaiserin Maria Theresia sie zur Obersthofmeisterin und sie hatte großen Einfluss auf das Wesen und die Anschauungen der Kaiserin. Gräfin Fuchs wurde als einzige Nicht-Habsburgerin in der Kaisergruft bestattet – eine Ehre, die keinem Ministerpräsidenten oder Obersthofmeister oder siegreichen General zuteilwurde! Feldmarschall Graf Radetzky war zwar für diese Ehre vorgesehen, zog es jedoch vor, seine Gebeine an einen Fabrikanten zu verkaufen, der damit seine Familiengruft aufputzte. Auf ihrem Sargdeckel ließ die Kaiserin folgende Inschrift anbringen: »Zum unsterblichen Angedenken eines wohlwollenden dankbaren Herzens für die edle Erziehung zur Tugend. Ich, Maria Theresia.«

Über jene berühmte »Füchsin«, so ihr Kosename im Kreis der kaiserlichen Familie, ist erstaunlicherweise nur wenig bekannt. Einen Nachlass habe ich vergeblich gesucht, offenbar ist nicht ein

einziger privater Brief von ihr aus ihrer Zeit bei Hof erhalten. Als
einer der Wenigen beschreibt sie der Historiker Eugen Guglia in
seinem Werk über Maria Theresia, wenn auch nur kurz:
»Die Erziehung Maria Theresias leitete als Aja [...] von 1728 an
Gräfin Charlotte Fuchs, ein geborenes Fräulein von Mollart. [...]
Sie zählte damals 54 Jahre und war schon seit 1719 Witwe; sie
galt als ›deklarierte Favoritin‹ der Kaiserin; man rühmte bei
Hofe ihren ›sehr findig und reifen Verstand, begleitet von der ge-
schicktest und trätablesten (umgänglichen, Anm.) Lebensart, so
daß sie sich bei allen durchlauchtigsten Frauen, denen sie ge-
dient, eine vorzügliche Neigung und vertraute Freundschaft zu-
gezogen.‹ Bei Maria Theresias Schwester, die ihr gleichfalls an-
vertraut war, wußte sie sich so beliebt zu machen, daß man, als
diese mit dem König von Portugal verheiratet werden sollte, An-
stand nahm, sie die Braut nach Lissabon begleiten zu lassen, obschon es diese dringend wünschte, ›in Besorgung, sie dürfte sich
ihres großen Ascendants (Einfluss, Anm.) über der jungen Königin Gemüt zu sehr prävalieren (dominieren, Anm.) und dadurch nur zu schädlichen Jalousien und Hofkabalen Anlass
geben.‹ Auch die Liebe ihrer älteren Schutzbefohlenen, Maria
Theresias, erwarb sie sich in so hohem Grade, daß sie noch sehr
viel am Hofe galt, als diese längst verheiratet war und regierte;
sie behielt den Kosenamen ›Mami‹, den ihr die Mädchen gegeben hatten, bis an ihr Ende. Bekanntlich widerfuhr ihr nach
ihrem Tode die ganz unerhörte Auszeichnung, in der kaiserlichen Gruft bei den Kapuzinern begraben zu werden; ihr Sarg
steht heute noch in der kleinen Kapelle, aus der die Gruft ursprünglich allein bestand, wo einst Kaiser Matthias und seine
Gemahlin, die Stifter des Klosters, bestattet worden waren. [...]
Die alte Gräfin Fuchs, mit der sie fortdauernd den liebevollsten
Verkehr unterhielt, ist doch mehr als eine zweite Mutter, denn
als Freundin anzusehen.«[34]

LOUISE VON STURMFEDER, AJA ERZHERZOG FRANZ JOSEPHS UND SEINER GESCHWISTER

Der 18. August 1830 bedeutete einen Markstein für die Weltgeschichte. Für Louise von Sturmfeder begann an diesem Tag ihr neues Leben, durch das sie die Weltgeschichte mitgestaltete, ohne dass dies damals jemandem aufgefallen wäre. Und auch heute noch ist ihr Name vorwiegend Habsburg-Spezialisten bekannt. Am 18. August 1830 kam nämlich Franz Joseph, Erzherzog von Österreich, als erstes Kind von Erzherzog Franz Karl und Erzherzogin Sophie zur Welt. Als die Schwiegertochter von Kaiser Franz II. schwanger war, suchte sie eine geeignete Kinderfrau. Dieser Wahl kam besondere Bedeutung zu, hatte Sophie doch bereits mehrere Fehlgeburten erlitten und war so besonders vorsichtig und besorgt um das Überleben ihres Kindes. Ihre Wahl fiel auf Louise von Sturmfeder.

Empfohlen hatte sie der damalige Außerminister Graf Johann Philipp Stadion, dessen älterer Bruder österreichischer Gesandter in München und Louises Vormund war. Erzherzogin Sophie stammte ja ebenfalls aus Bayern, was der Bildung eines Vertrauensverhältnisses sehr förderlich war. Es sollte sich als besonderer Glückstreffer erweisen, dass ausgerechnet die damals bereits 41-jährige Deutsche die wichtige Position einer Prinzenerzieherin am Wiener Hof übernahm.

Louise von Sturmfeder verfügte als sechstes von zehn Kindern über keinerlei Vermögen und war unverheiratet geblieben. Sie entstammte dem Adelsgeschlecht der Sturmfeder von Oppenweiler, Erbsassen zu Lerch von und zu Dirmstein. Ihr Vater Carl Theodor Sturmfeder von Oppenweiler stammte ursprünglich aus der Pfalz und erbte über Adoption ein großes Schloss, da die ansässige Familie Lerch von Dirmstein im Mannesstamm erloschen war. Carl Theodor war ein äußerst gebildeter und an Kunst interessierter Mensch, das Sagen in der Familie hatte jedoch die Mutter Maria Karoline, eine geborene von Greiffenclau-Vollraths. Durch ihr Vorbild dürfte Louise ihren starken Willen und ihr großes Selbstbewusst-

sein erworben haben, das ihr später am Wiener Hof sehr zugute-
kommen sollte. Durch den frühen Tod der Eltern wurden sie und
ihre Geschwister bald zu Vollwaisen, Louise war erst zehn Jahre alt.
Sie wuchs bei Onkeln und Tanten auf und lebte zuletzt bei ihrer
Schwester Charlotte von Dalberg in Aschaffenburg. Louise hatte
also früh gelernt, selbstständig zu sein und sich zu behaupten,
gleichzeitig erlebte sie die Geborgenheit einer Großfamilie.

Ihr ruhiges Leben fand ein jähes Ende, als sie an den Wiener
Hof berufen wurde. Sie bereitete sich auf ihre neue Aufgabe ge-
wissenhaft vor, ihre Verantwortung war ihr wohl bewusst. Als
Dienstherrn anerkannte sie vor allem Kaiser Franz, der sehr gro-
ßes Vertrauen in sie hatte und mit ihrer Arbeit sehr zufrieden war.
So wurde sie dann auch für die nachgeborenen Geschwister Franz
Josephs – Maximilian, Karl Ludwig und Ludwig Viktor – zur
»Aja«, also zur Kinderfrau bestimmt. Zusätzlich hatte sie die Ver-
antwortung für die Ammen, Dienstboten und Lakaien, also den
gesamten Hofstaat der Enkel des Kaisers.

Für damalige Zeiten ungewöhnlich ist ihr Bestreben, sich mit
den neuesten Erkenntnissen der Kinderpädagogik zu beschäftigen und diese auch umzusetzen, statt sich auf althergebrachte
Traditionen zu stützen. Dies sorgte bei der Hofgesellschaft für Erstaunen und sie erntete nicht selten Kritik dafür. So etwa bestand
sie auf einer einfachen und praktischen Kleidung für ihre Schütz-
linge, statt auf Schönheit, Mode und kostbare Stoffe Wert zu
legen. Sie war der Ansicht, dass die kaiserlichen Enkel möglichst
viel an die frische Luft sollten, wofür sie sich sogar mit dem Leibarzt des Kaisers anlegte. Für Befremden bei der vornehmen Hofgesellschaft sorgte auch, dass sie den kleinen Erzherzog für Unartig-
keiten ausschimpfte und ihn sogar bestrafte – auch öffentlich.
Dies fasste man als Despektierlichkeit auf, stammte sie doch aus
niederem Adel und hätte dem kleinen hohen Herrn mit Respekt
und Demut begegnen sollen, so die allgemeine Auffassung. Louise
war jedoch keinesfalls eine strenge oder gar gefühllose Aja, ganz
im Gegenteil. Sie liebte vor allem Franz Joseph wie ihr eigenes

Kind und gab ihm all die Zuwendung und Zärtlichkeit, wie eine leibliche Mutter sie zu schenken vermag. Gütige Strenge, modernes Gewährenlassen und Grenzensetzen prägten ihren Erziehungsstil. Sie war bestrebt, den kleinen Franz Joseph von der Hofgesellschaft möglichst fernzuhalten, was man ihr natürlich verübelte. Doch sie war der unbeirrbaren Ansicht, dass zu viel Aufmerksamkeit, zu viele Besuche und Störungen des fix geregelten Tagesablaufs das Kind verwirren und in seiner Entwicklung negativ beeinflussen würden. Bei diesen Prinzipien nahm sie sogar die leibliche Mutter des Kindes, Erzherzogin Sophie, nicht aus, was sehr viel Mut bedeutete. Mit der Erzherzogin verband sie ein sehr gutes Verhältnis, doch wenn es darauf ankam, ihren Liebling zu schützen, holte sie sich notfalls Rückendeckung beim Kaiser und der Kaiserin, die ihr diese nie versagten.

Auch auf die geistige Entwicklung achtete sie genau. So ließ sie die Kinder möglichst früh die Sprachen der Monarchie – ab zwei Jahren bereits Böhmisch – lernen und bereitete sie so für ihre spätere Rolle vor. Auch ließ sie sie mit als gefährlich geltenden Dingen des Alltags spielen, da sie der Ansicht war, dass sich durch Übervorsichtigkeit keine Geschicklichkeit entwickeln könne.

Das Ergebnis dieser liebevollen und gleichzeitig strengen Erziehung war, dass vor allem der kleine Franz Joseph, aber auch seine Geschwister sie abgöttisch liebten und sehr an ihr hingen. Umso grausamer war für sie die Tradition am Wiener Hof, dass exakt mit dem sechsten Geburtstag die Erziehung der Erzherzöge von Männern übernommen wurde und sehr militärisch ausgerichtet war. Umgang und Kontakt mit der Aja waren von diesem Zeitpunkt an streng verboten. Was dies für die Psyche der Kinder bedeutete, kann man sich vorstellen: Franz Joseph verlor von einem Tag auf den anderen seine wichtigste Bezugsperson von Geburt an – ein traumatisches Erlebnis für ein so kleines Kind! Ähnlich erging es dem späteren Kaiser Maximilian von Mexiko, der beim Abschied von seiner Aja geschluchzt haben soll: *»Ich liebe dich so sehr, wie du den Franzi liebst!«*[35]

Louise Sturmfeder litt durch die abrupte Trennung entsetzliche Qualen, die sie in ihren ausführlichen Briefen an ihre Schwester beschreibt. Sie sah die Kinder im Garten, hörte ihre Schritte im Haus – und durfte nicht zu ihnen und ihnen auch nicht schreiben. Nur im Geheimen konnten sie in Kontakt bleiben, etwa indem die Kinder mittels Bindfaden Briefchen zu ihr hinunterließen, während sie auf gleichem Weg Süßigkeiten oder liebe Zeilen retour sandte. Erhalten hat sich ihr Tagebuch in Briefform, das die Jahre 1830 bis 1840 umfasst und in dem sie anschaulich das Leben am Wiener Kaiserhof und die Kindheit der kaiserlichen Enkel schildert.[36]

»Sonntag, 15. August 1830.
Um 8 Uhr in der Kirche, der Kaiser und die Kaiserin waren ebenfalls dort. Dann in die Kammer gegangen und gefragt, wie es geht; die Nacht war wieder unruhig, und es ist nun nicht mehr zu zweifeln, daß es bald ernst werden wird. Mir ist sonderbar zu mute. In meinem Zimmer fand ich einen reichen Anzug, den mir die Frau Erzherzogin (Sophie, Anm.) *zur Taufe schenkte, weißer Tüll mit Silber gestickt und Atlas gefüttert, der Mantel auch weiß und silbern. Ich ging gleich in die Kammer fragen, wie es der Frau Erzherzogin geht. Sie ließ mich hineinkommen und ich bedankte mich. Sie liegt auf der Chaiselongue und sieht vortrefflich aus und ist recht lustig. Ich glaube, wenn man sie gehen ließe, wäre es besser, das Liegen ist ihr sehr zuwider und echauffiert sie auch. Die Tafel war groß, dauerte aber nicht lange. Man spricht von nichts anderem und glaubt oft von lauter Schmalzelinnen* (Hebammen, Anm.) *und Konsorten umringt zu sein, während man nur die höchsten Herrschaften, Feldmarschalls, Obersthofmeisters, Generäle etc. etc. sieht. Der Abend verging mit Zeitunglesen und man ging recht ruhig zu Bette. Die Nacht war gut.«*

»Schönbrunn, Mittwoch, den 18. August 1830.
Da sind wir nun bis zum anderen Morgen oder vielmehr Mit-

*tag, 1 Uhr, gekommen. Alles war die Nacht auf, sogar der gute
Kaiser seit heute um 4 Uhr. Der ganze Dienstag verging noch in
Schmerzen. Es war Marschallstafel, alles stumm, verstimmt
und müde. Um 8 Uhr legte ich mich, um 2 Uhr ward ich geweckt
und man sagte, es würde nun sehr schnell vorbei sein. Ich eilte,
so sehr ich konnte. Als ich hinunterkam, war schon der Kaiser*
(Franz, Anm.) *und alle wieder da, bei uns fielen die Damen vor
Schlaf und Mattigkeit nieder, in der Kammer lag eine da, die
andre dort auf einem Kanapee, auch die Herren waren kaput
und durzelten nur noch so umher; ich mußte doch lachen über die
tollen Szenen, und alle Exzellenzen und die Gespräche mit ihnen
und allen Hoheiten, es ging alles ganz natürlich zu. Die Nachricht, daß man nun ein baldiges Ende hoffen durfte, brachte nun
in alle wieder neues Leben. Die Kaiserin war außer sich vor
Freude und sprach mit einem jeden von uns, und je mehr die Erzherzogin schrie, desto lebendiger wurden wir, denn, sagte man,
nur so kann es enden. Um 8 Uhr wurde erklärt, es müßten Doktoren zu Hilfe genommen werden, denn das Kind könnte sonst zu
grunde gehen, oder die Frau Erzherzogin zu erschöpft werden. Es
war alles außer sich. Die Frau Erzherzogin aber war es zufrieden, sie war überhaupt geduldig wie ein Engel und ganz ergeben.
Der gute Kaiser sprach ihr immer Mut zu und verließ sie keinen Augenblick. Wir beredeten Prinzeß Marie* (Schwester der
Erzherzogin, Anm.), *hinwegzugehen, bis es vorbei sei. In unserem Zimmer entfernte sich auch alles, was nicht den Mut fühlte,
es auszuhalten. Nur noch fünf Personen blieben darinnen, Gräfin
Czernin, Gräfin Wurmbrand, Oberndorf, Dietrichstein und ich.
Die Erzherzogin Klementine*[37] *kam auch noch dazu. Einige bete-
ten, andere weinten. Nun ward eine gräßliche Stille, dann wieder fürchterliches Schreien und Wehklagen, wo man nur von Zeit
zu Zeit des guten Kaisers Stimme hörte, welcher Mut zusprach;
auf einmal um 3/4 10 wurde alles laut: das Kind ist da, aber es
schrie nicht. Wieder eine Pause, bis man endlich die Stimme hörte
und die Kaiserin weinend uns allen um den Hals fiel und sagte:*

›Es ist ein Sohn!‹ *Nun war aber auch ein Jubel, der Kaiser kam, die Hände gen Himmel gehoben und Gott dankend, an die Türe, wir drängten uns alle herbei und küßten die Hände, ich drückte sie Ihm so fest ich konnte, der Erzherzog* (Franz Karl, Anm.)*, die Königin*[38]*, Marie Louise*[39]*, alles schwamm in Tränen und jubelte. Nun sagte der Kaiser:* ›Ich jage euch nie fort, aber heute tue ich es. Ihr dürft alle wiederkommen, aber jetzt muß Ruhe sein.‹ *Nun zog sich alles zurück, ich wurde hineingerufen, gratulierte der Erzherzogin, welche alle Schmerzen vergessen hatte und glückselig in ihrem Bette lag. Wie war mir nun zu mute, als ich das Kind sah! Ich mußte recht weinen.*

Nun blieben wir so drei Stunden lang beinahe regungslos dasitzen; nachdem erst und als das Kind angezogen war, verließ der Kaiser das Zimmer, in welchem nun niemand mehr war, als zwei Ärzte und ich. Um 2 Uhr kam die Fürstin wieder und ich ging, um mich anzuziehen und zu essen. Um 3 Uhr kam ich wieder, doch vorher war die Kaiserin (Karoline Auguste, Anm.) *wieder dagewesen. Ich ging Ihr entgegen und fragte, ob ich Ihr den Mantel abnehmen dürfte, den Sie in der Hand trug.* ›Nein‹*, sagte Sie,* ›aber sie dürfen Mir etwas anderes abnehmen‹*, und reichte mir das Kreuz von dem Sternkreuzorden. Ich küßte die Hände und setzte mich wieder zu meinem Prinzen. So blieb ich bis 9 Uhr abends sitzen, dann kam der Kleine in sein Zimmer und nach und nach ging alles zur Ruhe. Und nun hat also mein Dienst angefangen, übrigens sagt mir kein Mensch, was und wie ich es tun soll. Ich gehe nur diese eine Stunde aus dem Zimmer, sonst bin ich immer da. Schreibe, lese, arbeite, trage den Kleinen zu der Erzherzogin und schlafe sehr wenig, weil er noch unruhig ist und ich die Kindsfrau mit der Schmalzel* (Hebamme, Anm.) *und den Doktoren nicht allein lassen kann, da sie beständig im Krieg sind.«*

»*Freitag, 20. August 1830.*
Den andern Morgen um 12 Uhr war die Taufe. Ich mußte mich schon um 10 Uhr frisieren lassen und hatte sehr viel zu tun. Der

Kleine war ruhig und scheint, Gott sei Dank, recht gesund. Er hat drei kleine Wunden auf dem Kopfe rückwärts, doch ist es nur oberflächlich. Ich hatte Marabous und silberne Kornähren auf dem Kopfe, ein Tüllkleid mit Silber gestickt und atlasnes Unterkleid, einen Manteau von weißem Gros de Berlin oder Gros de Naples, auch mit Silber gestickt, und ein schönes goldenes Kollier und Ohrringe, welche mir die Erzherzogin und Er geschenkt haben, und meinen neuen Orden an. Um 12 Uhr zogen wir aus und kamen in den zur Taufe bereiteten Saal, ich mit den Damen der Erzherzogin hinter der Kinsky und diese hinter dem guten Goës, welcher das Kind trug, und zwei Kammerherrn, welche die Decke hielten. Da ich einen Fächer in der Hand hatte und nicht meine Lorgnette, sah ich nichts. Der Kaiser, die Kaiserin, alle Erzherzoge, alle Damen und Herren strahlten von Diamanten und Edelsteinen. Als das Tedeum anfing, wurde der Kleine in sein Zimmer transportiert.

Nun bin ich Tag und Nacht hier in seinem Zimmer, nur von 2 bis 3 bin ich bei mir, um zu essen und mich anzuziehen. Wenn er bei Tage trinkt, trage ich ihn meist hinein, bei der Nacht schenke ich es mir. Gesagt hat mir niemand etwas, ich mache es, wie es mir gutdünkt, bis mir etwas anderes gesagt wird. Hätte ich meine Leute neben mir, so wäre es ganz bequem, so aber wohnen diese auf einer ganz anderen Seite und ich muß ihnen immer eine Stunde bestimmen, was bei einem so kleinen Kinde so schwer ist. Sein Zimmer ist gerade neben dem der Erzherzogin, dann kommt ein langes Zimmer. Aus diesem habe ich mittels zweier spanischer Wände ein Schlafzimmer, Salon und Antichambre für mich gemacht. Meist besucht der Kaiser und die Kaiserin das Kind zweimal des Tages. Dann kommt die Königin, der Erzherzog und alle anderen Hoheiten. Ich bin nie vor einem Überfall sicher. Sein Kopf macht mir die größten Besorgnisse. Die Ärzte, vier an der Zahl, sagen, es habe nichts zu sagen, ich bin noch nie –. Da wurde ich wieder gestört und weiß nun nicht mehr, was ich sagen wollte. Alle Viertelstunden, Tag und Nacht,

werden Umschläge auf das arme Köpfchen gemacht, ob es da zu
tun und nachzuschauen gibt, könnt Ihr Euch denken.«

»Samstag, den 18. Oktober 1830.
Während des ganzen Morgens war ein fortwährendes Kommen
und Gehen. Die Königin hatte fast fortwährend den Kleinen auf
den Knien und man sah, daß es Sie viel kostete, sich vom Kleinen
zu trennen. Nachmittag kam Sie Abschied zu nehmen und
umarmte mich und wünschte mir in der rührendsten Weise alles
mögliche Gute. Wir weinten beide. Prinzeß Marie tat desglei-
chen. Es war ein harter Abschied. Ich ging mit Ihnen in den
Salon der Königin, wo alle Welt versammelt war, und ich ging
wieder hinauf, nachdem Sie den Wagen bestiegen hatten. Ich traf
die Erzherzogin schluchzend an einem Gangfenster und ich sagte
ihr, sie solle zu ihrem Kinde gehen, das würde sie trösten. Sie tat
so, ich legte den Kleinen in ihre Arme und sie hörte auf zu weinen
und nachmittags lachte sie bereits wieder. Morgen übersiedeln
wir in die Stadt, ich wünschte, es wären schon ein paar Tage ver-
gangen. Der Anfang ist immer schrecklich.«

Baronin Sturmfeder gibt auch einen genauen Bericht über ihre
neue Wohnung, wodurch die recht beengten Wohnverhältnisse
in der Hofburg deutlich werden. Man lebte buchstäblich Tür an
Tür, bekam wie in einem billigen Zinshaus alle Geräusche und
auch Gerüche der Umgebenden mit:
»20. Oktober 1830.
Unser Quartier liegt in der Mitte zwischen dem des Kaisers und
der Kaiserin und dem des Erzherzogs und der Erzherzogin. Von
dieser Seite trennt uns ein großer Saal, dann kommt ein kleines
Zimmer mit einem Fenster, worin ein Kanapee und einige rote
Stühle und braune Tische stehen, dann kommt ein recht hüb-
scher großer blauer Salon oder Zimmer mit zwei Fenstern. Die
Möbel sind braun, mit recht hübschem blauem Kattun und be-
stehen aus einer Chaiselongue, einem Mitteltisch, dem Bett des

Kleinen (ein Korb, gerade wie Deinem Fritzl seiner), meinem Bette, einem porzellanenen Ofen, dem Bette der Kindsfrau und zwei Kommoden, dann kommt wieder ein Zimmer (worin ein kleiner Herd ist), in welchem die Amme und das Kammerweib und Extraweib hausen, dann noch ein Zimmer, worin das Kindsmädchen schläft, in welchem die Leute essen, sich anziehen und sich retirieren, wenn zu viele Herrschaften bei dem Kleinen sind. Zwischen meinem Bette und dem Ofen ist eine Tapetentür, welche immer auf ist, durch welche man in ein gelbes Zimmer, welches zur Hälfte frei ist, kommt. Die andere Hälfte ist wieder durch eine spanische Wand und einen viereckigen Glasverschlag abgeteilt. Hinter der spanischen Wand steht ein Waschtisch und noch ein Möbel und in dem viereckigen Glaskasten steht ein Kanapee, mein Schreibtisch, ein viereckiger, eine Toilette, ein Sessel und zwei Stühle. Die Aussicht gegen das große Tor, welches nach Schönbrunn führt, rechts der Volksgarten.

In diesem Kasten sitze ich, sobald der Kleine schläft, und es ist ein recht gutes Etablissement, stünde es nur nicht in so genauer Verbindung mit dem Ankleidekabinett des Erzherzogs, daß ich mir alle Mühe geben muß, um nicht zu hören, was er mit seinen Leuten spricht, und so nah, das heißt so direkte über dem Retirade (der Toilette, Anm.) *der Wachstube, daß ich oft vor Geruch nicht existieren kann. Dann kommt noch ein kleines Kabinett, wo ich sein kann. Da es aber in der Passage des Kaisers und der Kaiserin ist, so werde ich es nicht benutzen und in meinem Kasten bleiben. Heute nachmittags saß die Erzherzogin mit dem Kinde darin, also könnt Ihr Euch denken, daß es ein schöner Kasten ist. Beinahe hätte ich ein Zimmer vergessen, worin die zwei Lakaien des Kleinen und der meinige sitzen. Da hast Du nun, liebe Nanie, die Beschreibung unserer Wohnung und des ganzen Dienstpersonals, welches nebst einer Köchin und Küchenmagd unter mir steht.«*

»24. Dezember 1830.
Der Erzherzog zeigte mir alle Schätze, die er zum Christbaum
für den Kleinen und die kleine Salerno[40] *hatte holen lassen. Es*
waren gar schöne Sachen dabei, besonders war eine Krippe da,
mit Felsen und einem alten Schlosse; von beiden Seiten Treppen
und Wege, die zu demselben hinaufführten, und unten eine
Höhle mit dem Jesuskindchen in der Krippe etc. etc. Nach der
Tafel kam die Kaiserin wieder mit der Erzherzogin zu dem Klei-
nen. Er war sehr freundlich und herzig in seinem Körbchen. Die
Kaiserin sagte, es sei Ihr sehr leid, daß ihn der gute Kaiser nie so
sehe, weil er Ihm da gewiß am besten gefallen würde. Sie be-
dauerten es nun alle beide und ich sagte, ich wüßte ein Mittel, ob
ich es ausführen dürfe? Ich legte ihn in seinen kleinen Wagen
und nun wurde er hinübergefahren, nachdem der arme Erzher-
zog, in wahrer Angst es möge ihm schaden, uns anbefohlen
hatte, ja nicht länger als acht Minuten auszubleiben. Nun
wurde der gute Kaiser aus Seinem Kabinett gerufen. Er kniete
sich an den Wagen und spielte mit dem Kleinen, daß es eine
Freude war. Sie an der anderen Seite und die Erzherzogin ste-
hend an der Deichsel, es war ein Bild zum Malen und machte
mir große Freude, besonders da, als Sie Ihm sagte, daß es meine
Idee gewesen sei, Er mir zurief: ›Das war ein recht kluger Ge-
danke!‹ Wenn ich jetzt nicht eitel werde auf meine Klugheit, so
werde ich es im Leben nicht mehr. Nach dieser Expedition, bei
welcher wir die acht Minuten nicht aus dem Auge ließen, schlief
der Kleine, dann machte er eine sehr einfache Toilette und ward
in den Bescherungssaal getragen von seiner Mutter. Es war nie-
mand da als die Kaiserin und die Erzherzogin Klementine mit
ihrer Kleinen. Er betrachtete alles, schaute sich überall um und
langte nach manchem mit den Händchen.
Er bekam: einen großen Hanswurst, einen Seiltänzer, der
sich schwingt, zwei Tamburinen und zwei weidengeflochtene
Rodeln und einen Kapuziner, der an einer Glocke zieht.«

»Samstag, 15. Januar 1831.
Zahlreiche Visiten kommen zu uns. Alle Welt will den Kleinen
sehen. Das ist sehr ermüdend und ich bin in Furcht, daß der
Kleine seinen Ruf der Liebenswürdigkeit einbüßen könnte, und
schließlich wird es mit mir so weit kommen, daß ich alle Elogen,
die ihm gemacht werden, auf meine Rechnung nehme. Ich glaube,
daß ich schon jetzt ganz die entsprechende Miene mit grinsen-
dem Munde mache. Heute war unter anderem die Prinzessin
Paar hier. Seit der Impfung ist der Kleine nicht aus gewesen. Ich
glaube, der Arzt hat eine solche Angst davor, daß man ihm den
Vorwurf machen könne, er setze ihn zu scharfer Luft aus, daß er
ihn nicht vor Mai hinauslassen wird. Wenn das aber seine Ab-
sicht ist, so wird weder die Erzherzogin noch ich beistimmen
und eines schönen Tages werden wir ihm die Überraschung be-
reiten, auszugehen. Solange das Kind übrigens so klein ist, wer-
den die Spaziergänge für mich nicht viel Unterhaltendes haben,
denn ich wage es nicht, allein mit ihm auszugehen. Es müssen
immer seine Frauen mit sein. Auch wenn er größer ist, werde ich
immer männliche Dienstleute mit haben, wenn schon die weibli-
chen glücklich abgeschüttelt sind, wonach ich jetzt schon lechze.
Diesen Abend kamen Molly Zichy und die künftige Prinzessin
Metternich den Kleinen besuchen. Ich denke oft mit Schrecken
daran, wie das gehen wird, wenn er so fort gelobt wird, in ein
paar Monaten wird er es schon verstehen, und dann möchte wohl
eintreten, was der gute Kaiser sagt: ›Alle Unsere Kinder werden
durch die Schmeichelein verdorben, das ist das Allerschäd-
lichste!‹ Heute sah ich Ihn wieder, das ist immer ein Festtag.«

»Sonntag, 12. Juni 1831.
Heute waren wir in der Stadt. Bevor der Kleine seine Visite beim
Kaiser machte, waren wir bei der Frau Erzherzogin und die
ganze Familie um ihn herum. Man fand ihn artig und sehr lieb,
während ich in Angst daneben stand, wegen der diversen Be-
dürfnisse, die ich fürchtete, und um derentwillen ich manchmal

diese hohe Versammlung verlassen mußte. Und die gute Kaiserin brachte mir selber den ›pot de nécessaire‹ (Topf, Anm.), wie Hammel sagt, weil Sie wohl gesehen hatte, wie es mich in Verlegenheit bringt, wenn ich ihn nehmen soll. Fast hätten wir den Kaiser nicht gesehen, denn die Erzherzogin hatte befohlen, nicht zu lange auszubleiben, aber endlich kam Er, nahm den Kleinen in Seine Zimmer und ließ ihn mit Seinem Kanarienvogel spielen und entließ uns, indem Er sagte, Er werde nach Schönbrunn kommen, sobald das Wetter danach sei.«

Im Sommer fuhr Erzherzogin Sophie mitsamt dem kleinen Franz Joseph nach Ischl zur Sommerfrische:

»Montag, 25. Juli 1831.

Um 8 Uhr war ich mit meinem Kinde und der Kindsfrau in einer Kalesche und fuhr nach Baden, um von den Majestäten Abschied zu nehmen. Der Kleine schlief den halben Weg und wenn er wach war, war er reizend. Wir kamen um ½ 10 Uhr an und gingen zur Kaiserin, welche uns zuerst zum Kaiser führte. Er empfing uns mit rührender Güte. Ich setzte den Kleinen auf Seinen Schreibtisch und Er hielt ihn eine gute halbe Stunde ganz allein und suchte in Seinem Schreibtisch und im ganzen Zimmer Sachen, um ihn zu unterhalten. Dann hatte Er zu tun und nahm Abschied vom Kleinen, der Ihm die Hand küßte. Ich wollte es auch tun, doch Er ließ es nicht zu und wünschte mir noch gute Reise und sagte, daß Er hoffe, der Luftwechsel werde mir gut tun.«

Drei Wochen später ging es bereits wieder zurück nach Wien, eine Reise, die für ein so kleines Kind und in der sommerlichen Hitze sehr strapaziös war:

»Ischl, Mittwoch, 10. August 1831.

Es wurde gemäß einer Stafette bestimmt, daß wir Freitag abends abreisen. Wir machten unsere Morgenpromenade, da begann es zu regnen. Wir kehrten nach Hause zurück und da es

wieder schön geworden war, ließ ich das Diner des Kleinen in
den schrecklichen Hausgarten bringen. Bald versammelten sich
alle Bewohner des Hauses um uns und man beschäftigte sich mit
ihm bis zur Stunde seiner Toilette. Dann ging er zu Bett und ich
zur Frau Erzherzogin, die mir schon entgegenkam und mir
sagte: ›Wir reisen morgen um 7 Uhr!‹ Ich war ganz ihrer An-
sicht, so früh als möglich abzureisen, Nanie Herberstein, die ein
wenig später kam, ebenfalls; dann kamen aber Personen, die
sich dem Plane widersetzten, indem sie sagten, es sei ganz un-
möglich, die Abreise so schnell vorzubereiten, so daß die arme
Erzherzogin in unbeschreibliche Erregung kam. Dabei bewun-
derte ich ihre Ruhe und die Art und Weise, wie sie alle Einwen-
dungen beantwortete. Dazu hatte sie noch die Angst, daß jeden
Augenblick eine Stafette kommen könne, daß der Kleine vorerst
nach Prag gehen müsse. Ich machte dann noch eine schöne Pro-
menade mit dem Kleinen und nahm mit Bedauern Abschied von
den schönen Bergen und von dieser schönen Natur.«

»Donnerstag, 11. August 1831.
Um 7 Uhr war schon alles auf dem Wege. Die Überfahrt über
den See war sehr glücklich, aber der Kleine machte kein Auge zu
und war recht grantig. Man frühstückte bei Schiller und wir
setzten bei fürchterlicher Hitze unseren Weg bis Enns fort, wo
wir übernachteten. Wir waren so schnell gefahren, daß kein ein-
ziger Wagen uns hatte nachkommen können. Und bei der An-
kunft war nur der da, in welchem der Erzherzog und das Kind
gefahren waren, welches voll Freundlichkeit war und rechts und
links den Menschen winkte, die sich versammelt hatten. Das Of-
fizierskorps machte dem Erzherzog seine Aufwartung. Ich war
mit dem Kleinen in dem Zimmer, setzte ihn auf das Kanapee
und als die Herren alle da waren und niemand sich mit ihm be-
schäftigte, deutete er immer auf sich, als wollte er sagen: ›Ich bin
auch da!‹«

»Freitag, 12. August 1831.
Ich bildete die Avantgarde, indem ich um ½ 7 Uhr abfuhr. Für das Mittagmahl des Kleinen rasteten wir in Kemmelbach. Ich aß eine Suppe und Eier mit den Hoheiten, dann fuhren wir weiter, denn wir hatten noch einen enormen Weg vor uns. Heute wollte der Kleine durchaus nicht im Wagen bleiben. Ich mußte halten lassen, denn er war so wild, daß er sich die Haare raufte. Die Hitze, der Staub, dies entsetzliche Fahren hatten ihn ganz außer sich gebracht. Er trank zwei Gläser Wasser und während ich ihn beruhigte, fuhren uns alle Wagen vor. Ich bat Coudenhove hinter uns zu bleiben, denn ich glaubte nicht, daß ich mit dem Kleinen weiter als bis St. Pölten würde fahren können. Glücklicherweise beruhigte er sich aber und schlief ein und wir kamen heil und gesund um ½ 10 Uhr in Wien an. Ich gab ihm sein Abendessen und legte ihn gleich schlafen.«

»Montag, 22. August 1831.
Von einer meiner letzten Visiten beim Kaiser habe ich ein scharmantes Bild vor Augen, das ich zu gerne auf der Stelle gezeichnet hätte, aber leider bin ich ein ungeschicktes Wesen ohne Talent und ohne Kenntnisse. Aber Ihr werdet mit mir übereinstimmen, daß Madame de Genlis selbst die Überschrift ›Vorwurf für ein Gemälde‹ hätte darübersetzen können.

Der Kleine kam ins Kabinett seines Großvaters. Die Kaiserin ließ sich auf Ihre Knie nieder und nahm ihn in die Arme. In diesem Augenblick erhob sich der Kaiser von seinem Schreibtische und durchschritt das Zimmer. Das Kind löst sich von der Kaiserin und läuft zu Ihm und sucht eine Hand zum Küssen zu erhaschen. Der Kaiser läßt Sich ebenfalls auf ein Knie nieder, der Kleine wirft sich in Seine Arme und der Kaiser, von diesem Liebeszeichen gerührt, drückt ihn zärtlich an Sein Herz. Die Kaiserin, Welche auf den Knien diese rührende Szene betrachtet, hebt die Hände gegen den Himmel und ruft: ›Gott erhalte sie beide!‹ Ich war die einzige Zeugin dieser ergreifenden Szene. Gestern waren die Majestäten wegen des Kleinen sehr in Unruhe, denn mehrere sehr kleine Kinder sind in Wien gestorben! Die Kaiserin hatte mit mir eine lange Konferenz wegen der Vorbeugungsmaßregeln, die wir bei ihm anwenden sollten. Da ich aber gar kein Vertrauen darauf habe, blieb ich entschlossen, nichts anzuwenden, weil ich glaube, daß sie eher schaden und ihre Wirksamkeit zweifelhaft ist. Als ich mich aber nicht mehr wehren konnte, bat ich den Kaiser um Verhaltungsmaßregeln. Er sagte mir: ›Keine Präservative! Man kann mehr schaden, als nützen. Es wird ihm nichts geschehen, es ist ein starkes Kind.‹«

»Freitag, 27. Januar 1832.
Um allzuviele Visiten zu vermeiden, fuhren wir trotz des schlechten Wetters aus. Bei der Rückkunft trafen wir nur mehr den Erzherzog Karl mit seiner Tochter, der Herzogin von Lucca, mit ihrem reizenden Knaben, der sehr gewachsen ist und jetzt schon, trotzdem er erst neun Jahre alt ist, schon vollkommen deutsch, italienisch, ungarisch und französisch spricht. Nachmittags waren die Kaiserin und Erzherzog Ludwig beim Kleinen, der sich sehr gut unterhielt und lachte, was er nur konnte. Vor dem Schlafengehen hatte ich noch große Unruhe. Die Erzherzogin kommt jeden Abend vor dem Schlafengehen ihrem Sohne gute Nacht sagen, was ich sehr natürlich und selbst sehr gut von einer Mutter finde, was mich aber darum beunruhigt, weil sie ihn schon öfter aufgeweckt hat. Heute hat sich nun der arme Kleine so erschreckt, daß er länger als eine Stunde geschrien hat. Ich nahm mir nun die Freiheit, sie zu bitten, nur mit größter Vorsicht zum Bette hinzugehen, besonders jetzt, wo er mitten im Zahnen ist. Das arme Kind hat ohnehin Tag und Nacht keine Ruhe. Ich machte sie auch aufmerksam, daß ein solches Aufschrecken aus dem Schlafe ihm sogar Konvulsionen zuziehen könne. Hoffentlich habe ich für einige Zeit Erfolg. Er hat jetzt drei Backenzähne und der vierte drängt gerade durch. Wie oft denke ich daran, welche Freude meine Lotte empfinden

würde, wenn sie sähe, welcher Geist der Ordnung in ihm wohnt, man könnte wahrhaftig sagen, angeboren ist. Ohne daß es ihm jemand sagt, arrangiert er seine Spielsachen und hat nicht eher Ruhe, bis jedes Stück an seinem Platze ist. Er hat auch Beharrlichkeit und er setzt seine Bemühungen fort, auch wenn ihm eine Sache nicht gleich gelingt. Was ihn zur Verzweiflung bringt, ist, wenn man ihn nicht gleich versteht, was oft genug vorkommt, da er in der Regel nur eine Silbe der Worte ausspricht, infolgedessen gar viele Worte sich gleichen. ›Wagen‹, dies ist das einzige Wort, was er zweisilbig ausspricht, und zwar ganz österreichisch, was ich reizend finde, wogegen es seiner Mutter nicht gefällt. Ich möchte schon, daß er ein wenig den österreichischen Dialekt spreche.

Die Hofdamen quälen mich fortwährend: Seitdem er die kleine englische Phrase behalten hat, wollen sie auch an seiner Vervollkommnung mitarbeiten und bestürmen ihn mit französischen Phrasen so lange es ihnen Vergnügen macht und verfallen dann wieder ins Deutsche, obwohl ich sie bitte, wenn sie schon mit ihm französisch sprechen wollen, dies stets zu tun, weil es sonst zwecklos ist. Aber da predigt man tauben Ohren. Er war heute sehr lange bei seinem Vater, der das Talent hat, ihn so unartig zu machen, daß er sich schließlich selbst nicht mehr zu helfen wußte. Ich tat ihn, um ihn zu beruhigen, in seinen kleinen Wagen und er war bald wieder brav. Er ging zum Kaiser und, als ich ihn wollte Adieu sagen lassen, rebellierte er förmlich. Man beschwor den Großpapa eine ernste Miene zu machen und ihn zu tadeln. Er erhob den Finger und sagte, daß Ihm dies nicht wohlgefiele. Da hörte der Kleine mitten in seinen Tränen auf, ging zu Ihm hin und küßte Ihm die Hand und sagte Adieu und ging ohne Widerrede mit mir fort.«

»2. März 1832.

Gestern hatte ich einen sehr angenehmen Morgen. Der Karneval beschäftigt glücklicherweise die Leute, die nichts zu tun haben, so stark, daß sie nicht Zeit haben, an das ›adorable Kind, das all ihr Glück‹ ausmacht, ›ohne das sie keinen Moment leben können‹, auch nur zu denken. Ich lebe jetzt förmlich auf und mein armes Kind auch, das niemals herziger spielt, als wenn es nicht jeden Augenblick gestört und gequält wird, zum Amüsement der anderen. Ich bin mit ihm in Schönbrunn gewesen. Wir haben einen herrlichen Spaziergang gemacht, bei schönstem Wetter. Ich dachte an so manche Erinnerung! Aber glücklicherweise kann ich diesen nicht so nachhängen, denn mein kleiner Herr, der tapfer vor mir herwackelt, nimmt meine ganze Aufmerksamkeit in Anspruch. Bald muß ich ihm eine andere Richtung geben, bald ihn von einem sehr anziehenden Dreck- oder Steinhaufen entfernen, ein strenges Wort in die Ohren schreien, oder seinen teilnehmenden Begleiterinnen ein höfliches ›Lassen Sie ihn gehn!‹ entgegendonnern.

Als er nach Hause kam und zu Mittag gegessen hatte, hörte ich den ›Opapa‹ an unserer Tür vorbeigehen. Ich konnte nicht widerstehen und ließ den Kleinen auf Ihn los. Er ergriff Seine Hand zum Küssen und ward sehr freundlich und gnädig aufgenommen. Die ›Omama‹ nahm ihn mit sich in Ihr Anziehkabinett. Nun fing die Toilette an. Die armen Kammerfrauen und Mädel verwünschten mich da gewiß, denn wenn der Kleine dabei ist, da wird an alles gedacht, nur nicht an das Anziehen, wozu meist nur einige Minuten bestimmt sind. Sie wissen dann gar nicht, auf welche Art sie die Kleider vom Leibe reißen und wieder darauf bringen sollen. Es ist ein ganz kleines Winkelchen, in dem dies alles vorgenommen wird. Die gute Kaiserin drückte mich nieder und sagte: ›Jetzt bleiben Sie so sitzen, bis ich wieder rufe.‹ Während dem schickte Sie mir Veilchen durch das Kind, welches gegenseitig unsere Kommissionen machte, bis ich wieder aufstehen durfte. Dann nahm Sie ihn in eine Audienz mit, bis ich sagte, er müsse schlafen gehen.«

»*13. April 1832.*

*Mehrere gute Damen, die sich kein Gewissen daraus machen,
den Kleinen über die Maßen zu loben, allen seinen Launen nach-
zugeben, ihn ›Gottheitel‹ und ich weiß nicht was, zu nennen, finden, daß man leichtsinnig mit ihm umgehe, daß er zu viel Freiheit in seinen Bewegungen habe, daß man ihm Spielzeug gebe,
woran er sich wehtun könne, daß man ihn allzusehr Zufällen
aussetze. Wenn sie aber bei ihm sind, bringen ihn dieselben
Damen mit allen möglichen Lobsprüchen und Beifallsbezeugun-
gen dazu, daß er seine kleinen Kunststücke produziert. Sie
haben es endlich erreicht, daß seine Mutter auf einmal den
Mut verlor und mir vorschlug, alle Sachen, mit welchen er sich
möglicherweise verletzen könnte, auszupolstern. Ihr könnt Euch
mein Erstaunen denken über die Erzherzogin, die mich doch
immer ermuntert hatte, bei meinem System zu bleiben, die mich
immer ausgelacht hatte, wenn ich Scheu zeigte, ihn dies oder das
tun zu lassen. Ich sah deutlich, daß man mit Erfolg ihre Einbil-
dungskraft beunruhigt hatte.*

*Ich sagte also in aller Ruhe, daß ich ihren Befehlen Folge leis-
ten werde, aber vor allem müßte ich mir die Bemerkung erlauben, daß er nicht nur mit seinen Spielsachen sich wehtun könne,
sondern, daß mir die Möbel im Zimmer dieselbe Unruhe bereiten, daß er auf jeden Schritt fallen und sich an einem Tischfuß
oder Tischeck wehtun könne und daß ich darum der Meinung
sei, daß es am angemessensten sein würde, ihn in einen gepols-
terten Kasten zu setzen, was ihm freilich nicht angenehm sein
würde und auch seiner Gesundheit nicht eben zuträglich, daß
auf jeden Fall zu erwarten wäre, daß ein kleiner unbehilflicher
Mensch recht schnell aus ihm gemacht werden könnte, und seine
natürliche kindliche Zaghaftigkeit dadurch vermehrt werden
würde. Das wirkte. Sie war sehr betroffen und sagte: ›Es ist nur,
weil man mir immer vorsagt, was ihm passieren könnte, so daß
ich mir vor Angst nicht mehr zu helfen weiß.‹ Ich sagte ihr daß
ich dies sehr natürlich finde, daß dieselbe Idee mich bei Tag und*

59

Nacht nicht verlasse, aber, daß dies mich in meiner Überzeugung nie irre machen könnte. Ich wisse alles, was ich riskiere. Aber so lange ich bei ihm wäre, würde keine Menschenfurcht mich von etwas abhalten, um ihn zu einem tüchtigen Knaben zu bilden, so viel es in meiner Kraft und Einsicht möglich wäre. So war denn weiter keine Rede davon und alles blieb beim alten. Heute war aber schon ein Tag des Ärgernisses. Beim Essen war eine gewisse Dame mit ihrer Mutter zugegen, die einen schlechten Einfluß auf das Kind ausübt. Er war ein wenig unartig und ich bezeugte ihm meine Unzufriedenheit mit seinem Verhalten. Da sagte mir die gute Dame: ›Oh, meine Liebe, seien wir froh, wenn wir hie und da einen kleinen Fehler entdecken, denn sonst wäre die Vollkommenheit gar zu groß, so daß man Angst haben müßte.‹ Ich aber antwortete ihr ganz trocken, daß ich meinesteils ganz genügend viele Schwächen an ihm fände und recht froh wäre, wenn sie sich nicht mehrten. ›Aber‹, sagte sie, ›meine Liebe, Sie werden doch zugeben, daß er gar nicht ist, wie andere Kinder, daß er ungeheuer frühreif ist und von einer Liebenswürdigkeit, die in seinem Alter ihresgleichen nicht hat.‹ Ich wandte mich zur Frau Erzherzogin und sagte: ›Ich bin ganz unglücklich darüber, daß man Eurer Kaiserlichen Hoheit einen solchen Begriff beibringen will. Das arme Kind würde eine derartige Reputation nicht aufrecht erhalten können und wenn Eure Kaiserliche Hoheit sich gewöhnen würden, in ihm ein kleines Wunderkind zu sehen, würde sich Eure Kaiserliche Hoheit getäuscht sehen, umsomehr, je älter er würde und nicht alle überspannten Erwartungen erfüllt, die man an ein Wunderkind stellt.‹ Sie nahm dies sehr gut auf und so kamen wir bis zum Nachmittag.

Da sagte auf einmal der Papa, der mit seinem Kinde gespielt hatte und den Kleinen, der ihn nicht verließ, losbringen wollte: ›Da ist der Wau-Wau.‹ Diesmal verlor ich die Geduld. Ich ward bald blaß, bald rot vor Ärger und sagte ihm, daß ich mir jetzt nicht mehr den Kopf zu zerbrechen brauche, woher der Kleine diesen Schrecken und diese Furcht habe, daß ich nunmehr den Schlüssel dazu hätte und daß ich mich nicht wundern würde, als die Folge von solchen Reden, ihn eines Tages vor Schrecken in Konvulsionen fallen zu sehen und ich müsse den Papa aufmerksam machen, daß, wenn der Kleine sie einmal hätte, er sie für sein Leben nicht mehr losbringen würde. Er war sehr erschrocken und sagte, ihm habe man in der Kindheit immer so gesagt. Ich perorierte, glaube ich, noch eine halbe Stunde, und er hörte mich geduldig an. Aber ich habe jetzt immer Angst, wenn er bei ihm ist. Ich sagte dann der Erzherzogin davon und daß ich glaube, den Erzherzog ausgemacht zu haben und daß ich darum vielmals um Verzeihung bitte, daß ich aber wegen dieser Art mit einem Kinde zu reden, zu aufgeregt gewesen sei.

Abends waren wir beim Kaiser, der Kleine und ich lange mit Ihm allein. Er informierte Sich über unsere Spazierfahrten und ich ergriff die Gelegenheit, Ihm zu sagen, daß es mir manchmal an Mut gebreche in einer Methode fortzufahren und daß es für mich unbedingt notwendig sei, zu wissen, ob Er mit der Art, wie ich Seinen Enkel halte, einverstanden sei, da man immer sage, daß ich ihn mit zu wenig Vorsicht behandle, daß ich ihn Gefahren aussetze, so daß, wenn unglückseligerweise irgend etwas geschähe, alle Welt mir Vorwürfe machen würde. Da sagte Er: ›Also schauen Sie ihn an und sagen Sie dann selbst, ob Ihre Art ihn zu behandeln, ihm gut tut oder nicht.‹ Ich erwiderte, ich könne Gott nicht genug danken für die Gnade, daß er ihn so sichtbar beschützt habe, daß aber das sich ändern könne und oft ein Moment genüge, um aus einem gesunden Kinde ein armes, unglückliches Wesen zu machen. Er sagte: ›Dann werden Sie nicht Ursache sein und da muß man es auch annehmen von Gottes Hand. Sehen Sie, allen Menschen kann man es nicht recht machen.‹ Ich dankte Ihm und sagte, daß mich Seine Worte beruhigen und stärken. Er war so gut und sagte mir noch manches, so daß es mir ganz wohl ums Herz wurde. Der Kleine, welcher unterdessen gar schön für sich gespielt hatte, verlangte *etwas, ich sagte sehr kurz, wie ich es oft tue: ›Das kann der kleine Herr nicht haben!‹ Da lachte der Kaiser und sagte: ›Aha, Sie wollen ihn an das Entbehren gewöhnen. Das ist recht. Man kann es nicht früh genug lernen. Ich wurde auch dazu angehalten und es gibt auch nichts, was Ich nicht ohne große Mühe entbehren könnte und dies hat Mir oft wohlgetan, im Kriege und in allen Zeiten.‹ Mit einem Herzen voll Dank und beruhigt kehrte ich in mein Zimmer zurück und gab dem Kleinen sein Abendessen und legte ihn schlafen.«*

»Schönbrunn, 7. Juni 1832.
Höre ich, daß der Kleine früher erwacht ist, so hole ich ihn und er setzt sich dazu und wird mit einem halben ›Biswit‹ und drei ›Ardbaren‹ erquickt. Seine Aussprache ist zu merkwürdig. Die Erzherzogin ist desparat darüber, mir macht es die größte Freude, daß er nicht meinen Dialekt annimmt. Er sagt, es ist ›haß‹ statt heiß, der ›Wogen‹ statt Wagen, ›asstahn‹ etc. etc. Der Kleine bringt mir, während ich schreibe, beständig Blumen und wenn ich sie ihm abnehme und ›danke‹ sage, bleibt er stehen und sagt: ›Ami! bitte, küß d'Hand‹ und da reicht er mir seine Händchen hin und lacht holdselig.«

»Schönbrunn, 30. Juni 1832.
Seit einigen Tagen fühlt die Erzherzogin Sophie die Vorzeichen des Ereignisses, welches sie erwartet. Die Schmerzen waren mitunter so stark, daß sie schon meinte, es würde Ernst. Nach dem Diner begleitete ich sie zum König und als wir durch die große Galerie kamen, hatte sie eine plötzliche Attacke und hielt sich mit allen Kräften an mir. Sie erholte sich aber bald und setzte ihren Weg fort, denn sie ist nichts weniger als wehleidig, aber ich war dennoch froh, als wir angekommen waren. Es war heute so kalt, daß ich erst um 11 Uhr ausging mit dem Kleinen. Er fiel bei dem Spaziergange zweimal, das einemal auf eine für mich sehr unangenehme Weise, denn im Angesichte von vielen Zuschauern warf

ich ihn nieder, als ich mich schnell herumdrehte und ihn mir nicht so nahe dachte. Er fiel auf Steine und da er sich im Fallen auf die Lippen biß, blutete er sehr stark und schrie gegen seine Gewohnheit ganz ungeheuer. Ich war nur froh, daß ich gleich sicher sein konnte, daß es ihm nicht schadete, nahm ihn auf den Arm, um ihn von den Zuschauern zu entfernen und ging beschämt meinen Weg fort.«

»5. Juli 1832.
Ich werde Euch jetzt etwas von der Ankunft der Königin erzählen. Nach dem Frühstück des Kleinen fuhren wir, nämlich die Frau Erzherzogin, ihr Gemahl, das Kind und ich, in einem Landauer mit sechs Pferden und drei Lakaien hintenauf. Der Erzherzog setzte sich auf den Vordersitz, um dem Grüßen auszuweichen, und ich saß mit meinem Kinde neben der Frau Erzherzogin und saß vis-à-vis vom Erzherzog. Eine Kalesche für den Kleinen folgte uns, ebenso ein Kammerwagen mit einem Kindermädchen und dem treuen Rieder, dem Lakaien des Kleinen, den ich am liebsten habe. Dies alles hatte ich so in der Stille arrangiert; denn wenn ich ein Wort gesagt hätte, so hätte man alles verworfen, ich hätte ganz allein mit gemußt und den Tag nachher wäre dann alles über mich hergefallen über die Unschicklichkeit dieser Fahrt und alles, was man mit diesem Kinde sich erlaubt. Wir waren noch nicht weit gefahren, begann der Kleine sich im Wagen zu langweilen. Wir machten halt bei einem Revierförster und da er nicht zu Hause war, machten Frau und Tochter die Honneurs aufs beste. Der Kleine lief hinter den Hühnern her und hinter den Enten im Geflügelhofe und ging in den Stall und gerade, als wir uns in einem kleinen Garten vor dem Hause niederlassen wollten, meldete man den Kurier, der bald vom Wagen der Königin, in welchem auch die Prinzessin Marie, Gabriele und Mad. de Lodron waren, gefolgt wurde. Die Königin war sehr bewegt, als sie ihre Tochter und ihren Enkel umarmte. Der Kleine war sehr erstaunt, aber sehr brav und

lieb. Man plauderte ein wenig auf der Landstraße, dann setzten sich alle die Hoheiten in einen Wagen und ich fuhr mit der Lodron und Gabriele, die ich nun nach Herzenslust umarmte. Leider aber sah ich, daß sie sich auf die Visite nicht ungeheuer freuten und daß die arme Lodron eine ungeheure Angst vor der Cholera hat, was mich beinahe ungebührlich lachen machte, besonders da ich, wie ihr wißt, sie beinahe gar nicht kenne.

Wir kamen an, der ganze Hof, sogar alle Herrschaften waren zum Empfang versammelt. Ich stürzte so schnell als möglich aus dem Wagen und suchte mich durch hoch und nieder zu meinem Kinde durchzuarbeiten und ließ es nun aus dem Gewühl so schnell als möglich in den kleinen Garten vor den Fenstern schleppen, denkend, man würde ihn schon holen, wenn man ihn wollte, und brachte da noch eine recht ruhige Stunde mit ihm zu. Abends machte ihm die Großmama noch eine Visite.«

»9. Juli 1832.

Seitdem ich nicht mehr geschrieben habe, werden Dir die Zeitungen gesagt haben, was bei uns vorgegangen ist: Ich habe nun zwei Kinder, ein rechtes und ein Stiefkind, um das ich mich für den Augenblick freilich nicht annehme, welches mir aber doch alle freien Augenblicke, die ich noch hatte, in Anspruch nimmt.«

»16. Juli 1832.

Was ich in der Kammer mit den dienenden und handlangenden Weibsleuten ausstehe, ist mir oft zu viel, da ich sehr oft über Nachlässigkeit und Unordnung klagen muß, was die, an welche es gerichtet ist, sehr hoch aufnehmen. Ich kann aber hoffen, daß es in einigen Monaten auch wieder besser werden wird. Es ist mir aber peinlich und ängstigend, weil bei einem so kleinen Wesen leicht etwas versehen wird und ich die Verantwortung auf mir habe.«

»Schönbrunn, 18. Juli 1832.

*Ich will es wieder einmal versuchen, einen Tag zu beschreiben.
Um ½ 7 Uhr stand ich auf, denn meine dicke, langsame Kathi
weckt mich im wahren Robotschritt, und der Ärger, der mich da,
sowie ich die Augen auftue, überfällt, treibt mich denn auch sogleich mit Blitzesschnelle aus dem Lager und ich hoffe und wünsche, sie möge meine Schnelligkeit betrachten und sich zum
Sporn dienen lassen; allein ich fürchte, sie bemerkt diese Hast
gar nicht. Nach der Toilette kommt die Köchin und ich bestelle
das Essen für das Kind und die Amme, habe ich noch Zeit, früh-
stücke ich schnell, dann betrachte ich den Kleinen, gebe dem Ältesten sein Frühstück, führe ihn zu seinen Eltern, sehe den Kleinen baden und bleibe dann bei dem Großen, wenn er Toilette
macht und welsche dabei alles Böhmische, was ich nur aufzutreiben weiß. Marie treibe ich an, ihm von Zeit zu Zeit etwas
vorzusagen. Er versteht schon manches und wiederholt sehr
gerne, was man ihm vorsagt, und kommt während des Tages
unaufhörlich und fragt ›wie haßt das böhmisch?‹ indem er irgend ein Spielzeug, was er in der Hand hält, zeigt. Wenn mir
nur Beharrlichkeit und Geduld nicht ausgehen, dann zweifle ich
nicht, daß er es in der Zeit von zwei Jahren, wenn wir sie zusammen erleben, weit bringen wird. So denke ich, sollte man
ihm immer zwei Jahre lassen, um sich eine Sprache, deren er so
viele lernen muß, zu eigen zu machen. Wenn nur einmal das
Böhmische überstanden wäre! So wird es ½ 10 oder 10 Uhr.
Dann binde ich den Stiefsohn der Ascher auf die Seele und wan-
dere mit dem Großen in den Gärten herum, manchesmal ganz
allein, nur von einem Lakaien gefolgt.*

*Der Knabe spielt, ißt, spielt wieder bis es 1 Uhr ist und er ins
Bett gelegt wird. Dann lasse ich mir vom andern erzählen,
schaue ihn an. Dann gehe ich in meine Höhle, wo ich manchesmal jemanden finde, der mich sprechen will, ziehe mich an, esse
und bin um 3 oder ¼ 4 Uhr, wenn ich nicht früher gerufen
werde, wieder unten, gebe dem Großen seine Jause, führe ihn*

*zur Frau Erzherzogin, manchesmal auch noch zu seiner Groß-
mutter, die ihn sehr lieb hat und dann bleibe ich wieder im
Freien mit ihm, bis es Zeit ist zum ›Gute Nacht‹ sagen.*

*Ich seht, wie wenig ich mich mit dem Kleinen abgeben kann,
am meisten noch des Abends, wenn der Große schläft, denn ist dieser wach, so sind Hände, Füße, Augen und Ohren nur für diesen
in Bewegung und doppelt kann ich mich einmal nicht machen.«*

»Schönbrunn, 25. Juli 1832.
*In ein paar Stunden wird mein guter Kaiser erwartet, da muß
ich mich und die Kinder ein wenig herrichten. Wenn nur der
Große Ihm noch Freude macht, an den Stiefsohn gedenke ich noch
nicht. Für diesen habe ich noch keine Ambition und ich ärgere
mich, zu sehen, daß er schöner werden wird als der Ältere. Es
geht allen Leuten so, man will noch gar nichts von ihm wissen,
und er wird Mühe haben, sich in die Herzen hineinzuarbeiten.«*

Im Laufe der Jahre identifizierte sich Louise Sturmfeder so sehr
mit ihrer Aufgabe und ihrem erklärten Liebling, Franz Joseph,
dass sie das absehbare Ende ihrer Tätigkeit verdrängte. Anders als
eine Mutter war sie nur eine Bezugsperson auf Zeit. Die strengen
Erziehungsregeln der Habsburger sahen vor, dass die kleinen Erzherzöge mit dem sechsten Geburtstag in die Obhut männlicher
Erzieher übergeben wurden. Ab diesem Zeitpunkt hatten sie eine
umfangreiche Ausbildung zu absolvieren, für Verwöhnung und
Umarmungen war da kein Platz mehr.

»18. November 1835.
*Mein Franzi wird mir nun bald genommen werden! Ach, dies
wird wieder ein Stück von meinem Herzen sein, das losgerissen
wird. Und doch ist es auch eine große Verantwortung weniger,
denn ich weiß, wozu er bestimmt ist, und da ist es wohl doppelt
wichtig, wie er geleitet wird. Ich habe wohl noch genug zu tun,
aber die Sorge für den Liebling meines Kaisers war mir jetzt*

Trost und meine größte, schönste Freude. Recht trost- und freu-
denleer wird es dann um mich sein, bis die Zeit wieder in ihr
altes Recht des Vergessens und Heilens tritt. Alle wissen, wie ich
dieses Kind liebe, selbst der kleine Ferdinand sagte mir gestern:
›Ich habe dich gerade so lieb, wie du den Franzi.‹«

»Dezember 1835.
Daß Du ganz fühlst, wie mir zu mute ist, dachte ich wohl. Es ist
ein großer Jammer in mir, wenn ich mir gleichwohl sage, du
hast eine große Verantwortung weniger, du kannst Gott nicht
genug danken, Der dir Seinen Beistand lieh, um daß du ihn an
Körper und Seele gesund, anderen Händen übergeben konntest.
Ich kann aber in nichts einen Ersatz finden für das, was ich in
ihm verliere. Es ist eine Leere in mir und um mich, die ich kaum
zu ertragen weiß. Nichts hat mehr Interesse für mich. Seine Brü-
der scheinen mir nur noch geliehen und mit wahrer Angst denke
ich daran, daß sie mir auch lieb sein könnten. Kalt und gleich-
gültig möchte ich bleiben, um nicht in ein oder zwei Jahren wie-
der fühlen zu müssen, was ich jetzt empfinde. Ach liebe Lotte, es
wird mir jetzt recht schwer, was ich jetzt tue; wenn es etwas
taugt, so ist es wahrhaft verdienstlich. Bei ihm war es kein Ver-
dienst, da war es meine Freude!«

»3. Dezember 1836.
Es ist überhaupt eine gar harte Zeit jetzt für mich, seitdem ich mei-
nen Franzi verloren habe; o wie lästig, wie unerträglich ist mir
jetzt mein Geschäft. Durch ihn, für ihn und mit ihm, dem Liebling
meines Kaisers ward und war mir alles leicht und sogar eine
Freude und jetzt ohne ihn, ist mir alles eine wahre Last und nur
der Gedanke, daß ich sonst nicht existieren könnte, daß ich dem
lieben Gott unendlich dankbar sein muß, daß Er mich diese Stelle
finden ließ, hält mich zurück, um das schwer auf mir lastende
Joch nicht abzuschütteln. Oh, das fatale Geld, daß man wegen
ihm so viel tun und ertragen muß. Wie weh, wie unendlich

schwer mir die Trennung von diesem Kinde wird, kann ich nicht beschreiben. Ich liebe ihn wie meinen Augapfel, er war mein Stolz, mein Trost, meine Freude, das alles ist nun weg, mir bleibt nur die alltäglichste Kinderstube mit all ihren Sorgen, Mühen und Kümmernissen und der Wunsch, mich nur nicht mehr zu attachieren und nicht in einigen Jahren wieder fühlen zu müssen, was ich jetzt fühle und erfahre. Ich sehe wohl Franzi noch, aber er ist nicht mehr mein Franzi, ach nein, er ist jetzt der Erzherzog Franz.

Ich darf schon nichts mehr sagen, ich muß alles sehen, was mit ihm geschieht, ohne etwas dazu oder davon tun zu können, wenn ich auch aus Erfahrung weiß, daß es ihm geradezu nichts taugt. Oh, wie schwer ist dies zu ertragen und wie schrecklich ist der Gedanke, wenn es zu spät ist, werden sie einsehen, daß sie dies nicht hätten tun sollen, oder daß sie dies anders hätten machen sollen; oh, dies sind wahre Martern. Ich versichere Euch, hätte ich den schlimmsten, nachteiligsten Einfluß auf ihn gehabt, ich hätte nicht mehr von ihm entfernt werden können, als ich bin. Ich will glauben, daß es so sein muß, daß es vielleicht besser so ist, aber gar zu weh tut es doch und entmutigt mich völlig. Wozu soll ich mich ferner abmühen und abarbeiten, es wird ja doch ganz anders mit ihm verfahren, dies kann ich mir bei jedem denken, wenn er aus meinen Händen kommen wird und dies ist nicht encourageant. Doch wozu lamentiere ich auch und es ist einmal so, statt es mir zu Herzen zu nehmen, sollte ich nur froh sein, diese große Responsabilität nicht mehr auf mir zu haben und Gott danken, der mir beistand, daß ich ihn an Leib und Seele gesund aus meinen Händen entlassen habe. Warum kann ich doch nicht vernünftig werden?«

Baronin Sturmfeder hatte sich in den Jahren seit ihrem Diensteintritt so an die ihr anvertrauten Kinder gewöhnt, dass sie nun ähnlich empfand wie eine leibliche Mutter, der ihre Kinder weggenommen werden. Der Verlust »ihrer« Kinder stürzte sie in tiefe Trauer:

»8. November 1839.
Der letzte Tag in Schönbrunn. Der letzte Spaziergang mit den
Kindern und den drei Herren war mir ein wahrer Martergang.
Ich dachte, das Herz würde mir zerspringen. Franzi hatte nicht
das Herz, mir in das verheulte Augenlicht zu schauen und Ferdi-
nand wich nicht von meiner Seite. Dazu umgeben von drei Män-
nern, welche wohl ganz anders als die Kinder dachten und fühl-
ten und gegen dieselben ihr Übergewicht und pouvoir schon recht
sichtbar zu machen wußten. Dazu der Gedanke, wie nun nie-
mand mehr recht liebend und teilnehmend für sie sorgen und wa-
chen werde, ach, dies war mir bitterer als alles. Um 6 Uhr kam
ich mit meinem letzten Zögling in der Hofburg an. Das vierte
Jahr nun, daß ich immer kam, um eines zu verlieren, und nun
war es aus, nun ist keines mehr zu verlieren. Ich trat in die öden,
verlassenen Kinderzimmer, wo ich nun seit beinahe zehn Jahren
sie gepflegt hatte, fand alles schon zerstört und ausgeräumt, sah
alles um mich her in Tränen und ließ die meinen fließen, da ich
nicht anders konnte. Der Kleine machte Toilette, da kam die Kai-
serin-Mutter und küßte mich dermaßen ab, daß ich beinahe ein
Lachexzeß bekommen hätte. Es tat mir aber sehr wohl, zu sehen,
daß Sie wohl fühlte, was in mir vorgehen mußte. Sie nahm den
Kleinen mit und mich dazu in Ihr Zimmer. ›Ce your-ci, ma chère,
j'aurais une prière à Vous faire, c'est que j'arrangerais ma biblio-
thèque et j'espère que vous m'aiderez dans cette occupation.‹
›V. M. n'a qu'à ordonner‹, war die Antwort und nun wußte ich,
daß meine Zukunft entschieden war.[41] *Eine Stunde blieb ich bei*
Ihr, wobei Sie wiederholt die Mahnung in die Konversation ein-
flocht, wie man alles Unangenehme im Leben au pied de la croix
(am Fuß des Kreuzes, Anm.) *opfern müsse. Dazu saß ich ein*
paar Schritte weit von der Stelle entfernt, wo mein Kaiser in sei-
nen letzten Augenblicken mit freundlichen Worten gesagt hatte:
»Auch Ihnen wünsche Ich alles Gute. Ich habe schon keinen Atem
mehr!« Gerne hätte ich meine vier Kinder zusammengerufen und
mit ihnen an dieser Stelle gebetet, sie Ihm wiedergegeben und Ihn

gebeten, mir zu vergeben was und wo ich an ihnen gefehlt habe. Aber so ging es nicht, ich mußte still sitzen, bis wir um ½ 8 Uhr mit abermaligen Umarmungen entlassen wurden. Da ging es zum Nachtessen. Die Frau Erzherzogin kam mit den zwei Älteren und zwei Herren von der anderen Seite.«

»o. D.

Dies ist einmal sicher, einen Vorwurf, den man mir so oft machte, einen Fehler, den manche Menschen mir durchaus nicht nachsehen konnten, daß ich nämlich in dem Kleinen immer den zukünftigen Kaiser vor Augen hatte und bei ihm alles darauf beziehen wollte, dieses Fehlers macht sich jetzt niemand schuldig. Dieser Fehler haftete nur an mir und an seinem Großvater selig. Alle Seine Reden, alle Seine Worte zu dem damals noch so unmündigen Kinde zielten nur dahin, um Edles, Großes und Gutes in ihm zu wecken und wenn sich jetzt manches regt, so ist das der Same, den Er gestreut hat. Und ich folgte Seinen Anweisungen. Mein Bestreben während der neun Jahre war, es zu erreichen, daß diese Kinder ein Beispiel für andere seien. Es wäre freilich töricht, zu glauben, daß dies in sechs Jahren bei jedem einzelnen endgültig erreicht werden könne, aber Seine Worte: ›In ihrem Geiste soll und muß fortgearbeitet werden!‹ trösteten und ermutigten mich, wenigstens im Anfange nichts zu versäumen.«

»16. November 1839.

Um ¾ 9 Uhr in der Frühe kam mein guter Franzi und holte mich. Es ward wild herumgespielt, so wie ich es nicht leiden würde, hätte ich noch was zu sagen, so aber schweige ich und danke noch für die faveur, qu'on m'a accordé zusehen zu dürfen. Um ¼ 8 Uhr abends ging ich zum Souper der Kinder. Als die Kaiserin-Mutter kam, machten sie ihr zu meiner Beschämung die Mitteilung, daß sie mich viel lieber hätten als Sie (die Kaiserin-Mutter, Anm.). Es sind freilich nur Kinder, aber so etwas ist doch zum Schlagtreffen.«

»*18. November 1839.*

Ich aß bei den Kindern. Nach Tische machten sie ein Konzert, ›Die vier Jahreszeiten‹. Ich soufflierte, was in jeder Saison anzubringen war. Ferdinand improvisierte über die angegebenen Themas, Franzi und Karl machten das Orchester mittels einiger Trommeln und Pfeifen. Graf Ledochowski hatte mitgespielt. Der Primo durchstreifte einmal das Zimmer, verlor sich aber bald, nachdem er mit diktatorischer Stimme gerufen hatte: ›Es wird gleich Zeit zum Lernen sein!‹ Da es aber erst ¼4 Uhr war und die Lektionen erst um 4 Uhr beginnen, ließ ich mich nicht abschrecken und blieb.«

»*19. November 1839.*

Franzi holte mich zum Frühstück. Fendi war da und malte. Die Frau Erzherzogin läßt für den Erzherzog sich und die vier Kinder zeichnen, wie sie ihr Morgengebet verrichten. Es ist eine hübsche Idee und wird ein hübsches Bild werden. Ich hatte Franzi Coudenhoves Räubergeschichte zu lesen empfohlen. Er liest sie nun und ich fragte ihn heute, wie sie ihm gefallen und ob er nicht finde, daß der General mit viel Mut sich betragen habe. Er antwortete darauf: ›Ich finde, daß er noch weit mehr Klugheit als Mut zeigte.‹ Ist dies nicht eine sehr verständige Antwort?«

»*27. Mai 1840.*

Es war wirklich so. Als ich meinen traurigen Einzug in Schönbrunn gehalten hatte, konnte ich es mir nicht versagen, die Kinder noch zu besuchen und zu hören, wie es ihnen gehe. Sie waren noch mit Einräumen beschäftigt und als ich um ½ 9 Uhr sie verließ, bat ich Franzi, morgen der Frau Erzherzogin zu sagen, daß ich bäte, sagen zu lassen, wann ich sie wieder besuchen dürfe, da ich hier nicht wisse, wann sie es erlauben würde. Was mich besonders zu dieser Frage antrieb, war der Empfang, den mir die Herren schon seit mehreren Tagen machten, bei welchem mir einige Male bange wurde, sie möchten mir einmal sagen, ich möge fortbleiben! Aber in Wien wollte ich nicht von meiner guten Gewohnheit abgehen, sie alle Tage zu sehen. Nun aber werde ich mich schon resignieren müssen, sie vielleicht zwei bis drei Tage nicht zu sehen. Und davor ist mir bange. Da ich mein altes Quartier behalten habe, so wohne ich gerade unter ihnen und wenn ich mir auch alle Mühe gebe, sie vergessen zu wollen, es wäre mir unmöglich, da ich sie den ganzen Tag höre. Wie mir zu mute ist, kann ich nicht sagen. Ich ginge so gerne in den herrlichen Garten und in meinem einsamen Zimmer kann ich es kaum aushalten, aber bin ich unten, so bricht mir das Herz vor Wehmut und Erinnerung.«

»30. Mai 1840.
Gestern abends war ich zu den Kindern zitiert. Ein kleines Licht in meiner Nacht. Es ist mir beinahe noch härter als im Herbste und ich glaube, ich hatte sehr recht, nicht hierher zu wollen. Jeder Platz, jeder Baum, wo ich hingehe, alles erinnert mich an mein früher so bewegtes Leben. Ich kann weder der Vergangenheit noch der Gegenwart entgehen. Über meinem Kopfe trappen sie den ganzen Tag herum. Ich muß also an sie denken und im Garten sehe ich sie und darf nicht zu ihnen, muß ihnen ausweichen. Es ist eine Marter ohne Namen. Habe ich sie denn nicht lieb genug gehabt? Wäre es nicht ein Glück für mich, hätte ich sie nie lieb gehabt? Heute ist des Kaisers und Ferdinands Namenstag. Er hatte gesagt, ich solle ihm einen Stock schenken. Ich ließ aus Elfenbein einen Affen darauf setzen, denn so hatte er es gewünscht. Nach dem Te deum wurde ich in den kleinen Garten hinuntergerufen, in welchem die vier Kinder unter meinen Augen aufgewachsen waren. Ich mußte weinen, trotz aller Umstehenden und Zusehenden und dem sichtlichen Vermeiden aller Rührung seitens der Gebieterin. Bald aber kam für mich eine neue Aufregung. Es war sehr windig und mir war wegen der hustenden Kinder bang. Ich mußte es wieder sagen. ›Vous trouvez?‹ war die Antwort der Frau Erzherzogin. Der Primo aber

sagte: ›Der Wind ist ganz warm.‹ Die Herren zuckten die Achseln, ich aber war den ganzen Tag gepeinigt, bis ich die Kinder unter Dach wußte.«

»31. Mai 1840.

Meine Angst war nicht umsonst. Franzi und Karl liegen heute zu Bette, und daß keine Lungenentzündung da ist, ist nicht unser Verdienst, sondern Gottes Gnade. Die Herren hatten gestern selbst gesagt, daß der Wind den hustenden Kindern nicht gut tun würde. Aber niemand hatte den Mut gehabt, sich bestimmt dem ausgesprochenen Wunsch zu widersetzen. Ich war im Stich gelassen worden. Man riskierte lieber mit Achselzucken und elendem Nachgeben die Gesundheit der Kinder.«

»23. November 1840.

Ich schrieb dir nichts von den letzten Tagen meines Aufenthalts in Schönbrunn. Du weißt ja ohnedies, daß mein ganzes Interesse sich auf die Stunde beschränkt, in welcher ich die Kinder sah und welche nun in der letzten Zeit von jedem zweiten Tag auf jeden dritten Tag verschoben wurde. Obgleich ich Schönbrunn dieses Jahr nicht sehr lustig verließ, so war es doch nicht mit so herzzerreißenden Gefühlen, wie die vorhergehenden Jahre, wo mir jedes Jahr eines der Kinder entzogen wurde. Nun ist alles aus, ich habe sie verloren meine vier Kinder, welche mich beinahe das Leben gekostet haben und nun basta. Es ist ein hartes Schicksal, welches mich verfolgt und welches sich immer erneuerte: Immer ist mir das entrissen zu sehen, was ich kaum liebgewonnen habe! [...] Gott erhalte und beschütze sie nun ferner, sie, für die ich so unendlich viele Sorge und Kummer hatte. Er halte alles Böse von ihnen ferne, welches ihnen von so mancher Seite droht. Ich kann nur noch zittern und beten für sie.«

Auf Anordnung des Kaisers blieb Baronin Sturmfeder bis zu ihrem Tod im Jahr 1866 in der Wiener Hofburg, zuletzt als Hofdame der

Kaiserinwitwe Karoline Auguste. Die Erziehung seiner eigenen Kinder glückte Kaiser Franz Joseph bekanntlich nicht so, wie seine eigene geglückt war. Am dramatischsten scheiterte die Erziehung bei Kronprinz Rudolf, die in den ersten Jahren seine Großmutter Erzherzogin Sophie bestimmte. Sie bewies dabei keine glückliche Hand, wie die Hofdame Creszenz Speth berichtet:

>*Würzburg 1862. Aber sage mir ganz unter uns: welche Wahl von einer Aja!* (des Kronprinzen Rudolf, Anm.) *Die gute Welden, die in ihrem Leben kein kleines Kind noch gesehen hat, die gar nichts davon versteht und etwas sehr Unentschlossenes hat! Dabei eine schwache Gesundheit. – In München ging sie zur Zurheim, um nur zu lernen, ein Kind auf den Arm zu nehmen. Sie war diesen Herbst hier. Ich sah sie. Ohne den Titel des Mannes wäre sie unbedeutend wie früher. Sie ist herzlich gut, aber langweilig. Aber halte nur reinen Mund. Wer ist denn auf diesen Gedanken gekommen? Sie hat aber vermutlich nur den Namen, ohne die Anordnungen treffen zu müssen. Es fiel ihr auch schwer, die Stelle anzunehmen, sagt man.*«[42]

»Die Welden« war Charlotte Freifrau von Welden[43], die 1855 als Aja die Erziehung Rudolfs übernahm, bis dieser fünf Jahre alt war. Ungeachtet ihrer geringen Erfahrung liebten sowohl Rudolf als auch seine Schwester Gisela ihre Aja sehr und nannten sie zärtlich »Wowo«. Kaiser Franz Joseph drängte jedoch darauf, dass Baronin Sturmfeder bei der Erziehung seiner Kinder mithalf. Das änderte allerdings nichts daran, dass Kaiserin Elisabeth stets unter dem Gefühl litt, dass man ihr ihre Kinder »weggenommen hatte«. Sie durfte sie ohne die Erlaubnis und Anwesenheit ihrer Schwiegermutter nicht einmal sehen! Dabei hatte Sophie, wie den Berichten der Baronin Sturmfeder zu entnehmen ist, ihre eigenen Kinder täglich mehrmals besucht und regen Anteil an ihrer Erziehung genommen – ohne dass sich die Kaiserin damals eingemischt hätte. Franz Joseph gab sein eigenes Trauma, das er durch den frühen Verlust seiner Aja und die darauf folgende streng militärische

Erziehung erlebt hatte, an seinen Sohn weiter. Der sensible und kränkliche kleine Rudolf wurde auf Anordnung des Kaisers körperlich und seelisch »abgehärtet«, was, wie wir wissen, katastrophale Folgen hatte! Was sich wohl die Baronin Sturmfeder dabei gedacht haben mag, als sie dies mitansehen musste?

Die Ermordung Maximilians in Mexiko musste sie zum Glück nicht mehr erleben, da sie ein Jahr zuvor starb. Der Kaiser besuchte sie bis zu ihrem Tod regelmäßig. 1911 erhielt Louise von Sturmfeder ein Ehrengrab auf dem Wiener Zentralfriedhof. Es existiert noch heute.

GRÄFIN CLEMENTINE TAAFFE

Ein weiteres Beispiel, das den hohen Stellenwert und die große Bedeutung der »Aja« zeigt, ist Gräfin Clementine Taaffe.[44] Sie wurde im Alter von 29 Jahren von Erzherzogin Hildegard zur Hofdame ernannt und war die jüngere Schwester von Eduard Graf Taaffe, dem späteren Ministerpräsidenten und Jugendfreund von Kaiser Franz Joseph. Clementine dürfte wohl das Gegenteil ihres Bruders gewesen sein, über den Therese Fürstenberg sagte: »*Es ist unbegreiflich, daß ein Herrscher von dem Feingefühl Franz Josephs sich so sehr an den Grafen Taaffe anschloß, der ein abscheulicher Mensch war, unfein und ein Trunkenbold.*«[45] Clementine Taaffe war äußerst gebildet, sie interessierte sich sehr für Geschichte, wie zahlreiche Notizen in ihrem Nachlass belegen. Fast ebenso gerne pflegte sie theologische Betrachtungen.

Ihre Herrin, Erzherzogin Hildegard, war die Gemahlin von Erzherzog Albrecht und die Tochter von König Ludwig von Bayern. Somit war sie die Cousine von Kaiserin Elisabeth, mit der sie sich als eine der sehr wenigen gut verstand. Hildegard erkrankte noch recht jung während des Begräbnisses König Maximilians von Bayern und starb 1864. Nach ihrem Tod wurde ihre Hofdame, eben Gräfin Taaffe, mit der Erziehung der beiden Töchter Maria Theresia und Mathilde betraut. Diese liebten sie sehr. Am 18. August 1857 schrieben sie ihr aus Schloss Laudon auf kindlich-buntem

Briefpapier – Maria Theresia war damals zwölf Jahre alt und Mathilde acht:

»Liebe Clementine! Ich hoffe, dass es Dir recht gut geht und daß du dich gut unterhältst. Vergiß mich nicht in deiner Freude, so wie ich dich nicht vergessen werde. Wir gehen heute alle 3, die Dada (Kindermädchen, Anm.)*, die Mathilde und ich, nach Laxenburg zum Diner vom Kaiser; heute wird er 27 Jahre alt; Adieu liebe Clementine, ich küsse dich herzlich. Therese.*

Liebe Clementine! Ich hoffe, daß du an mich denkst, und daß du glücklich bei deiner Mutter angekommen bist. Ich denke sehr oft an dich. [...] Adieu liebe Clementine, ich küsse dich ganz lieb. Mathilde.«[46]

Nur zehn Jahre später, 1867, starb Mathilde 18-jährig. Sie verbrannte, als sie eine Zigarette hinter ihrem Rücken versteckte, um nicht beim Rauchen erwischt zu werden. Clementine Taaffe machte sich zeitlebens die schwersten Vorwürfe und trauerte sehr über diesen Verlust.

Welch hohen Stellenwert Gräfin Taaffe bei Hof hatte, machen die Briefe der Erzherzogin Maria Karolina deutlich. Maria Karolina war die Schwägerin von Erzherzogin Hildegard. Sie hatte im Alter von vier Jahren ihre Mutter verloren und war von Erzherzog Albrecht und Hildegard – und damit auch von Gräfin Taaffe – erzogen worden. Sie heiratete 1852 ihren Cousin Erzherzog Rainer, die Ehe blieb aber kinderlos. Am Hof und in der Bevölkerung genoss sie hohes Ansehen und erfreute sich großer Beliebtheit als Wohltäterin. So etwa war sie Mitbegründerin des St.-Josef-Kinderspitals. In einem Brief vom 2. September 1891, in dem sie sich bei Gräfin Taaffe u. a. für ein Bild bedankt, schreibt sie im Postscriptum: *»Sie flößen mir einen solchen Respekt ein, daß ich mit liniertem Unterfutter schrieb!«*[47]

KAISERIN ZITAS »KORFFI«

Sie war wohl jene Erzieherin der Habsburger-Kinder, die es am schwersten hatte, ihr Amt auszuüben: Gräfin Therese Kerssenbrock, mit vollem Namen Maria Therese Korff-Schmising-Kerssenbrock. Das lag nicht an ihr oder gar an den Kindern, sondern an den äußerst wirren und gefahrvollen Zeitumständen. Sie wurde im Jahr 1888 geboren, ihre Eltern Graf Klemens August und ihre Mutter Gabriele, eine geborene Lobkowitz, lebten auf ihrem Gut in Böhmen.

Therese war bereits dreißig Jahre alt, als sie im schicksalhaften Jahr 1918 das Amt einer Aja der kaiserlichen Kinder antrat. Die Kinderschar war stattlich, Karl Ludwig wurde 1918 als fünftes Kind geboren, nach seinen Geschwistern Otto (1912), Adelheid (1914), Robert (1915) und Felix (1916). Die Situation gestaltete sich für die Familie dramatisch: der Vater meist an der Front oder auf Reisen, das jahrhundertealte Habsburgerreich in Trümmern, die Menschen verzweifelt und Not leidend, die Friedensbemühungen gescheitert, das weitere Schicksal ungewiss. Es bedeutete großen Mut, in dieser Situation mit unklarer Zukunftsperspektive ein derart verantwortungsvolles Amt anzutreten. Doch die Wahl Kaiserin Zitas erwies sich als perfekt. Nicht nur die Kinder, auch sie selbst entwickelte eine tiefe und dauerhafte Zuneigung zu Gräfin Kerssenbrock, die von der Familie bald nur mehr zärtlich »Korffi« gerufen wurde.

Seit ihrem Dienstantritt war Gräfin Kerssenbrock gemeinsam mit der kaiserlichen Familie und phasenweise sogar allein mit den Kindern auf der Flucht. Die Odyssee begann nach der Niederlage Österreich-Ungarns im Ersten Weltkrieg und dem Thronverzicht Kaiser Karls am 11. November 1918. Im März darauf verließ die Familie Österreich und ging ins Schweizer Exil. Dort kamen noch zwei Kinder zur Welt, 1919 Rudolf und 1921 Charlotte. Zuerst hielt man sich auf Schloss Wartegg auf, danach übersiedelte die Familie in die Villa Prangins am Genfer See, wo Charlotte zur Welt kam. Wie sehr die Kinder, allen voran der Älteste, Kronprinz

Otto, ihre Erzieherin verehrten, belegt eine Episode aus dieser Zeit, die Agnes Schönborn überliefert:

»*Einmal* (im März 1921) *machte ich natürlich die obligate ›tour du lac‹ im Dampfschiff, wirklich sehr schön. Die Korfferl machte sie auch und, wagemutiger als ich, stieg sie an der französischen Küste aus, um ein bisl in Frankreich spazieren zu gehen. Es war irgendein französischer National-Feiertag und Kronprinz Otto ließ es sich nicht ausreden, dass die Franzosen auch wegen dem Besuch der Korfferl geflaggt hätten. – Als er einmal Schwammerln für die Eltern gepflückt hatte, und die Korfferl sich nicht traute, sie den M.s zu geben, weil sie sie nicht kannte, meinte er: ›Dann geben wir sie halt den Suiten.‹ Eines Abends setzte er sich in den Kopf, dass er draußen übernachten wolle. Zum Glück war die damalige Kindsfrau klug genug, auf meine Reden einzugehen, als ich anfing zu besprechen, was er dazu anziehen müsse. Natürlich den wollenen Anzug, weil es recht kalt werden würde, aber darüber Lederhosen, damit er wegen der scharfen Wachhunde auf die Bäume klettern könne. Da hakte er aber ein und meinte, heute Nacht würde er noch nicht gehen, lieber später einmal – und es war nie mehr die Rede davon.*

Über den Winter waren die Kinder im schönen Sisentis in Graubünden und als die Geburt der Erzherzogin Charlotte herannahte, wurde die Korfferl hinbeordert und ich übernahm oben die beiden Kinder. Natürlich war am Tag meiner Abreise die Kindsfrau auf einem Ausflug und es herrschte etwas Chaos, so dass ich sagen musste, die großen Kinder müssen sich selbst anziehen, was sie sonst nicht taten, damit sie schneller hinauskonnten. Sie taten es sehr widerstrebend und ich hörte, wie der Kronprinz der Erzherzogin Adelheid sagte: ›Diese Schönbornischen Gesetze werden wir nicht beachten!‹«

Als der Restaurationsversuch, den Kaiser Karl im März 1921 in Ungarn unternahm, scheiterte, begann für das Paar eine Odyssee, die in Kapitel 8 mit den Worten von Gräfin Schönborn noch näher beschrieben wird. Schließlich wurden sie nach Madeira verbannt. Sie mussten zuerst allein reisen, die Kinder kamen erst später nach. Diese waren natürlich gemeinsam mit »Korffi« in der Schweiz geblieben, aber bereits vor der Abreise nach Madeira war der Kontakt abgebrochen. Die kaiserlichen Eltern befanden sich nämlich auf einem Schiff – nicht freiwillig –, das in einer abenteuerlich anmutenden Irrfahrt zuerst die Donau entlang und dann über das Schwarze Meer bis nach Gibraltar fuhr. Es war der Aja in dieser Zeit nicht möglich, ihnen eine Nachricht zukommen zu lassen, wie es den Kindern gehe – monatelang hörten die besorgten Eltern nichts von ihren Kindern, die sie in der Schweiz zurücklassen hatten müssen. Da ergriff Gräfin Kerssenbrock mutig die Initiative. Sie richtete an die Schweizer Behörden ein völlig unpolitisches, ja privates Ersuchen, das die komplizierte Situation der Familie verdeutlicht. Datiert ist das Schreiben mit 7. November 1921:

»Sehr geehrter Herr Bundesrat,
Sie werden erstaunt sein über die Unbescheidenheit, ich würde sagen: Kühnheit der Bitte, mit der ich heute an Sie herantrete. Und doch weiß ich, daß, falls es Ihnen irgendwie möglich sein wird, Sie meine Bitte erfüllen werden.
Meine Bitte ist diese: Alle meine Bemühungen, Ihrer Majestät der Kaiserin Nachrichten von den Kindern zu geben, scheinen umsonst gewesen zu sein, und außer meinem Telegramm vor etwa 14 Tagen weiß Ihre Majestät, wie es scheint, nichts von den Kindern. Ich habe die verschiedensten Wege versucht – alles ohne Erfolg. Nun wollte ich Sie, sehr verehrter Herr Bundesrat, bitten, ob Sie vielleicht wüßten, wie ich endlich einen Brief oder ein Telegramm an Ihre Majestät gelangen lassen könnte. Um zu vermeiden, dass man einem von mir verfaßten Telegramm einen anderen Sinn unterschiebt, darf ich Sie vielleicht bitten, selbst gütigst ein Telegramm zu verfassen, in dem Ihrer Majestät mitgeteilt wird, daß es den Kindern sehr gut gehe und sie über die-

selben beruhigt sein möge. Falls Sie beiliegenden Brief lesen wollen, wäre mir dies natürlich eine ganz besondere Beruhigung, damit Sie selbst sehen, daß er nichts als Kindernachrichten enthält.

Das Gefühl, in meiner Eigenschaft als Erzieherin der Kinder einer meiner ersten Pflichten, den Eltern über dieselben Bericht zu erstatten, nicht nachkommen zu können, drückt mich sehr, und ich wäre Ihnen außerordentlich dankbar, wenn durch Ihre gütige Vermittlung endlich eine Nachricht zu Ihrer Majestät gelangen könnte. Mit der Versicherung meiner Hochachtung und meines herzlichen Dankes Gräfin Schmising-Kerssenbrock, Aja der kaiserlichen Kinder.«[48]

Gräfin Kerssenbrock war in einer einzigartigen Situation für eine Aja. Wohl nie zuvor in der Geschichte des Hauses Österreich hatte eine Erzieherin ausländische Regierungen um Erlaubnis fragen müssen, damit die Eltern ihre Kinder sehen oder auch nur von ihnen hören durften! In diesem Augenblick wurde wieder einmal das ganz Private der Familie Habsburg hochpolitisch. Die Sorge der Gräfin, ihr Bericht aus dem Kinderzimmer könnte für eine kodierte Nachricht über Umsturzpläne oder Ähnliches gehalten werden, war nur zu berechtigt.

Die Schweizer Behörden waren ratlos, wie das zu bewerkstelligen sein sollte, es geschah also nichts. Erst in Gibraltar erhielt das Kaiserpaar ein kurzes Telegramm von »Korffi«. Mehr aber nicht. Die Schweizer waren verschnupft, weil Kaiser Karl im Oktober zu seinem Restaurationsversuch nach Ungarn aufgebrochen war, ohne sie zuvor zu informieren. Das habe er versprochen und somit sein Wort gebrochen, meinten die Schweizer. Erst in Gibraltar erst erfuhren Karl und Zita, dass ihr Exil sie nach Madeira führen würde, und sie mussten die lange Reise wiederum ohne ihre Kinder antreten.

Da trat eine Komplikation ein, die Erzherzog Robert auslöste. Er litt nämlich an einer Blinddarmentzündung, die bald die Weltöffentlichkeit in Alarmstimmung versetzte. Therese Kerssenbrock richtete im Dezember 1921 ein erneutes Ersuchen an den Bundesrat.

>*Ihre Majestät die Kaiserin und Königin Zita bittet den hohen Bundesrat um die Erlaubnis, für die Blinddarmoperation ihres zweiten Sohnes, des sechsjährigen Erzherzog Roberts, sowie für die auf die Operation folgenden Tage in die Schweiz kommen zu dürfen. Ihre Majestät verpflichtet sich für die Dauer des Aufenthaltes in der Schweiz, alle von dem hohen Bundesrate gewünschten Garantien zu geben und sich allen Bedingungen, Überwachungsmaßnahmen und sonstigen Wünschen des hohen Bundesrates zu fügen, wenn ihr heißer Wunsch, in diesen für eine besorgte Mutter schweren Stunden bei ihrem Kind sein zu dürfen, erfüllt werden mögen. Ein ärztliches Attest von Prof. Feer, Zürich, liegt bei. Genehmigen Sie, Herr Bundesrat, die Versicherung meiner vollkommenen Hochachtung. Therese Schmising-Kerssenbrock, Aja der kaiserlichen Kinder.*<<[49]*

Die Ärzte waren sich einig, dass die Operation unbedingt vor der Abreise der Kinder nach Madeira vorgenommen werden müsse. Die Politiker diskutierten einige Zeit, ob man Zita nun die Einreise erlauben sollte oder nicht. Zuerst neigte man der Ansicht zu, dass es sich ja nicht um eine lebensgefährliche Krankheit handle, und lehnte ab. Zita gab nicht auf und wandte sich an die Botschafterkonferenz, die nichts gegen ihre Einreise einzuwenden hatte. Nun befand sich die Schweiz in einer Zwickmühle, im Bundesrat wurde heftig debattiert.

>*In der Beratung wird betont, wenn es auch richtig sei, daß das Habsburger-Ehepaar keine Rücksicht verdiene, so müsse doch gesagt werden, daß die Einreise der Frau Zita gegenwärtig keinerlei Gefahr für das Land mehr biete und daß aus rein menschlichen Erwägungen, namentlich auch mit Rücksicht auf den an dem tadelnswerten Verhalten der Eltern ja gänzlich unschuldigen Knaben, geboten erscheine, der Mutter die Einreise zur*

Pflege ihres Kindes zu gestatten. Während ihres Aufenthaltes in der Schweiz soll die Gesuchsstellerin in geeigneter Weise überwacht werden.«[50]

So lautete also der Beschluss des Bundestages und Kaiserin Zita durfte in die Schweiz, um ihrem kleinen Sohn beizustehen. Nach zwei Monaten der Trennung bedeutete es für die Kinder eine ungeheure Freude, ihre Mutter wiederzusehen. Allerdings dauerte diese Freude nur kurz, denn nach nur wenigen Stunden wurden sie wieder getrennt. Ende Jänner reiste die schwangere Zita wieder nach Madeira und ihre Kinder folgten bald darauf, nachdem Erzherzog Robert wieder völlig gesund war, nach. Endlich waren sie wieder vereint. Doch bald folgte die große Katastrophe: Kaiser Karl zog sich eine schwere Erkältung zu und starb nicht einmal 35-jährig am 1. April 1922. Allein zurück blieben seine schwangere Frau und sieben kleine Kinder, in einem fremden und im Winter unwirtlichen Land, nur umgeben von ihren wenigen Getreuen wie Gräfin Kerssenbrock. Auf dieser lastete nun eine noch größere Verantwortung, hatten Kaiserin Zita und sie den Kindern nun auch noch den Vater zu ersetzen.

Doch die Odyssee der Familie war noch nicht zu Ende. Zita wollte weg von Madeira und der König von Spanien nahm sie auf. In der Nähe von Madrid wurde dann das Kind geboren, die Tochter Elisabeth. Sieben Jahre lang lebte die Familie im Baskenland, bis sie 1929 nach Steenockerzeel in Belgien übersiedelte. Aber auch dort sollte sie nicht zur Ruhe kommen, Hitler und der Zweite Weltkrieg verhinderten dies. Die Habsburger waren entschiedene Gegner Hitlers, und kurz vor dessen Einmarsch in Belgien flohen sie über Frankreich nach Amerika, Zita ging mit den jüngeren Kindern nach Kanada. Mit dabei war natürlich die unentbehrliche »Korffi«. Bald verließen auch die jüngeren Kinder das Nest und zogen in die Welt, zurück nach Europa; nur nicht nach Österreich, denn dort war ihnen die Einreise immer noch verboten! Erst im Jahr 1962 übersiedelte Zita, um näher bei ihren

Kindern und Enkelkindern zu sein, in ein Kloster in der Schweiz, wo sie bis an ihr Lebensende 1989 blieb.

Bei ihr war, bis zu ihrem Tode, die unentbehrliche »Korffi«, die längst zur engsten Freundin geworden war. Erzherzogin Charlotte erinnert sich:

>*Sie kam im Jahre 1918 zu uns als Erzieherin – ›Aja‹ heißt oder hieß das –, und sie blieb immer und ohne Unterbrechung bei uns bis zu ihrem Tod im Jahre 1973; sie blieb sogar für immer bei uns, nicht nur, weil wir sie nicht vergessen, sondern weil sie auch in unserer neuen Familiengruft im Kloster Muri beigesetzt ist, wie die Gräfin Fuchs, die Erzieherin der Kaiserin Maria Theresia, in der Kapuzinergruft zu Wien. Korffi hat mit meiner Mutter alles Schöne und alles Schwere getragen. Korffi war der gute Geist der Familie. Als wir acht Kinder alle aus dem Haus waren, war es für meine Mutter und für uns eine Selbstverständlichkeit, daß Korffi bei meiner Mutter blieb. Ihr Leben mit uns war ja längst kein ›Dienstverhältnis‹ mehr, sondern eine echte, tiefe Freundschaft. Getrennt von ihrer Familie in Böhmen, gab es für sie kein Zurück mehr in die alte Heimat. Das bedeutete für meine Mutter und für uns, daß sie für immer bei uns bleiben müsse. So wie Korffi sich stets um unser Wohl und Wehe gesorgt hatte, für uns ein Leben lang betete und sich unser annahm, so betrachtete meine Mutter die Familie Korffis als die ihre, bangte um deren schweres Schicksal im Osten, überlegte alle Möglichkeiten der Hilfe und freute sich, wenn Verwandte zu Besuch kamen. [...] Im Jahre 1965 erlitt Gräfin Kerssenbrock einen Herzinfarkt und war dann leidend, bis sie 1973 starb. In diesen fast zehn Jahren war die Fürsorge meiner Mutter für unsere liebe Korffi beispielhaft. Mutter stellte alle persönlichen Wünsche zurück, sie war immer für Korffi da. Sie pflegte sie, sie sorgte sich um sie.*

Wieder einmal war Korffi im Krankenhaus. Man erwartete, daß sie in den allernächsten Tagen entlassen werden könne. Mein Bruder Rudolf war da und auch ein junger Neffe. [...]

Meine Mutter ging mit uns bis zum Aufzug, dann, plötzlich von einer starken Unruhe getrieben, verabschiedete sie sich von Sohn und Enkelsohn und ging zu Korffi. Für alle gänzlich unerwartet starb Korffi in der nächsten halben Stunde. Sie hat Mutter die Treue gehalten bis in den Tod. Und wie ich Gräfin Kerssenbrock kannte, war es ihr gewiß ein Trost und eine Erleichterung, meine Mutter bis zum Ende bei sich zu haben. An die Schulter ihrer Herrin gelehnt schlief sie am 10. Februar in die Ewigkeit hinüber. Wir hatten eine Getreue auf Erden verloren, eine machtvolle Beterin aber vor Gott gewonnen.«[51]

3.

»Sie sitzen da und langweilen sich«

PRIVATER UMGANG, GEWOHNHEITEN UND FAMILIENLEBEN DER HABSBURGER

Bereits unter Kaiserin Maria Theresia ging es am Wiener Hof ganz außerordentlich zu, vergleicht man diesen mit anderen europäischen Fürstenhöfen. Dies betraf weniger den äußeren Augenschein, die Prachtentfaltung der Gebäude und den Aufwand bei der Repräsentation, der sich mit Frankreich und Spanien durchaus messen konnte. Die Differenz wurde vor allem beim Menschlichen, beim Umgang miteinander – innerhalb der Familie sowie im Umgang mit den Dienstboten – deutlich. Sehr trefflich beschreibt das ein Biograf der großen Kaiserin:

> *Der Hauptunterschied zwischen dem damaligen Hof von Wien sowohl und den anderen großen und kleinen Höfen Europas zur selben Zeit oder auch dem österreichischen in früheren Perioden liegt wohl darin, daß er hier gleichsam eine Familie bildete, zu der auch die Dienstleute gerechnet wurden, in der eine junge Hausfrau liebevoll, aber nicht ohne Strenge waltete.*[52]

Dieser lockere Umgang wurde etwa daran offenbar, dass in der Kaiserfamilie ein sehr herzlicher Ton herrschte, fernab jeglicher steifen Förmlichkeit. Man sprach, wie auch die Dienstboten, untereinander im Wiener Dialekt. Nur wenn das Personal etwas nicht mitbekommen sollte, verfiel man ins Französische. Maria Theresia stand ihrem Hofstaat wie auch ihrer Familie nicht als entrückte, von Gott erwählte Herrscherin auf dem Thron vor, sondern als handfeste Frau und Mutter. Ihr Sohn und Erbe, Kaiser Joseph II., besaß einen völlig anderen Charakter, die Familie war ihm lästig, seine zahlreichen Schwestern trachtete er möglichst fern von sich und dem Wiener Hof zu halten und das Herzliche lag ihm gar nicht.

FAMILIENLEBEN UNTER KAISER FRANZ II.

Dafür lebte unter dem »guten« Kaiser Franz II. diese Tradition wieder auf. Auch er sah sich – ganz im Sinne des Biedermeier – als Vater nicht nur seiner Familie, sondern auch des Hofstaates und des ganzen Reiches. Das idyllisch anmutende Familienleben um Kaiser Franz schildert Baronin Sturmfeder sehr anschaulich in ihren Briefen. Dazu ist jedoch im Hinterkopf zu behalten, dass sie eine sehr idealisierte Sicht des Kaisers und der gesamten Herrscherfamilie pflegte und nur selten kritische Worte fand. Dennoch ist es interessant – vor allem im Vergleich zum späteren Familienleben Kaiser Franz Josephs –, zu lesen, wie herzlich und ungezwungen es zu dieser Zeit im Familienkreis zuging:

»Er (der kleine Franz Joseph, Anm.) *war abends wieder beim Kaiser und unterhielt sich vortrefflich mit dem Modell eines Hauses, das er zu demolieren suchte und weil er so glückselig war, blieben Sie bei ihm stehen, solange er da war und es ward ihm sogar erlaubt, beim Großpapa zu soupieren. Das war aber eine schreckliche Arbeit, denn bei den Mahlzeiten ist er nicht gerade am allerangenehmsten und er zieht es gewöhnlich vor, sich zu unterhalten statt zu essen, und nun war es keine kleine Mühe, seine Aufmerksamkeit bei den Großeltern, wo er hundert Anlässe zur Zerstreuung findet, auf seine Suppe zu konzentrieren. Endlich, gegen Ende des Abendessens ward er unartig. Der Kaiser sagte ›Pfui!‹ und hob seinen Finger drohend auf. Der Kleine aber machte es ebenso und fing an, unbändig zu lachen. Ich aber räsonnierte und schwitzte Angstschweiß. Der Kaiser sagte, den Löffel, mit dem Sein erstes Kind gegessen habe, habe Er selbst gedreht.«*[53]

»Wenn ich Ihn so sehe, wie Er mit dem Kleinen Sich abgibt, dieser Mann, der über das Wohl und Wehe so vieler Tausende

und Tausende entscheidet, wie Er so ganz schlicht und einfach
nur für den Kleinen da zu sein scheint, dann finde ich Ihn oft recht
groß und bedeutsam wird mir jedes Wort, welches Er spricht.«[54]

Baronin Sturmfeder war schier entzückt vom herzlichen und liebevollen Umgang der Großeltern mit ihrem ältesten Enkel, er unterschied sich nicht von jenem einer ganz normalen Familie.
Immer hatte der Kaiser Zeit für ihn und spielte gerne mit dem
Kind. Was uns heute als selbstverständlich erscheint, war für damalige Zeiten außerordentlich, denn üblicherweise wurden die
Kinder den Eltern und Großeltern nur kurz in ihren besten Kleidern präsentiert und dann gleich wieder der Obhut der Kinderfrau übergeben. Dass Erwachsene mit Kindern, noch dazu so kleinen, spielten, war selbst in Adelshäusern und erst recht an
Herrscherhöfen absolut unüblich. Ein Herrscher von Gottes Gna-
den über das Schicksal von Millionen Untertanen, der auf Knien
robbt und mit seinem Nachwuchs Albernheiten macht – ein damals völlig undenkbares Bild! Kaiser Franz hat es dennoch prakti-
ziert. Umso größer empfanden die Baronin und auch der kleine
Erzherzog den Verlust des geliebten »Opapas«, der starb, als Franz
Joseph erst fünf Jahre alt war.

»Am 1. März habe ich euch einen kurzen Brief geschrieben und
am 2. März lebte mein Kaiser nicht mehr. Ich hatte meinen Be-
schützer und Wohltäter verloren. Er war nur sehr kurz krank
und gleich vorbereitet auf das Ende und verlangte Selbst verse-
hen zu werden, ›denn‹, sagte Er: ›den Tod fürchte Ich nicht und
habe ihn nie gefürchtet, aber Ich würde fürchten, nicht als Christ
zu sterben‹. Er ließ gleich an Seine Söhne schreiben und sagte:
›Ich hoffe Karl wird noch kommen können, aber Friedrich (Sohn
von Erzherzog Karl, Anm.) werde ich wohl nicht mehr sehen.‹
Er segnete alle und nahm Abschied von allen. Auch Seine beiden
Enkel (Franz Joseph und Maximilian, Anm.) segnete Er. Es war
der erste Ausgang von dem armen kleinen Prinzen zum Sterbe-
bett seines Großvaters.

Gestern war ich bei einer sehr ergreifenden Handlung. Die ganze kaiserliche Familie hatte sich dort versammelt und Sedlaczek (Hofprediger, Anm.) las eine stille Totenmesse. Dann ging man in das daranstoßende Sterbezimmer. Alle knieten bei dem Bette nieder. Sedlaczek verrichtete ein lautes Gebet und nachher nahmen die Kinder und alle Mitglieder der Familie und des ganzen Hauses Abschied von Seiner irdischen Hülle. Es flossen viele Tränen, besonders leid taten mir die beiden alten Brüder, welche ernst und traurig von Ihm schieden und die nun von so vielen, die sie waren, nur noch fünf übrig sind, drei sind gestorben, seitdem ich hier bin. Der alte Grünne[55] tat mir auch recht leid. Seine Haltung ist bewunderungswürdig, dagegen war der arme alte Gudenau[56] ganz aufgelöst in Tränen. Abends begleitete ich die Erzherzogin wieder hinüber und da ließ mir die Eltz[57] keine Ruhe und führte mich in das Zimmer, wo Er schon auf dem Paradebett lag. Da lag Er in ganzer Uniform, umgeben von allen Orden, für welche beinahe nicht Platz war. Nun war Er schon einbalsamiert und sah viel besser aus und es ist mir nun lieb, daß ich dies Bild von Ihm behalte. Gestern war Erzherzog Friedrich noch nicht da. Ich weiß nicht, ob der Arme heute gekommen ist. Es macht mich das alles sehr traurig und ich bin froh, wenn die Leiche vorbei sein wird. Heute hielt Rauscher (Fürsterzbischof, Anm.) eine sehr schöne Rede über Ihn, wobei ich auch wieder heulte. Obgleich Er nicht mehr aktiv war, kommt mir doch die Armee wie verwaist vor.«[58]

»Schönbrunn, Oktober 1835.
Ich vertrockne und verdorre fast hier, seitdem ich keinen milden, wohltuenden Blick von meinem guten Kaiser mehr sehe. Ach, wie mir dies fehlt, kann ich gar nicht sagen, obwohl ich mich über nichts und niemand des Hofes zu beklagen habe. Sie sind alle gleich gut, aber Er war mir über alles und Ihn kann meinem Kinde und mir niemand ersetzen. Neulich war Franzi in der Nacht etwas unwohl, da sagte er mehrmals: ›Ich möchte doch

wissen, wie es dem guten Großpapa jetzt geht.‹ Überhaupt spricht er oft und mit immer gleichbleibender Liebe von seinem Großvater, dessen Bild ihm überall vorschwebt und dessen Erinnerung ich in seinem Herzen pflege.«[59]

WEIHNACHTEN IM KAISERHAUS

Nach dem Tod Kaiser Franz' übernahm sein Sohn Ferdinand die Regentschaft. Auch in dieser Zeit ging es bei Hof recht ungezwungen zu. Selbst die als streng geltende Erzherzogin Sophie pflegte ein warmherziges Familienleben, wie sie es ja selbst in ihrer Heimat am bayrischen Hof erlebt hatte. Doch lag dort als Schatten der lose Lebenswandel des Herzogs auf dem Familienglück. Baronin Scharnhorst schreibt darüber von einer Reise nach Deutschland an ihre Freundin Gräfin Sickingen im August 1844:

»Wir legten unsere Reise recht glücklich zurück, brachten zwei und einen halben Tag in Possenhofen zu, wo das Familienleben der Herzogin Max im Kreise ihrer Kinder mich sehr an das Deinige erinnert. Nur mit dem Unterschiede, daß Du an der Seite eines vortrefflichen Gatten sehr glücklich bist, während die Herzogin mit einem unerkannten Herzen beinahe immer allein für Kinder und Haus sorgt. Es liegt eine unbeschreibliche Wehmut in dieser Vereinzelung, die durch die unerschöpfliche Gehaltlosigkeit eines Mannes herbeigeführt wird, der die liebenswürdigen Vortrefflichkeiten seiner Lebensgefährtin nicht zu schätzen, nicht zu erkennen vermag.«[60]

Erzherzogin Sophie hatte von Gräfin Sickingen, mit der sie bei den Sommeraufenthalten in Ischl intensiven Verkehr pflegte, eine absolute Novität übernommen und am Wiener Hof eingeführt: die Christbaumbescherung. Reichsgräfin Eveline Sickingen-Hohenburg war eine gebürtige Reichsgräfin Schlabrendorff aus Dresden, woher sie diese Tradition nach Österreich mitgebracht hatte.[61] Diese Weihnachtsfeiern in der Hofburg wurden zu einem zentralen Ereignis, nicht nur für die kleinen Erzherzöge und Erzherzoginnen, sondern auch für die geladenen Hofdamen. Zu diesem Anlass wurden sie reich beschenkt und für ihren treuen Dienst damit besonders ausgezeichnet. Baronin Scharnhorst schreibt darüber am 29. Dezember 1846:

»Nachdem wir uns an den Herrlichkeiten erfreut hatten, fuhren wir in die Burg, um der Bescherung bei der Erzherzogin Sophie beizuwohnen, die über alle Beschreibung glänzend ist. Um einen großen Baum, der mit Hunderten von Lichtern bestrahlt war, und dessen Zweige das schönste Zuckerwerk trugen, reihten sich die mit reichen Gaben besetzten Tische der jungen Erzherzöge, die alles boten, was das Auge erfreuen und den Geist befriedigen kann. Der kleine Ludwig blieb natürlich in den Grenzen der Spielereien. Diese waren so wunderschön und so mannigfaltig, daß man selbst zum Kinde wurde und gern damit spielte. Die Damen und Herren bekamen Silber und Geschmeide. Es war ein allgemeiner Jubel. Der Kaiser, die Kaiserin, alle hohen Herrschaften wohnten dem Feste bei, dessen Seele und Zierde die liebliche Erzherzogin ist. Mit seltener Anmut und Huld, wie ein Engel, spendet sie jedem erwünschte Gaben und begleitet diese mit den liebevollsten Worten.

So machte sie die Schönborn unaussprechlich glücklich durch ihr sehr ähnliches Miniaturbild und erfüllte damit ihren geheimsten Wunsch. Wie glücklich sind Fürsten, denen diese Macht zu Gebote steht! Andere zu beglücken, ist ja der höchste Genuß. Aber das bewirken Geschenke nicht allein, sondern die Huld, mit der sie begleitet werden.«

Baronin Scharnhorst, 27.12.1851:
»Nachdem wir unsere Christfreuden mit Dank und Vergnügen genossen, begaben sich die K. Hoheiten, von meiner Wenigkeit begleitet, zur Erzherzogin Sophie, wo der Christbaum wieder wie gewöhnlich herrlich strahlte. Eine Menge schöner, eleganter Geschenke zierte die Tische, eine besonders schön gearbeitete, sehr elegante Kassette zum Aufbewahren der Papiere auf dem

Tisch Sr. Majestät zog besonders meine Aufmerksamkeit auf sich. Auf diesem Tisch prangten unter anderen Dingen auch die bekannten Generale, an ihrer Spitze Radetzky, in sehr ähnlichen Porzellanfiguren. Der Tisch des abwesenden Erzherzogs Max trug eine große Kassette mit einem Silberbesteck und Vermeil-Desserteinrichtung für 25 Personen. Das wäre mir von allem das Liebste gewesen. Der kleine Erzherzog Ludwig, der Gottlob vollkommen erholt von seiner langen Krankheit ist, erhielt auch 6 Silberbestecke von der Kaiserin Mutter, die ihn mehr freuten als andere hübsche Sachen. Unter diesen gefiel mir eine recht schöne Madonna, in Öl gemalt, besonders.«

Baronin Scharnhorst, Wien, 26. Dezember 1852:
»Der Christabend wurde diesmal nicht wie gewöhnlich bei Hofe beschlossen, weil der kleine Ludwig mit Husten und Schnupfen zu Bett lag. Der Christbaum ist bis zu seiner Herstellung aufgeschoben. Allein den Morgen sah ich bei der Erzherzogin die Geschenke, die der Kaiser für sie (seine Mutter, Anm.) mitgebracht hatte. Ein deliziöser zwölfarmiger Porzellanluster, den kleine schwebende Engel, an Blumengirlanden hängend, halten. Vier Kandelaber, die dazu gehören. Und einen Stoff zum Kleide!! Den schönsten, den ich jemals gesehen habe. Himmelblauer, mit Silber moirierter Fond, auf dem große blaue mit Silber durchwirkte Buketts gestreut sind. Wie schön wird es der Erzherzogin stehen!

Den 27. Heute ist Christbaumfeier bei Hof. Der kleine Herr ist wieder wohl. Gottlob! Erzherzog Max, der den Kaiser nach Berlin begleitete, bleibt bis über Neujahr hier. Er ist wie immer sehr lebendig, liebenswürdig und war so gnädig, mich zweimal zu besuchen. [...] Den ersten Feiertag war Familiensoirée bei Hofe.«

Baronin Scharnhorst, Wien, 8. Dezember 1853:
»Die Erzherzogin Sophie hat mich schon vor acht Tagen zum Christbaum eingeladen und dieser Gnade auch manche andere beigefügt. Gestern brachte ich einmal wieder einen herrlichen

Abend bei der hochverehrten Erzherzogin Sophie zu im engen Familienkreis am traulichen Teetisch. Erzherzog Max erheiterte die Gesellschaft – die nur aus der hochverehrten Erzherzogin, ihren Damen, dem kleinen Ludwig, Antoinette Rottberg und mir bestand – durch das jugendliche Spiel seiner Phantasie. Die Erzherzogin ist unaussprechlich liebenswürdig, beinahe kindlich froh, wenn sich ihr durchlauchtigster Sohn seiner guten Laune hingibt. Leider verläßt er morgen seine hohe Familie, um nach Triest zurückzukehren. Auch Erzherzog Karl, der in diesem Moment erkältet ist, denkt an seine Reise nach Lemberg.

Die teure Erzherzogin zeigte uns herrliche Gold- und Silber-Brokatstoffe, die ihr zu den Vermählungsfeierlichkeiten (Franz Josephs mit Kaiserin Elisabeth, Anm.) *vom Gemahl geschenkt wurden, wahre Meisterwerke des guten Geschmacks und der Weberei. Das Hochzeitskleid ist weißer Damast, mit Gold reich brochiert. Dazu wird eine cerise schwerer Stoffmanteau, mit Gold bestickt, genommen. Das zweite Kleid, blauer Damast, mit Silbergirlanden und Medaillons brochiert, ist über alle Beschreibung schön. Jedes Kleid hält zehn Ellen und kostet 300 fl. C. M., was ich sehr wenig finde. Demêtre ist in allen diesen Sachen reich fourniert. Es wird eine blendende Pracht werden! – Die Büste des Kaisers, als Pendant zur Kaiserbraut, ist nun auch von München angekommen und ganz vortrefflich ausgefallen. Beide Büsten sind besser, als alle Porträts des hohen Brautpaares, deren jetzt täglich neue erscheinen.«*

Aber auch abseits der großen Feste berichten die Hofdamen von einem äußerst regen Familienleben. Erzherzogin Sophie versammelte täglich die Familie um sich zum gemeinsamen Tee, für den sich sogar der regierende Kaiser, ihr ältester Sohn Franz Joseph, Zeit nahm. Diese Zeremonie wurde selbst dann eingehalten, wenn die Mutter nicht anwesend sein konnte:

»Die inniggeliebte Fürstin leidet seit vierzehn Tagen an der Grippe, ist aber seit gestern mehrere Stunden aus dem Bette und

vollkommen auf dem Wege der Besserung. Ihrem Wunsche
gemäß wurde der Tee wie gewöhnlich abends im Salon genom-
men. Der Erzherzog Franz, der Kaiser und seine Brüder ver-
sammelten sich und empfingen die außerdem anwesenden Fürs-
ten und gewöhnlichen Habitués mit viel Liebenswürdigkeit.
Aber die Seele, unsere geliebte Erzherzogin, fehlte, und so fühlte
sich die Gesellschaft doch vereinsamt.
Eine sehr erfreuliche Verbesserung bei Hofe ist die veränderte
Tafelordnung. Es werden täglich die hier anwesenden, beim Kai-
ser gemeldeten Fremden vom Zivil und Militär, auch von der Gar-
nison, die Anführer und mehrere Mitglieder aller Deputationen
und einige von den Offizieren des Bürgermilitärs und der Natio-
nalgarde zum Speisen eingeladen. Der Kaiser und die ganze kai-
serliche Familie speisen mit ihren Gästen, es existiert keine Mar-
schallstafel. Nach Tisch spricht seine Majestät aufs huldvollste mit
allen Anwesenden und gewinnt durch liebenswürdige Mitteilung
alle Herzen. Die hochverehrte Frau Erzherzogin, die Erzherzogin
Elisabeth mit ihren Damen erscheinen täglich auch hier. Die spa-
nische Etikette und Steifheit ist verschwunden, wie Du wohl den-
ken kannst. Denn wo die geliebte Erzherzogin sich zeigt, atmet
alles Heiterkeit und frisches Leben. Meine Prinzessin geht sehr sel-
ten zur Tafel nach Hofe, weil es sie ermüdet. Desto mehr sind wir
abends dort und finden immer einen Kreis liebenswürdiger Perso-
nen, die das Glück, den jungen Kaiser in seiner einfachen, jugend-
lich heiteren und doch so würdevollen Erscheinung zu sehen,
dankbar anerkennen. Ich möchte wohl, daß Dein Mann mal Teil-
nehmer eines solchen Abends wäre, denn ich weiß vorher, daß ge-
rade ihm des jungen Kaisers ritterliches, männlich würdevolles,
feines, huldvolles und natürliches Benehmen außerordentlich ge-
fallen würde. Es kommen viele Personen zur Aufwartung und
Huldigung ihres jungen hoffnungsvollen Monarchen her und keh-
ren alle begeistert heim.
Die Abende, die wir bei der hochverehrten Erzherzogin zubrin-
gen, sind höchst angenehm und interessant. Es herrscht unbefan-

*gene Heiterkeit am Teetisch, wo der Kaiser sich seiner jugendlichen
Unbefangenheit überläßt, ohne je einen Moment die zarte Linie zu
überschreiten, die seine hohe Stellung vorzeichnet.«*[62]

ERZHERZOGIN SOPHIE, DAS ZENTRUM DER FAMILIE

Durch die Thronbesteigung Franz Josephs verschoben sich einige
kleine Nuancen, die nicht alle Geschwister gleich verstehen konnten:

*»Ich muß Dir noch einige Herzigkeiten von dem kleinen Erzher-
zog Ludwig erzählen. Als seine Mama ihm sagte, sein Bruder
sei Kaiser geworden, wollte er es durchaus nicht glauben. Und
als sie ihm befahl, ihn in der Folge Majestät zu nennen, wurde er
dunkelrot und sagte: ›Dummes Zeug!‹ Seitdem er aber gesehen
hat, daß der Onkel Kaiser abgereist und der Bruder Franz wirklich Kaiser ist, hat er verlangt, demselben in seiner Tiroler Jä-
geruniform aufzuwarten. Seine beiden Herren, Hauptmann Kö-
nigsbrunn und Leutnant Sonnklar mußten ihn begleiten in
großer Uniform. Er stellte sie dem Kaiser mit der gehörigen Kon-
venienz vor. Gestern saß er zwischen dem Kaiser und seiner
Mama und schien sich prächtig zu unterhalten. Leutnant Sonnklar hat eine sehr schöne Ode auf die Thronbesteigung des Kaisers gemacht, auf die der Kleine sich sehr viel einbildet. Er zeigt
sie allen mit den Worten: ›Das hat mein Sonnklar gemacht.‹«*[63]

Und auch in den folgenden Jahren änderte sich an der engen Beziehung innerhalb der Familie zunächst nichts, das gewohnte Familienleben wurde weitergeführt, zumindest solange der junge
Kaiser unvermählt war.

*»Der Kaiser sieht voller, kräftiger, vergnügter bei seiner Wie-
derkehr aus. Die ernsten Schatten, die den Ausdruck seiner jugendlichen Physiognomie zuweilen beherrschten, sind dem Son-
nenlicht ruhiger Hoffnung gewichen. Den 12. beehrte er in
Begleitung seiner Mutter und Brüder meine K. H. abends zum
Tee mit seinem Besuch. Er war liebenswürdig und heiter.«*[64]

»Vergangene Woche hatten wir einen sehr hübschen Abend bei der geliebten Erzherzogin Sophie en tout petit comité. Nur die Familie, der liebe junge Kaiser à la tête und meine Hoheiten. Ein Graf Eckert, der überaus musikalisch ist, spielte und sang beinahe zwei Stunden ununterbrochen aus den beliebtesten Opern.«[65]

Erzherzogin Sophie bildete den Mittelpunkt des Familienlebens, sie behielt auch nach der Thronbesteigung ihres Sohnes die Zügel in der Hand. Allerdings, glaubt man den Hofdamen, nicht in Hinblick auf die Regierungsgeschäfte, sondern allein auf privater Ebene. Dabei kümmerte sie sich, wie wir bereits bei Baronin Sturmfeder erfahren haben, weiter sehr intensiv um die Pflege und Erziehung ihrer Kinder und überließ diese keineswegs, wie damals sonst üblich, allein der Aja. Das änderte sich auch in späteren Jahren nicht. Besonders um ihren jüngsten Sohn Ludwig blieb sie sehr besorgt:

»Die hochverehrte Erzherzogin pflegt noch immer den lieben kleinen Ludwig (ihr jüngster Sohn war damals neun Jahre alt, Anm.). Sein Unwohlsein wird sich leider, leider in die Länge ziehen. Es ist die Folge eines Falles, den er beim heftigen Laufen auf den Rücken tat. Die starke Erschütterung trieb etwas Lymphe aus der rechten Schulter nach Innen. Es bildete sich ein kleines Exsudat, das Fieber hervorbrachte und durch Einreibungen, von großer Ruhe begleitet, ausgeglichen werden muß. Der liebe kleine Herr ist sehr geduldig und vernünftig, ein großes Glück bei seinem Leiden! Die Nächte sind Gottlob mit erquickendem Schlaf gesegnet, der Appetit gut. So darf man alles Gute hoffen. Aber die Erzherzogin hat dieses Jahr viel Sorge um ihre Kinder, die sie hegt und pflegt mit wahrhaft mütterlicher Hingebung, bereit, ihnen jedes Opfer zu bringen. Der Himmel erlöse sie recht bald aus ihrer Quarantäne, sie verläßt den Kleinen beinahe gar nicht.«[66]

Nach der Vermählung Kaiser Franz Josephs änderte sich an dessen enger Beziehung zu seiner Mutter vorerst nichts. Er machte ihr weiterhin gerne Geschenke und besuchte sie häufig. Baronin Scharnhorst schrieb an Komtesse Karoline Sickingen anlässlich des Geburtstages von Erzherzogin Sophie:

> *Wien, 14. Mai 1856. Ich war so glücklich, der Erzherzogin Sophie meine Glückwünsche um ein Uhr vor dem Diner bringen zu dürfen, wo alle Hofdamen von Hochderselben empfangen wurden, auch die es waren und nicht mehr sind. Der Kaiser erfreute seine Frau Mutter mit seinem Brustbild in Öl, von Schwartzberg gemalt, das beste Porträt, das ich jemals vom Kaiser gesehen habe. Ebenso ähnlich als günstig aufgefaßt, ist das Bild für seine Mutter von unschätzbarem Wert und würde, als Lithographie ausgegeben, gewiß allgemein interessieren und erfreuen.*«[67]

Die Konflikte zwischen der Schwiegermutter Erzherzogin Sophie und der Schwiegertochter Kaiserin Elisabeth werden von den Hofdamen entweder gar nicht oder nur verhalten angesprochen. Diese belasteten das zuvor entspannte Familienleben jedoch erheblich. Baronin Scharnhorst steht wie die meisten eindeutig auf Seiten der Erzherzogin. Über einen Besuch des Kaiserpaares – Sisi war damals schwanger zu Kronprinz Rudolf – bei der Schwiegermutter schreibt Baronin Scharnhorst am 17. März 1858:

> *Kürzlich verbrachte ich den Abend bei der hochverehrten Erzherzogin Sophie, die Eurer gedachte und fragte, wann Ihr kommen werdet. [...] Kaiser und Kaiserin erschienen unerwartet und verschönerten den Abend mit Ihrer Gegenwart am Teetisch. Die Kaiserin, obgleich etwas blaß, ist wunderschön. Sie trug ein weißes poule-de-soie-Kleid mit himmelblauen bordierten Volants, eine himmelblaue Samtmantille mit Hermelin garniert, in den schönen Haaren Diamantnadeln. Sie sah herrlich aus in der einfachen, geschmackvollen Toilette.*«[68]

Mit anderen Schwiegertöchtern ging es etwas leichter. Kurz nach der Hochzeit von Erzherzog Karl Ludwig mit Margarete von Sachsen schreibt sie aus Wien, 28. November 1856:
»Die hochverehrte Erzherzogin Sophie befindet sich Gott Lob und Dank mit einiger Schonung nach Wunsch und hat die Anwesenheit ihrer lieblichen neuvermählten Schwiegertochter mit der ihr eigenen Herzenswärme genossen. Erzherzogin Margarete, die ich vor einigen Sommern oft auf dem Weinberge und in Pillnitz sah, ist eine frische, anmutsvolle, jugendliche Erscheinung, durch persönliche Liebenswürdigkeit und Wohlwollen ausgezeichnet. Sie gefällt sehr im Kreise ihrer hohen Familie.«

FAMILIENLEBEN UNTER KAISER FRANZ JOSEPH

Der entspannte und ungezwungene Umgang bei Hof im engsten Familienkreis, den Kaiser Franz im echten Biedermeier-Stil gepflegt hatte – Kaiser Ferdinand war ja kinderlos geblieben und ist daher nur schwer vergleichbar –, änderte sich unter Kaiser Franz Joseph im Laufe der Zeit deutlich. Eine der Ursachen war sicher das bereits angesprochene schlechte Verhältnis zwischen Kaiserin und Schwiegermutter. Elisabeth nahm an familiären Zusammenkünften höchst selten und wenn, dann meist als schweigsamer Gast teil. Auch der Kaiser wurde immer schweigsamer, und wenn er nicht sprach, durften sich auch die anderen nicht unterhalten. Landgräfin Therese Fürstenberg schildert ihre ersten Eindrücke vom kaiserlichen Familienleben, etwa zwanzig Jahre nach der Thronbesteigung Franz Josephs, recht unverblümt:
»Du hast übrigens keine Idee, wie langweilig und ungemüthlich so ein ah. (allerhöchster, also kaiserlicher, Anm.) Familienkreis ist; und doch sollte man glauben es müßte ihnen wohlthun unter sich zu sein; aber da sitzen sie nach dem Rang und reden nach dem Rang oder vielmehr reden nicht, langweilen sich gegenseitig und sind froh wenn die Zusammenkunft aus ist. Es thut einem wirklich oft leid zu sehen, was für ein trauriges Leben sie führen und wie sie so gar nicht verstehen sich's zu erleichtern;

jedes lebt isolirt für sich, pflegt seine Langeweile oder läuft seinen ›Privatvergnügen‹ nach.«[69]

Etwas besser war die Stimmung, wenn sich die kaiserliche Familie in Franz Josephs geliebtem Ischl aufhielt, wo auch er sich ein wenig entspannen konnte. Aber selbst hier schien die Gestaltung familiärer Zusammenkünfte ein Problem, wie Therese Fürstenberg berichtet:

»*Dann war die Promenade und Diner; der Kaiser mit seiner Jagdgesellschaft, das erzherzogliche Ménage* (die Eltern Franz Karl und Sophie, Anm.) *aus Gmunden;* [...] *nachher stellte mich die Erzherzogin dem Kaiser vor; ich mußte reden. Zur Feier des Namenstages hatte sich unser Erzherzog ein Krippenspiel, wie in Wien die Gesellen aufführen, bestellt; das war lang, lächerlich und langweilig. Da fuhren wir im viersitzigen Wagen spazieren, es war mir ein wenig bang, zuerst grün, dann nur Felsen, und drin ist's so heimelig wie in einem Neste, das einem Gott gebaut, und wo sich's gut leben ließe, wenn* ——; *ach Gott nun hat's begonnen und muß durchgeführt werden;* [...] *Er* (der Kaiser, Anm.) *scheint hier ganz heiter und zufrieden, bloß als Sohn und Vater, den Kronprinz nimmt er auf die nahen Jagden mit auf den Stand, der soll allerliebst sein.* [...] *Ach Schwestern, das ist das Leben! Und deshalb wünscht man durch 15 Jahre ›groß zu werden‹.* [...] *Gott befohlen! Ich bin bei euch und in meinem lieben Weitra! Therese*«[70]

In ihrer unverblümten Art berichtet Therese Fürstenberg von einem denkwürdigen Besuch des abgedankten Kaisers Ferdinand, den sie damals zum ersten Mal sah:

»*Im Juni* (1858, Anm.) *gingen wir nach Kremsier, wo Louise und ich vom Onkel gefirmt wurden; Tante Mathilde war unsere ›firm Godel‹. Wenige Tage darauf kam der Kaiser Ferdinand mit Großmama dahin auf Besuch. Den alten Herrn belustigte dieser Ausflug ungemein; er wurde mit sechs Pferden vom Bahn-*

hof geholt, blieb zwei Tage, fuhr in den Gärten herum, freute sich
kindisch über die vielen Leute, die gekommen waren ihn zu
sehen; fuhr Schifferl, sprach mit den Leuten böhmisch. Nach
Tisch spielte man Domino, was ihn sehr unterhielt. Ich sah ihn
damals zum ersten Mal; er war klein, trug den großen Kopf
etwas schief, die kleinen Augen blickten unsicher und die Lippe
hing tief herab; er nickte stets freundlich und wohlwollend und
frug zwanzig Mal dasselbe; ein trauriger Anblick! Der Triumpf
des Legitimitätsprinzips und der Unterthanentreue, durch 13
Jahre, wie meine Erzherzogin sagte!«[71]

Die Spannungen in der Familie nahmen immer mehr zu. Kaiserin
Elisabeth wurden die familiären Zusammenkünfte so zuwider,
dass sie den Essen meist gleich ganz fernblieb. Das betraf nicht
nur die offiziellen Tafeln, sondern auch jene im privaten Rahmen.
Dies hielt sie auch auf Reisen so, wo sie meist ganz allein aß und
nur selten eine Ausnahme machte, etwa wenn eine ihrer Schwestern oder ihre Lieblingstochter Marie Valérie sie besuchte. Ihre
Hofdame Irma Sztáray berichtet von einem Abend auf Korfu im
Jahr 1895, drei Jahre vor ihrem Tod, wo sich die Kaiserin in ihrem
geliebten Schloss »Achilleon« aufhielt:

»Heute ist großes Diner, an dem auch die Kaiserin teilnimmt.
Welche Seltenheit! Und welch ein Freudenfest für uns alle. Ich
und Baron B. schmückten den Tisch mit weißen Iris und vielen,
vielen Veilchen, die aus Farnen und Myrtenzweigen hervorlug-
ten. Wir waren sehr stolz auf unser Werk, weil es unserer Ma-
jestät sehr gefiel. Das Diner war ausgezeichnet; die Kaiserin,
hinreißend liebenswürdig und heiter, lachte herzlich über die
eine oder andere scherzhafte Wendung des Gespräches. Wäh-
rend des Cercles sah ich voll Bewunderung, mit welcher Anmut
und Heiterkeit sie Konversation führte.«[72]

Begeistert zeigte sich Gräfin Sztáray, die generell einen Hang zur
Verklärung des Kaiserpaares zeigte, auch von den Tischsitten des

Kaisers den Damen gegenüber, selbst wenn die Kaiserin nicht anwesend war:

»*Am selben Tage* (ihrem ersten Tag als Hofdame, Anm.) *war ich zur Hoftafel geladen, an der jedoch die Kaiserin nicht teilnahm. Ich saß neben dem kleinen bayrischen Prinzen Konrad und ergötzte mich an ihm, denn er war ein ebenso unverfälschter kleiner Schelm wie andere Schelmchen dieses Alters, die nicht im Purpur geboren sind. Seine Erziehung war sehr streng. Er bekam keine Mehlspeise, bis er seinen Braten nicht verzehrt hatte, und mich belustigte gerade die Spitzfindigkeit, mit der Konrad diesem Zwange teils auswich, teils ihm ein Schnippchen schlug. Einen tiefen Eindruck machte auf mich die außerordentliche Zuvorkommenheit unseres erhabenen Kaisers Damen gegenüber; er läßt diesen stets den Vortritt in den Saal und nimmt aus der Schüssel immer erst nach der präsidierenden Dame, wäre diese auch die jüngste Diensttuende. Mit Rücksicht auf dieses Gehaben hörte ich oft die Bemerkung, daß Seine Majestät nicht nur ein großer Herrscher, sondern auch der erste Ritter sei. Aber es ist mehr als das: es ist die ihm angeborene kaiserliche Vornehmheit!*«[73]

Die steife Außenwirkung, die Kaiser Franz Joseph selbst im engen Familienkreis nicht oder nur sehr selten abzulegen vermochte, darf nicht darüber hinwegtäuschen, dass er dennoch ein zärtlicher Gatte und Vater war. Er nahm sich öfter Zeit, um sich mit seinen Kindern zu beschäftigen, und an die immer häufiger auf Reisen befindliche Gattin schrieb er täglich, wie die Hofdame Marie Festetics erzählt:

»*Die Briefe des Kaisers an die Kaiserin waren überaus zärtlich. Ich glaube aber nicht, daß von diesen der Kaiserin auf ihren Reisen zugekommenen Briefen viele erhalten sind. Der Kaiser schrieb täglich, und es häufte sich, wenn wir wochenlang abwesend waren, eine solche Menge Schreiben auf, daß wir bei der häufigen Änderung des Aufenthaltes in Verlegenheit waren, wo*

wir diese Briefe verbergen und aufheben sollten. Deshalb ge-
schah es oft, daß die Kaiserin mir befahl, diese Briefe zu ver-
brennen, damit sie nicht in fremde Hände fallen. Einer dieser
Briefe war besonders rührend. Als wir in den Siebzigerjahren
Südfrankreich bereisten, stürzte die Kaiserin vom Pferde und
verletzte sich so schwer, daß sie lange krank war. Wichtige
Staatsgeschäfte hielten den Kaiser ab, nach Frankreich zu kom-
men, und einmal schrieb er, wie schmerzlich es ihn berühre, ver-
hindert zu sein, an das Krankenbett der Kaiserin reisen zu kön-
nen, wohin sein Herz ihn ziehe. Sei sie doch der Engel seines
Lebens! Diese Worte waren ernst gemeint. Der Kaiser wußte,
welch wohltätigen Einfluß seine Gemahlin auf ihn geübt hatte.
In der strengen Etikette, die unter dem Einflusse der Erzherzogin
Sophie herrschte, trat er mit seiner Umgebung fast gar nicht in
nähere Berührung, und ich sage nicht zuviel, wenn ich behaupte,
die Kaiserin habe aus ihm erst einen Menschen gemacht, das
heißt, sie brachte ihm alle natürlichen Empfindungen näher, und
er lernte erst mit den Jahren, seinen natürlichen, wohlwollenden
Empfindungen Ausdruck zu geben, während er von der Erzher-
zogin Sophie dahin erzogen worden war, eine Scheidewand um
sich aufzurichten und den Herrscher herauszukehren.«[74]

Die Nachgiebigkeit und nachsichtige Zärtlichkeit seiner geliebten
Frau gegenüber war nur eine der »Schwachstellen« des scheinbar
steifen und auf Förmlichkeiten bedachten Kaisers. Generell zeigte
er sich wehrlos, wenn man ihn bedrängte und überrumpelte und
er gab für seine Umgebung oft überraschend in Angelegenheiten
nach, bei denen man es nicht vermutet hätte. Diese Beobachtung
machte Marie Festetics öfter:

»Wir waren oft erstaunt, daß der Kaiser irgendeinem dringen-
den, heftigen Wunsche in der Umgebung nachgab, obwohl ihm
die Form unziemlich schien, in der jener Wunsch vorgebracht
war. Als ich darüber der Kaiserin gegenüber mein Erstaunen
aussprach, sagte sie: ›Der Kaiser ist fein erzogen und hatte in

*seiner Jugend eine liebevolle Umgebung. Wenn jemand ihm in
ehrfurchtsvoller Weise eine Bitte vorlegt, und er sie nicht gewähren kann, so wird er in seiner liebenswürdigen Weise das Nein
zu sagen wissen. Er ist aber, wenn ihm jemand heftig und an-
spruchsvoll entgegentritt, durch diese ungewöhnliche Art so
überrascht, daß er sich gewissermaßen einschüchtern läßt und
zustimmt.‹ Ich habe das immer wieder bestätigt gefunden. So,
wenn Erzherzogin Isabella in einer mir oft unziemlich erschei-
nenden Art ihre Ansprüche beim Kaiser durchsetzte, oder bei anderen Gelegenheiten. Wenn jemand lebhaft und selbst heftig eine
Behauptung aufstellte, so hatte der Kaiser die Empfindung, daß,
wenn etwas Derartiges überhaupt gewagt werde, der Betreffende seine Gründe und auch Recht haben müsse. Deshalb ließ
er sich dann leicht gewinnen. Dazu kam, daß in der Tat niemand in seiner Gegenwart ein lautes Wort zu sagen wagte. Ich
habe Ihnen schon erzählt, wie erstaunt die Umgebung des Kaisers war, als ich bei einer Hoftafel dem Kaiser gegenüber meine
Ansicht festzuhalten wagte; er war nicht im geringsten ungehalten, bewahrte mir seine Gnade, aber die Hofleute konnten nicht
begreifen, daß ich zu einer solchen Verteidigung meiner Ansicht
den Mut gefunden hatte.«*[75]

Diese Einschätzung der unerwarteten Nachgiebigkeit Kaiser
Franz Josephs bestätigt auch Therese Fürstenberg:
*»Einmal, als der Kaiser eine für ihn bezeichnende Entscheidung
traf, sagte ich zur Kaiserin: ›Seine Majestät ist zart besaitet.‹ Er
ist gewohnt, daß man ihn ehrerbietigst und sanft anfasse. Er
verlangt es als Kaiser, und er ist auch dazu erzogen, so behan-
delt zu werden. Wenn ihn also irgendjemand in den besten Formen und ehrerbietig um eine Sache bittet, von welcher der Kaiser überzeugt ist, dass sie unerfüllbar sei, so kann er in
liebenswürdiger Weise und unter Angabe der Gründe dieses Ersuchen ablehnen, so schwer es ihm auch ist, Bitten nicht zu erfüllen. Wenn dagegen jemand schroff und selbst verletzend an ihn*

herantritt, so kann er so überrascht sein, daß er gewissermaßen in sich zusammensinkt und die also gestellte Forderung erfüllt.«[76]

Wie wir ebenfalls von den Hofdamen wissen, schaffte es der Kaiser nicht, Disziplin in seiner Familie zu halten. Umso mehr verlangte er Disziplin von seinem Hofstaat, wo er etwa für die Kämmerer eine strenge neue Hofordnung einführte, und beim Militär, seiner ureigensten Domäne. Hier konnte er sicher sein, dass es keinem Untergebenen einfiele, eine Anordnung eines Ranghöheren nicht zu befolgen. Ganz anders legten Kaiser Karl und Kaiserin Zita in ihrer kurzen Regentschaft ihr Familienleben an. Dies klingt auch in den Erzählungen von Agnes Schönborn immer wieder an, die in Kapitel 8 ausführlich wiedergeben werden. Es war geprägt von einer herzlichen Zuneigung zu den Kindern, und jede noch so kurze Trennung war den Eltern schier unerträglich. Die Kinder bildeten den Mittelpunkt des Familienlebens. Kam Karl von einer Dienstreise zurück, so wollte er sofort seine Kinder sehen. In der Emigration, entledigt aller Verpflichtungen und verbunden durch das gleiche Schicksal, verstärkte sich der Zusammenhalt naturgemäß und nach dem Tod Karls rückte die Familie noch enger zusammen.

4.

Der Glanz des Kaiserhofes

BÄLLE, FESTE, REPRÄSENTATION

Für die Bewohner der Hofburg bedeutete das Alltagsleben, wie wir aus den Briefen ersehen können, vor allem Enge – was bei der äußerlichen Weitläufigkeit des Gebäudes verwundern mag –, Unbequemlichkeit, Kälte, Zugluft, Schmutz und sehr weite Wege. Manche Bewohner betrachteten die Hofburg als »Käfig«, und nicht einmal als einen goldenen. Nach außen jedoch – für jene Adeligen, die nur Ehrendienste bei Hof zu verrichten hatten, für das Bürgertum und vor allem für das einfache Volk der riesigen Habsburgermonarchie – stellte sich der Hof ganz anders dar: Der Glanz des Wiener Kaiserhofes war legendär, jeder riss sich darum oder träumte davon, daran zumindest ein wenig teilhaben zu können. Die Kaufleute waren stolz, wenn sie zu Hoflieferanten erkoren wurden, manche führen bis heute das Prädikat »k. u. k. Hoflieferant« wie ein Adelsprädikat in ihrem Firmenlogo. Für die Familien der Hofbediensteten – Kammerjungfern, Köchinnen, Lakaien oder Wachsoldaten – bedeutete es eine große Ehre, jemanden bei Hof im Dienst zu haben. Für aufstrebende Bürger, die es durch Fleiß oder Glück zu Reichtum gebracht hatten, gab es nichts Erstrebenswerteres, als bei Hof verkehren zu dürfen. Doch für die »Hoffähigkeit« gab es, wie bereits erwähnt, althergebrachte und strenge Kriterien, die weniger mit Fleiß als mit Geburt zu tun hatten.

Die eigentliche Hofgesellschaft aber bildeten auch im 19. Jahrhundert nach altem ständischem Prinzip immer noch die etwas mehr als 300 Familien der Hocharistokratie der Habsburgermonarchie. An den meisten anderen europäischen Fürstenhöfen hatte man den Hofzutritt bereits für den »Geldadel«, selbst wenn dieser nicht nobilitiert war, geöffnet. Der Wiener Hof galt daher als einer der vornehmsten und exklusivsten Höfe Europas. Kaiser Franz Joseph hegte eine besondere Sympathie für das aufstrebende Bürgertum und erhob Tausende von ihnen in den Adelsstand. Dabei spielte aber weniger das Vermögen des Betreffenden als vielmehr dessen ausgewiesene Treue dem Kaiserhaus gegenüber eine Rolle. Er konnte sie auch zu »Truchsessen« ernennen, womit sie an großen Festlichkeiten und an der Hoftafel teilnehmen konnten. Doch nicht nur der Zutritt und die Teilnahme an offiziellen Anlässen waren streng geregelt, sondern auch die Rangordnung innerhalb der Hofgesellschaft. Eine ganze Abteilung der Hofverwaltung befasste sich mit der Frage, wer bei Festen wo sitzen, stehen oder gehen durfte – also mit dem Hofzeremoniell. Dabei galt die Grundregel, dass je älter eine Adelsfamilie war und je länger sie eine eigene Herrschaft innehatte, desto höher ihr Rang bei Hof war.

Die adelige Herkunft reichte jedoch nicht aus, um automatisch zum Gefolge des Kaisers zu gehören. Man musste zusätzlich über eine offizielle Funktion, also eine »Hofwürde«, verfügen. Für die Männer war dies die »Kämmererwürde«, ein Ehrenamt, für das man sich ab dem 24. Lebensjahr bewerben konnte. Zu den Voraussetzungen gehörte auch, einen guten Leumund und ein entsprechendes Vermögen zu besitzen. Als Zeichen ihrer Würde erhielten die Kämmerer einen goldenen Schlüssel als Symbol für den Hofzutritt. Zu Zeiten Kaiser Franz Josephs gab es mehrere Hundert von ihnen; deshalb wurden sie abwechselnd, also im Turnus, zum Dienst eingeteilt. Gleiches galt für die Damen, wenn sie Trägerinnen des Sternkreuzordens waren. Der Sternkreuzorden wurde 1668 von Kaiserin Eleonore, Witwe Kaiser Ferdinands III., gestiftet. Ursprünglich wurde er aufgrund eines besonders tugendhaften Lebenswandels, Frömmigkeit und guter Werke verliehen. Im Lauf der Zeit wurde er aber immer mehr zum äußeren Ausdruck eines rein formellen Ehrenamts, für dessen Verleihung – die von der Kaiserin vorgenommen wurde – eine Ahnenprobe der verheirateten Dame genügte. Als Zeichen ihrer Würde hatte sie bei offiziellen Anlässen ihren Orden, ein achteckiges goldenes Kreuz mit Emaille-Verzierungen, zu tragen.

In der Zeit, in der sie zum Hofdienst eingeteilt waren, mussten sich die Würdenträger in Wien – meist im Familienpalais – aufhalten, um, wenn nach ihnen geschickt wurde, sofort bei Hof erscheinen zu können. Kaiser Franz Joseph nahm es im Gegensatz zu den Biedermeierkaisern Franz und Ferdinand recht genau mit dem Hofdienst und legte mehr Wert auf Repräsentation. Anlässe, um bei Hof erscheinen zu dürfen oder zu müssen (je nach Auffassung des Würdenträgers), waren etwa Staatsbesuche, Jubiläumsfeiern, Hoffeste oder kirchliche Feste wie die berühmte Fronleichnamsprozession. Dieses Gefolge des Kaisers nannte man »Cortège«.

DIE LAST DER REPRÄSENTATION

Einen interessanten Einblick in den Ablauf und die Organisation derartiger wichtiger öffentlicher Auftritte des Herrschers und der Herrscherin, samt Pannen, geben die Berichte der Obersthofmeisterin Maria Theresia Fürstenberg an ihren Mann. Sie begleitete Kaiser Ferdinand und Kaiserin Maria Anna nach Pressburg, Hauptstadt Ungarns, zu dem die Beziehungen schon damals recht gespannt waren. Vom Verlauf und der Stimmung dieser Reise hing viel für den inneren Frieden der Monarchie ab:

»Presburg, den 6ten Juni 1839. [...] Ich kam über eine Stunde später als die Majestäten hier an, erst nach 8 Uhr, ich machte gleich mit Ragmont die Anstalten wegen der dames de Palais, deren sehr wenige hier sind. So daß ich Mélanie nehmen mußte, F. v. Majlatte, K. Letzenheim, C. Eitoor, Karl Esterhasy, deren Mann sich deshalb hier aufhält, und Jdenka. Dann kam Fürst Colloredo wegen dem diné zu mir und um 9 Uhr war Illuminazion,

die uns auch hier verfolgte, und die nicht ausgezeichnet war.
Karl Esterhasy führte, ich führ mit dem guten Göss, der lang-
weiliger und geschäftiger als je hier ist. Ich supierte dann mit
einem wältigen Hunger im Beiseyn der Nichten Lentzenheim
und Pelhty. Ich war müde und legte mich bald nieder, was gut
war, denn schon in aller Früh weckte mich der Lärm in den Gas-
sen, den ich so gar nicht gewohnt bin. Um ¾ *auf* 10 *ging ich*
schön angethan zur Kaiserin, um 10 *war die große depatation*
(ein im Französischen unbekanntes Wort, das wahrscheinlich
so viel wie Huldigung bedeutet, Anm.). *Der Eglbärker las die*
Anrede Ungarisch, die Kaiserin antwortete auf Latein, sie las
recht deutlich und schien Effekt zu machen, man schrie sehr. Das
jönge. Nach her war ein überlanges Hl. Geist Amt, was der Pri-
mas hielt, dann ging es in den Sitzungs Saal, der überfüllt und
sehr warm war, dann war der Empfang des Militärs. Und jetzt
schreibe ich bis zum diné. Auch das ist überstanden, wir waren
31 *Personen, die aller größten des Reiches, und die* 6 *dames de*
Palais. Ich saß zwischen dem Palatinus und dem Primas. Erste-
rer war recht gesprächig, er sieht gut und ist aber heischer.
Der Erzherzogin Hermin und der Erzherzog Albrecht sind
hier. Bis um ¾ *auf* 8 *Uhr bin ich nun ruhig in meinem Zimmer,*
dann geht es ins Theater. Morgen haben wir um 11 *Uhr die*
Commitals Députationen (Abordnungen der einzelnen Regionen und Städte Ungarns, Anm.) *und um* ½ 1 *Uhr die nale* (?),
dann ist alles aus. [...] *Der Kaiser las seine Rede gut und deutlich.*
Die Stimmung soll doch nicht gar so übel seyn. Vielleicht geht es
da auch besser als man es erwartet. [...] *Angerufen wurden die*
Majestäten wieder sehr im Theater, was aber dumm war. Der
Weiberfeind. Es war über voll und sehr heiß, ich war mit den
Metternichschen in der Fürst Graselkovitzischen Loge, er war so
freundlich sie mir anzutragen. Er (der Kaiser, Anm.) *war diese*
Nacht wieder sehr leidend, empfing aber die Metternichschen
und man sagt, daß er gerne Besuche hat, so daß ich es versuchen
will, wenn wir wiederkommen. Ich küsse euch alle, tausend

herzliches an meine Schwester [...]. Die Kaiserin hat alle Strapazen sehr gut ausgehalten gegen meine Erwartung.«[77]

Dieser Bericht zeigt einerseits, wie anstrengend eine derartige repräsentative Verpflichtung für das kränkliche Kaiserpaar war, Kaiser Ferdinand hatte sogar einen seiner epileptischen Anfälle. Sie mussten auf jede Geste, jedes Wort achten, denn ein Fehler konnte weitreichende politische Folgen nach sich ziehen. Er zeigt aber auch, wie mühsam es für die Obersthofmeisterin war, alle Fäden in der Hand zu behalten. Ihre Bemerkung, dass nur wenige Palastdamen anwesend waren, zeigt, wie undiszipliniert und gleichgültig der ungarische Adel war, und sie musste zusätzlich andere zufällig anwesende Damen rekrutieren, damit die Kaiserin mit einem entsprechenden Cortège auftreten konnte. Wäre die Kaiserin mit einem zu kleinen Gefolge aufgetreten, so wäre vor aller Welt demonstriert und offenkundig geworden, wie klein die Anhängerschaft unter dem ungarischen Adel in Wahrheit war. Ein politischer Skandal! An diesem Beispiel wird deutlich, dass es beim Wachen über die entsprechende Repräsentation nicht nur um eine reine Formsache ging, sondern um eine Demonstration von Macht und damit um die Stabilität und den Erhalt der Monarchie – also um Politik!

Es gab aber auch viele politisch weniger heikle Anlässe, der Freude an der Repräsentation Ausdruck zu geben, was von der Bevölkerung gerne bestaunt wurde. So etwa waren die Auftritte des im Volk sehr beliebten Erzherzog Carls sehr umjubelt, wovon auch die Hofdamen berichten:

»Zu den Montagsempfängen beim Prinzen (von Wasa, dem Bruder von Prinzessin Amalie, Anm.) *fanden sich bis jetzt viele Leute ein. Gestern verherrlichte der Erzherzog Carl Ferdinand mit seinem Bruder, dem jungen Helden Erzherzog Friedrich, den Abend durch ihre Gegenwart. Es gewährt der junge Mann den angenehmsten Eindruck durch seine hübsche Persönlichkeit, sein ruhiges, einnehmendes, obgleich ernstes Wesen. Man drängt*

sich, ihn zu sehen. Vorgestern strömte alles zu Colloredo, weil man wußte, daß er dort sein würde. Ebenso war es gestern bei uns. Im Burgtheater wurde er mit rauschendem Applaus empfangen. Der Kaiser führte ihn in die Loge und produzierte ihn dem Publikum. Man rief laut nach dem Erzherzog Carl, seinem verehrten Vater, der den würdigen Sohn gerührt umarmte. Diese rührende Szene, entfernt von aller Affektation, erregte die freudigste Teilnahme, die ebenso laut zu erkennen gegeben wurde. Auch im Kärntner-Theater sprach sich die Freude lebhaft aus.«[78]

»Das Fest für den Erzherzog Carl, vom schönsten Wetter begünstigt, gelang vollkommen. 8000 Mann Kavallerie und Infanterie, von unserem Prinzen kommandiert, paradierten auf den Glacien. Wir sahen diesem schönen Schauspiel in offener Kalesche zu. Das Bankett in dem mit Wappen reich verzierten Rittersaal war überaus glänzend und rührend die Anerkennung, die dem heldenmütigen Erzherzog zuteil ward. Sein Sohn, Erzherzog Friedrich, zählte unter die tapferen Maria-Theresien-Ritter und schien alle Jugend, die ihnen fehlte, zu besitzen. Da aber kein Glück in dieser Welt vollkommen sein darf, so sorgt der arme Erzherzog für seinen zweiten Sohn, der hier vor einigen Wochen krank von Mailand ankam. Man fürchtet eine chronische Lungenkrankheit, die in seinem Alter sehr gefährlich ist. – Erzherzog Franz Carl erholt sich und wird bald ausfahren dürfen.«[79]

»Heute, morgen und die Ostertage wird ein-, zweimal des Tages in die Kirche gegangen. Es ist Zeit, sich von dem flüchtigen Treiben des Karnevals und der Fasten zu sammeln, die außergewöhnlich belebt waren. Das Carousel machte den glänzenden Schluß. Es wurde zum drittenmal am schönen Jubiläum des Erzherzog Carl repetiert und ist nach meinem Geschmack von allem, was ich diesen Winter mitmachte, das Schönste. Die Männer in ihrem geschmackvollen Kostüm des Dreißigjährigen Krieges übertrafen bei dieser Gelegenheit die Frauen an Schön-

heit. Nur wenigen Frauen stand das glatt zurückgestrichene Haar, die hohe Halskrause und das schwerfällige Barett. Melanie und Julie Hunyadi namentlich sahen das erstemal entstellt aus. [...] Sie fühlten es und erschienen die anderen Male mit veränderter Coiffure. [...] Das Reiten ging vortrefflich. [...] Sandor machte wie gewöhnlich zu viele Kunststücke und fiel vom Pferd, à son grand désespoir. Der Waffentanz war wundervoll, sie erschienen dabei in glänzenden Harnischen mit geschlossenen Visieren. Zu Zeiten der Turniere taten die Männer doch etwas, um ihren Damen zu gefallen. Was aber tun sie jetzt in ihrer Schornsteinfeger-Kleidung? Gar nichts! Ich begreife nicht, daß so ein eitles Geschlecht sich so verunzieren kann und auf alles verzichtet, was sie herausputzt und ihre Gewandtheit im vorteilhaftesten Lichte zeigt. Diese Vernachlässigung aller Äußerlichkeit ist ein Beweis mehr für ihre Selbstzuversicht, mit der sie ohne Mühe ihres Sieges gewiß zu sein glauben.«[80]

DIE ÜBERRASCHENDE THRONBESTEIGUNG

Ein besonderes Fest war die Thronbesteigung Kaiser Franz Josephs im Dezember 1848. Der Hof war nach neuerlichen Unruhen und der Ermordung des Kriegsministers Latour im Herbst neuerlich aus Wien geflohen, diesmal nach Olmütz. Ferdinand hatte als (letzter) gekrönter böhmischer König immer ein Naheverhältnis zu diesem Kronland gehabt, nun suchte er dort Zuflucht vor dem Aufruhr in Wien. Er entschloss sich, auf den Thron zu verzichten und seinen Neffen Franz Joseph, der erst 18 Jahre alt war, zum Nachfolger zu bestimmen. Allerdings musste zuvor noch dessen Vater Erzherzog Franz Karl verzichten, was nur unter eindringlichem Zureden seiner Frau Sophie möglich wurde. Von dem großen Tag berichtet Baronin Scharnhorst aus erster Hand, war sie doch mitsamt ihrer Herrin und dem Hof ebenfalls nach Olmütz geflohen.

»Olmütz, 5. Dezember 1848. Was ich ahnungslos erlebt habe!
Den schönsten herrlichsten Tag! Unvergeßlich all denen, die den
jugendlichen klaren Stern zuerst erblickten. Der durch dunkle
Wolken brach, um, so Gott will, die zersplitterten Völker des
Kaiserstaates zu versöhnen, sie der Gewalt schändlicher Verrä-
ter zu entreißen und sie dem Glücke wieder zuzuführen, um das
sie betrogen wurden. Niemand ahnte den großartigen rühren-
den Entschluß, der den Kaiser und seinen Durchlauchtigsten
Bruder bestimmte, der Krone zugunsten des Neffen und Sohnes
zu entsagen. Selbst die hier anwesenden Erzherzöge und Brüder
des jungen Kaisers wußten nicht, was geschehen sollte, als sie
sich auf Befehl des Kaisers um 8 Uhr versammelten. Sie wurden
so wie alle übrigen Anwesenden beim Verlesen der Abdiktions-
akte (Abdankung, Anm.) *vollkommen überrascht.*

Der Moment, wo Kaiser Ferdinand seinen jungen Nachfolger
segnete, der dann kniend den Segen seiner Eltern empfing, soll
sehr rührend und erhebend gewesen sein. Ich füge nur bei, was
ich gesehen habe. Alles andere findest du in den Zeitungen.
Nachdem vom Rathaus nach allen Seiten Herolde die Proklama-
tion der Thronbesteigung Franz Josefs I. gemacht hatten und die
hier anwesende Garnison vor dem Burgtor unter die Waffen ge-
treten war, begab sich der junge Kaiser, von allen Erzherzögen,
dem Fürsten Windischgrätz, Jelachich[81] *und einem glänzenden*
Gefolge umgeben, zu den in Parade aufgestellten Truppen. Diese
empfingen ihn mit donnernden Vivats, mit Lebehoch, der Volks-
hymne und dem Wirbeln aller Trommeln. Franz Josef, hoch und
schlank zu Pferde, empfing den Jubel der braven Armee mit
sichtbarer Rührung und erwiderte ihn mit freundlichsten Grü-
ßen, die in ihrer Mischung von Hoheit und Milde recht zu Her-
zen gingen. Überhaupt war die Stimmung sehr bewegt. Der
Himmel begünstigte durch den herrlichsten Tag das Denkwür-
dige dieser welthistorischen Begebenheit.

Die hochverehrte Frau Erzherzogin Sophie, von der Erzher-
zogin Elisabeth begleitet, folgte in einer offenen Kalesche dem

glänzenden Zuge des geliebten Sohnes, strahlend vor Freude und Rührung den Blick auf den Liebling ihres Herzens geheftet. Die Kalesche meiner Prinzessin hatte einen so guten Platz eingenommen, daß wir den schönen unvergeßlichen Anblick in seiner ganzen Herrlichkeit genießen konnten. Von dort begaben wir uns zur Erzherzogin Sophie, deren großartiger Charakter sich wieder einmal bewies. Rein und hoch steht sie da in der mütterlichen Liebe, indem sie die Krone, die ihr zukam, mit begeisterter Hingebung echter Vaterlandsliebe auf das Haupt ihres Sohnes setzte. Beschämt stehen ihre Feinde und können den Adel ihrer Seele nicht trüben. Nein, das können sie von jetzt ab nicht mehr!

Als wir unsere heißen Wünsche für unsern jungen Kaiser ausgesprochen und noch tiefer empfunden hatten, fuhren wir an die Eisenbahn, wo wir Kaiser Ferdinand und seine Gemahlin erwarteten, die um ein Uhr mit einem Extrazug nach Prag abreisten. Das Militär machte Spalier von der Residenz bis zum Bahnhof, eine Distanz von einer kleinen halben Stunde. Es hatten sich viele Zuschauer dort versammelt, viele Augen waren feucht von Tränen. Denn der Österreicher liebt mit angeborener Pietät seinen Kaiser, und Ferdinand der Gütige ward auch von seinen Untertanen geliebt. Wir hatten den kommenden Hofwagen zugesehen, die die Kammer und den Dienst des vom Throne gestiegenen Kaisers brachten, und auf den bewegten Gesichtern verschiedenartige Gefühle, die sie beseelten, gelesen. So kündeten Trommelwirbel und Vivats die Ankunft der abreisenden Majestäten, während Militärmusik die Volkshymne spielte. Als die Kaiserin beim Aussteigen meine K. H. erblickte, umarmte sie sie herzlich. Ihre Augen hatten einen himmlischen Ausdruck. Ein Engel, der sein Tagwerk vollbracht hat, im Bewußtsein, nach erfüllter Pflicht zu Gottes Throne aufblicken zu können. Sie war so ruhig, edel und erhaben in ihrem ganzen Wesen, daß alles schluchzend in Tränen ausbrach, während der Kaiser mit dem Ausdruck der ihm eigenen Herzensgüte sich nach allen Seiten freundlich verneigte.

Die Bahn war so mit Zuschauern angefüllt, daß die hohen Abreisenden nur unter Vortritt des Fürsten Lobkowitz ihren Waggon erreichen konnten. Alle anderen waren schon von dem sie begleitenden Hof und der Dienerschaft besetzt. Erzherzog Wilhelm, der nach Petersburg geschickt wird, und der Herzog von Modena, der in Begleitung von Merveldt nach Dresden, Berlin und Frankfurt reist, begleiteten die Majestäten. Auch der junge Kaiser, der sie zu Pferde an der Seite ihres Wagens zum Bahnhof begleitete, führte sie sowie alle Glieder der kaiserlichen Familie bis an den Waggon. Von allen Seiten wehten weiße Tücher den hochverehrten Herrschaften das letzte Lebewohl zu, das sie mit inniger Rührung erwiderten, bis die dampfende Lokomotive sie den Blicken der bewegten Menge entzog.

Der junge Kaiser wurde bei seiner Rückkehr vom Bahnhof mit unbeschreiblichem, lautem, donnerndem Jubel begrüßt, der sich nach dem Schmerz der Trennung erst recht Luft machte. Abends war die Stadt beleuchtet, das Militär, die Nationalgarde und die Bürger brachten einen glänzenden Fackelzug. Franz Josef, von seinem Hofstaat begleitet, nahm im offenen Wagen mit seinen Brüdern die Beleuchtung in Augenschein. Am 3. empfing seine Majestät eine Deputation des Reichstages, die er aus dem Stegreif in deutscher und eine böhmische Deputation in böhmischer Sprache anredete. Er soll dabei viel Takt, Geistesgegenwart und Würde gezeigt haben. Seine Haltung ist ernst, aber freundlich, höflich und würdevoll. Die Rechte des Reichstages jubelt, während die Linke ihre üble Laune kaum verbergen kann.

Das Erstaunen und die Überraschung in Wien sollen über alle Beschreibung sein. Ich kenne meine Pappenheimer, sie werden den mächtigsten Vorteil aus dem Regierungswechsel ziehen wollen. Ich sehe und höre schon die Deputationen, die kommen werden, den Kaiser nach Wien zu bitten. Ob es ihnen gelingen wird, muß die Zeit lehren, so bald verdienen sie es nicht. Gestern verbrachten wir den Abend bei der hochverehrten Erzherzogin Sophie. Die Gegenwart des jungen Souveräns leuchtete wie ein

Stern um den runden Teetisch, wo seine liebenswürdige Mutter die Honneurs mit der bekannten Anmut machte. Heute wird ›Martha‹ zur Thronbesteigung Franz Josef I. gegeben, mit glänzender Beleuchtung versteht sich!!

6. Dezember. Der äußere Schauplatz des Theaters war festlich beleuchtet, der große Platz vor demselben mit zahllosen Menschen angefüllt, der Eingang, die Stiege und die Korridors bis zur kaiserlichen Loge mit einer Allee von hohen Rosensträuchern in voller schöner Blüte dekoriert. Freilich waren es keine natürlichen Rosen, sondern gemachte, aber der Eindruck dieses jugendlichen Sinnbildes war sehr schön. Applaus und donnerndes Lebehoch empfingen den jungen Kaiser, der sich nach allen Seiten sehr freundlich verbeugte. Dann traten die Eltern vor und wurden nicht minder jubelnd empfangen. Die geliebte Erzherzogin strahlte vor Freude, und dennoch perlten Tränen der Rührung und stiller Wehmut aus ihren schönen Augen. Sie und die Erzherzogin Elisabeth strahlten von Diamanten, alle Logen waren mit geputzten Damen und Herren in Uniformen gefüllt. Die weißen Röcke der Offiziere im Parterre gemahnten an die siegreiche Armee, Gott segne sie ferner!«[82]

Nach seiner Abdankung lebte Ferdinand auf der Prager Burg, widmete sich seinen vom Herzog von Reichstadt ererbten Gütern und der Pflege der Wissenschaft. Er starb, trotz seiner Krankheit hochbetagt, mit 83 Jahren.

Nicht nur in Wien bei Hof, auch auf Reisen in den Kronländern wurde streng auf Etikette geachtet. Eines der prunkvollsten Feste in der Regierungszeit Kaiser Franz Josephs war die Milleniumsfeier anlässlich des 1000-jährigen Bestehens Ungarns im Jahr 1896:

»In Budapest angekommen, wurde die Kaiserin von Seiner Majestät dem Kaiser auf dem Bahnhofe erwartet. In offener Equipage, von den begeisterten Eljenrufen Hunderttausender begleitet, fuhren sie ins königliche Schloß. Am 1. Mai eröffnete Seine Majestät die Milleniumsausstellung. Ganz Ungarn war zuge-

gen bei dieser erhebenden, herrlichen Feier. Welch großartiger
Augenblick, als mitten in dieser blendenden Pracht, von der los-
brechenden Begeisterung der Bevölkerung empfangen, Ihre Ma-
jestäten erschienen. Unmittelbar vor dem Prunkzelte hielt, von
sechs schneeweißen Pferden gezogen, die niedere Galakarosse.
An sämtlichen Erzherzogen und Erzherzoginnen vorüberschrei-
tend, betraten Ihre Majestäten das Zelt, worauf Ministerpräsi-
dent Baron Bánffy seine Begrüßungsrede hielt. Von der Antwort
unseres Monarchen vernahm ich nur die Worte:»Ich gebe mei-
nen königlichen Segen. [...] An der Hoftafel nahm die Kaiserin
nicht teil [...]. Im schwarzen, ungarischen Prunkgewande, den
wallenden, schwarzen Schleier um die Stirne, erschien Ihre Ma-
jestät an der Seite des Monarchen in der Matthiaskirche, um an
der Festmesse teilzunehmen. [...] Das Milleniumsjahr erreichte
seinen Gipfelpunkt. Bei dem Huldigungszuge der Nation wollte
die Kaiserin allgegenwärtig sein. Das Milleniumsbanderium [...]
zog ein in die Burg, dem ungarischen König zu huldigen. Unver-
geßlich wird der Anblick jedem sein, der ihn genießen durfte.
Meine Seele jauchzte vor Freude und Stolz. Ihre Majestäten nah-
men die Huldigung auf dem Balkon des königlichen Schlosses
entgegen. Da stand die königliche Familie in voller Zahl, an der
Spitze der Damen die Königin im ungarischen Prunkgewande.
Augenscheinlich drückte sie diese Feierlichkeit weniger nieder, ja
sie entzückte sie sogar.«[83]

BÄLLE –VERGNÜGEN UND HEIRATSMARKT

Wien war damals reich an Festen, privaten Bällen und»Thés dan-
sants«,»Tanztees«, also kleineren Bällen am frühen Abend. Die
zahlreichen Palais des Adels boten genügend Platz und das Be-
dürfnis nach Unterhaltung war speziell im Fasching groß. Diese
gesellschaftlichen Ereignisse dienten nicht nur der reinen Geselligkeit, um mit Bekannten und Verwandten zu plaudern und sich
ein wenig zu vergnügen, sie waren auch Schauplätze des Heirats-
marktes. Hierbei wurden die jungen Damen in die Gesellschaft

eingeführt und die noch unverheirateten oder verwitweten Herren erhielten die Gelegenheit, sich unverbindlich umzusehen. Eine Saison war nach Ansicht der Hofdamen dann erfolgreich, wenn sie viele Brautpaare hervorgebracht und möglichst viele Komtessen unter die Haube gebracht hatte. Neben der Stellung und dem Vermögen der Herkunftsfamilie waren natürlich auch das Wesen und das Aussehen der Komtessen wesentliche Auswahlkriterien für die jungen Herren. Deshalb setzten deren Mütter den ganzen Ehrgeiz und viel Geld ein, um sie herauszuputzen. Manche jedoch übertrieben dabei:

> »Hier ging die Faschingszeit still vorüber, im Häuslichen sowohl wie im Öffentlichen. Dagegen in München war es desto brillanter, besonders der kostümierte Ball bei Hofe. Hier war der Luxus unendlich. Die Tochter des Fürsten Taxis aus Regensburg hatte allein für mehr als Million Diamanten an sich. Ihr Vater ließ es für die Maskerade eigens umfassen, was allein 10000 fl (Gulden) kostete. Denke Dir die Menge der Steine! Diese Prinzeß soll verheiratet werden. Sie ist sehr schön und bekommt großes Vermögen.«[84]

Besonders begehrt waren Einladungen zu Bällen, die Mitglieder des Herrscherhauses veranstalteten. So gab etwa Erzherzogin Sophie zahlreiche Bälle, bereits für die Kinder, dann für ihren kaiserlichen Sohn, als dieser noch unverheiratet war, und für ihre Bekannten. Baronin Scharnhorst berichtete eifrig in ihren Briefen von diesen Festen:

> »Die Kinder haben zwei deliciöse Bälle bei der Kaiserin-Mutter gehabt. Auf dem zweiten produzierten sie Kostüme, die sie bei der Fürstin Marie Esterhazy auf einem Maskenball getragen hatten. Unter allen waren Julie Huniadis[85] Knabe und Mädchen in griechischer Tracht die schönsten. Die Kinder waren wundervoll und tanzten wie die Engel. Die kleine Seilern, 4½ Jahre alt, sowie die von Marie Kinsky und Felicie Esterhazy, in demselben Alter, bildeten ein bezauberndes Trio.«[86]

»Wien, 3. Januar 1850. Die hohen Herrschaften sind Gottlob alle wohl und beginnen das Jahr mit mehr Ruhe und Zuversicht, als das vergangene. Die Erzherzogin Sophie wird während des Karnevals jeden Mittwoch Tanzgesellschaft geben, um dem Kaiser, der so angestrengt arbeitet, eine kleine Zerstreuung zu verschaffen, die er sich selbst nicht gönnen will, bis die tiefen Wunden des Bürgerkrieges einigermaßen geheilt sind. Es ist notwendig, daß der junge neunzehnjährige Monarch das Leben zuweilen auf eine seinem Alter angemessene Art genieße. Und wer könnte das besser vermitteln, als seine zärtliche Mutter? Hofbälle sollen nicht sein, das will der Kaiser nicht, worin er sehr recht hat.«

»Wien, 13. Januar 1850. Ich machte nur den Tee dansant am 9. bei der Erzherzogin Sophie mit in Begleitung meiner K. H. Es war ein sehr hübscher animierter Ball, wo der geliebte junge Kaiser, endlich einmal von Sorgen ruhend, sich seinem Alter angemessen unterhielt. Er tanzte mit Ausnahme der Polka und Mazurka alles, engagierte seine Damen selbst mit der ihm angeborenen Courtoisie und machte jedesmal eine Glückliche. Zu diesen gehörte unsere kleine Ugarte, die er zur Kotillon-Tänzerin wählte. Sie strahlte vor Entzücken und ihr Gemahl war um sie beschäftigt wie die Henne mit den Kücheln.«

»Wien, 24. Februar 1851. Gestern war Kinderball bei der Erzherzogin Sophie, wo ebensoviel Große als Kinder tanzten. Der vorletzte Kinderball war durch eine sehr komische Episode verherrlicht, recht etwas für Dich, meine Eva. Es entstand auf einmal in der Mazurka, wo der kleine siebenjährige blondlockige Lobkowitz tanzte, Sohn von Leopoldine Lobkowitz, geb. Liechtenstein, ein großer, spiegelheller See, auf dem Wilhelmines Puppen hätten eine brillante Wasserfahrt machen können. Der Kleine war gar nicht überrascht, desto mehr die Mittänzer und Zuschauer. Die Mutter des kleinen Verbrechers stürzte sich kokelrot auf ihr Kind und führte es zur großen Belustigung des schaulustigen Publikums quer durch die Mazurka hinaus ins Toilettezimmer.«

Den Höhepunkt der Ballsaison bildeten jedoch der »Hofball« und der »Ball bei Hof«. Der Hofball galt als der offizielle Staatsball und war somit eine Art Vorläufer des heutigen Opernballs. An ihm durften alle teilnehmen, die Zutritt zum Hof hatten, also außer dem hohen Adel und der Diplomatie auch die aktiven Offiziere der Wiener Garnison. Diese Auszeichnung hatten sie der besonderen Vorliebe Kaiser Franz Josephs für das Militär zu verdanken. Den Termin für den Ball, der zumeist Ende Jänner stattfand, wählte die Kaiserin persönlich. Dies wurde oft zu einer Nervenprobe für den Obersthofmeister, der für die Organisation verantwortlich war, weil sich speziell Kaiserin Elisabeth als sehr sprunghaft und kurzentschlossen zeigte. Immerhin hatte er ein Fest für etwa 2000 Personen vorzubereiten! Die Kleiderordnung besagte, dass man beim Hofball entweder in Uniform oder in Frack erscheinen musste, samt den verliehenen Orden. Die Damen durften dekolletiert und schulterfrei erscheinen und setzten ihren Ehrgeiz darein, sich von ihrer besten Seite zu zeigen – was zur Freude der Wiener Kaufleute mit beträchtlichen Kosten verbunden war. In Anbetracht des Gedränges war es kaum möglich, auf dem Hofball zu tanzen. Dies war auch nicht das Ziel der Gäste, sondern der Höhepunkt bestand darin, dem Kaiser vorgestellt und von ihm angesprochen zu werden. Im Unterschied zu heutigen Bällen gab es auch keine rauschende Ballnacht mit Tanz bis in den frühen Morgen. Eine Viertelstunde nach Mitternacht wurde der letzte Walzer gespielt und danach verließ der Kaiser samt Gefolge das Fest – damit war der Ball beendet.

Baronin Scharnhorst berichtet in ihren Briefen natürlich ebenfalls von diesem Großereignis:

»Wien, Februar 1841. Heute ist der zweite Hofball, den sich die Prinzeß der Hitze wegen geschenkt hat. Auf dem ersten waren wir. Ich erinnere mich nicht, ein glänzenderes Fest gesehen zu haben. Eine große Masse von Diamanten und Schmuck aller Art leuchtete von allen Seiten. Es war übermäßig voll und doch wunderschön. Besonders Fürstin Louis Liechtenstein mit zwei Diade-

men von Diamanten und kolossalen Rubinen, Collier-Ohrge-
hänge und Appareillants, dazu ein rosenfarbenes Florkleid, mit
Diamanten bedeckt! Sie sah aus wie eine Königin.«

Gräfin Ugarte, geborene Rochow, berichtet:
»Wien, 1851. Die Hofbälle interessieren mich am meisten, denn
Du mußt wissen, daß ich jedesmal mit unserm deliziösen Kaiser
tanzte. Schon zweimal den Kotillon, was, wie Du Dir denken
kannst, großes Aufsehen machte und ma petite vanité (meiner
kleinen Eitelkeit, Anm.) doch etwas schmeichelte. Ich bin wie
alle entzückt von unserm allerliebsten Monarchen, der alles,
was man sich gutes, edles denken kann, in sich vereinigt. Er ist
auch lieb in der Konversation und gewinnt mit jedem Mal, daß
man mit ihm spricht.«[87]

Noch exklusiver als der Hofball war der zwei Wochen später statt-
findende Ball bei Hof. Zu diesem war nur die Hofgesellschaft eingeladen, also die Hofwürdenträger und hohen Militärs. Es war
kein Staatsball, sondern ein Ball des Kaisers persönlich, quasi sein
»Hausball«. Es waren maximal etwa 700 Gäste geladen und es
ging wesentlich exquisiter zu. Statt eines Buffets und Gedränges
wie beim Hofball nahm man beim Ball bei Hof ein serviertes
Diner an üppig dekorierten Tischen ein. Es gab Platzkarten, die
jeden Einzelnen streng nach Rang platzierten – eine besonders
schwierige Aufgabe für das Obersthofmeisteramt! Nach dem Tanzen wurde der Ball Punkt Mitternacht vom Kaiser beendet. Ein
Wermutstropfen in all der Pracht war, dass die Kaiserin Elisabeth
daran nicht teilnahm. Diese Art der Repräsentation war ihr zuwider, wenngleich sie in jungen Jahren noch sehr gern getanzt und
sogar eigene kleine Bälle veranstaltet hatte, wie Therese Fürstenberg berichtet:
»Im Winter 1860 gab die Kaiserin, die leidenschaftlich gern
tanzte, alle Wochen bei sich kleine Bälle, bei denen keine Mütter
zugelassen wurden, anfangs stutzte man über eine solche Enor-

mität, aber gegen den allerhöchsten Willen war nichts zu thun,
und die ›Waisenbälle‹, wie man sie nannte, waren sehr unter-
haltsam. Erstmals machte ich die Bekanntschaft von drei Män-
nern von denen ich freilich nicht ahnte in wie nahe Beziehung sie
alle zu mir treten würden! Es war Graf Oscar Bulgarini, Louis
Rechberg und Alfred Uexküll. Keinen hatte ich je gesehen; die
beiden ersten blieben mir gleichgültig, an Uexküll zog mich eine,
bis dahin unbekannte ernste Art zu reden, an; wir wurden bald
gute Freunde.«[88]

Die Abwesenheit der Mütter wurde zwar als skandalös gewertet,
aber für diese war die »Bewachung« ihrer Töchter bei den Bällen
kein reines Vergnügen, wie Gräfin Agnes Schönborn schildert:
»Mit 17 Jahren ging ich auf meinen ersten Ball, die ›Journée‹
am Faschingsdienstag. Sie dauerte über den Nachmittag, dann
zog man sich um, und es dauerte noch bis Schlag Mitternacht.
Natürlich kamen zu allen Bällen die armen Mütter oder auch
Tanten mit und langweilten sich schläfrig auf Fauteils eine
Wand entlang. Beim Cotillon, der von einem Vortänzer ange-
führt wurde, bekamen die Damen Blumen, die Herren Ma-
scherln, beide kleine, manchmal gar nicht wertlose Geschenke.
Beim ›Herrenball‹ gaben die Herren Blumen ihrer Wahl, Josef
immer rosa Nelken. Die Bälle waren nie öffentlich, außer die
böhmische ›Beseda‹, bei der auch ich immer vortanzte, und die
deutsche. Sonst waren sie teils in Palais (Rohan, Nostitz etc.)
teils in Hotelsälen, die dafür gemietet wurden. Im Palace Hotel
war vis-a-vis von der ›Mütterbank‹ auf halber Höhe eine große,
vorn offene Terrasse, auf der bei einem Ball Lidy Eltz und Alphy
Clary vor aller Augen zusammensaßen und schwätzten, bis
dass Tante Marie Eltz sehr verlegen hinging und sie auseinan-
dersprengte, weil dieses Benehmen zu unmöglich war. Sie haben
jetzt schon vor einer Weile goldene Hochzeit gefeiert! Ich be-
greife, dass Mädeln heutzutage so eine Überwachung entsetzlich
finden, aber ich glaube, wir haben uns gar nicht weniger unter-

halten wie die heutigen Mädeln. Die Krone meiner Bälle war der
›Ball bei Hof‹ im Fasching 1914 in Schönbrunn. Tante Marie
Therese, Schwägerin des Kaisers, habe bei Mama durchgesetzt,
dass Mariedschi (ihre Schwester, Anm.) und ich hingehen durf-
ten und wir so zwar nicht tanzten, aber den Kaiser längere Zeit
von ganz nahe sahen.«

Die Bälle bei Hof boten nicht nur Anlass für Repräsentation, sondern auch für reichlich Klatsch. Vor allem die jungen Damen wurden eingehend unter die Lupe genommen, wobei die Mitglieder
des Erzhauses von dieser strengen Kritik nicht ausgenommen
wurden. Baronin Scharnhorst beschäftigt sich in ihren Briefen oft
und ausführlich mit der Pracht und den Peinlichkeiten anlässlich
dieser Veranstaltungen:

»Hacking, 31. August 1843. Am 29. wurde zu Ehren des Vize-
königs bei der Kaiserin (Maria Anna, Anm.) getanzt. Ich weiß
nicht, ob du solch einem Hoffest in der Schönbrunner Galerie bei-
gewohnt hast. Der Eindruck des hell beleuchteten und mit Blu-
men reich verzierten Lokals ist feenhaft. Maria Theresias Geist
haucht aus den großartigen, kaiserlich geschmückten Räumen
der bewundernden und verehrten Nachwelt entgegen. Man
tanzte in der kleineren Abteilung der Galerie, die auf beiden Sei-
ten so bezaubernd hübsche Salons hat, in welchen mit Blumen
und Früchte geschmückte Gouters serviert waren. Das, was mir
am wenigsten gefiel, war die tanzende Jugend, die nachgerade
den Liliputanern angehört. Die Rasse wird mit jedem Dezen-
nium kleiner, in der hohen Halle sahen die Dämchen und Herr-
chen wirklich wie Kinder aus.«

»11. August 1845. Einige Tage vor der Abreise der Erzherzo-
gin Sophie gab der Hof einen glänzenden Ball in Schönbrunn, zu
dem sich die Dauphine und Mademoiselle[89] eingefunden hatten.
Die arme junge sechsundzwanzigjährige Fürstin tanzte in ihrem
Leben zum drittenmal! Das liebliche Gesicht voll lebendigen Aus-
drucks scheint einem anderen Körper anzugehören. Die Taille ist

außer aller Proportion, klein, untersetzt, dick wie die Infantin Donna Amelia, und auf dem Wege, ebenso monstreuse zu werden. Der Himmel behüte sie davor, sonst bekommt sie trotz ihren 14 Millionen Francs doch keinen Mann. Der Ball war in der hellerleuchteten, wunderschönen Galerie, in der sich alles schöner ausnimmt, als es eigentlich ist. Der Hof paradierte in Diamanten, die Damen mehr oder weniger ebenfalls. Die Erbprinzeß von Modena, geborene Prinzessin von Bayern[90] ist hübsch und sehr anmutsvoll. Ihre beiden unvermählten Schwägerinnen sind das Gegenteil.[91] Sie machen den dunklen Hintergrund zu der lichtvollen Erscheinung der Prinzessin Adelgunde. Einige Tage vor dem Ball, am Annentage, ließ der Erzherzog Franz ein glänzendes Feuerwerk auf dem Schönbrunner Parterre abbrennen. Es gelang trotz des störenden Regens, der plötzlich am heiteren Himmel heranzog, sehr gut. Abends war Tee bei der Erzherzogin Sophie und Empfang bei der Landgräfin Fürstenberg (der Oberthofmeisterin, Anm.).«

»Wien, 24. Februar 1851. Alles bewegt sich morgens in den Boutiken, abends auf den Bällen, die jeden Tag der Woche einnehmen und so glänzend sind, wie sie seit zehn bis zwölf Jahren nicht waren. Bei der Erzherzogin Sophie waren bereits sieben Bälle, beim Kaiser zwei große Hofbälle, bei Liechtenstein am 16. ein zauberhaftes, märchenartiges Fest, das die schönsten, frischesten Toiletten verherrlichten. Morgen ist wieder Ball bei der Erzherzogin Sophie, dann noch ein Kinderball, und Faschingsdienstag wird Liechtenstein die Journee geben. Die Mütter freuen sich, daß das Ende der Herrlichkeit naht. Für den Kaiser ist es gewiß gut. Er tanzt mit Passion. Heute um 7 Uhr morgens kam er von Schwarzenberg nach Hause, um halb zehn sagte er Seiner Frau Mutter Guten Morgen, um ein Uhr war Truppenmusterung. Das strengt doch sehr an, selbst in seinen Jahren. Er sieht übrigens vortrefflich aus.«

»Allein Wien bietet stets Zerstreuung genug. Heute ist ein Konzert bei der hochverehrten Erzherzogin Sophie, bei der ich

immer am liebsten bin. Sie befindet sich Gott sei Dank wohl nach all den Strapazen, die der Karneval brachte. Auch meine K. H. (Prinzessin Amalie, Anm.) *hat sich sehr tapfer gehalten und sieht vortrefflich aus. Der letzte Ball bei Ihrer K. H. am Faschingsdienstag war trotz des vorhergegangenen Déjeuners dansant bei Auersperg unendlich animiert. Er endete mit dem Kotillon von 89 Paaren, der mit einem Großvater-Tanz, Galoppade und Polka begraben wurde. Die todmüden und etwas trübe sehenden Komtessen kehrten zu ihren Müttern zurück, comme des brebis dans le bercail* (wie Schafe in ihren Stall, Anm.). *Denn nun war es lange Zeit mit der Freude und der Ehre des Tanzes aus. Der liebe hochverehrte Kaiser trat lächelnd aus dem Kreise der schönen blühenden Damen zurück in seine hohe Stellung.«*

5

Abenteuer Reisen

Die Habsburger und ihr Hofstaat befanden sich beinahe ständig auf Reisen. Den größten logistischen Aufwand erforderten die turnusmäßigen Übersiedlungen des gesamten Hofstaates und der Großfamilie im späten Frühjahr nach Schönbrunn und im Herbst wieder retour in die Hofburg. Obwohl nur wenige Kilometer entfernt, musste doch alles Notwendige – Kleider, Hausrat, persönliche Dinge – transportiert werden, und das für einige Hundert Personen. Wie gewaltig der Aufwand war, beschreibt etwa Baronin Sturmfeder in ihren Briefen. Regelmäßig begab man sich zur Sommerfrische außerdem nach Ischl, in die Kaiservilla, wohin sich zwar nicht der gesamte Hofstaat, jedoch die Familie und der engste Kreis begaben, also einige Dutzend Personen. Dazu kamen noch Dienstreisen, also Besuche in den Kronländern, in Kriegszeiten an die Front oder zu Manövern bzw. Besuche anderer Fürstenhöfe in Europa, was allerdings viel seltener geschah. Auch private Besuche bei befreundeten Adelsfamilien wurden von Mitgliedern der Herrscherfamilie absolviert. Eines der wichtigsten Reisemittel war neben der Kutsche vor allem die Eisenbahn. Während die Majestäten im Salonwagen, der eigens für sie reserviert war, reisten, musste sich ihre Begleitung mit »normalen« Plätzen im Zug begnügen, was nicht immer klappte. So schreibt Baronin Scharnhorst über einen sommerlichen Ausflug mit ihrer Herrin, der Prinzessin Amalie:

»Wir haben die schönsten Augusttage zu angenehmen Fahrten genutzt, die ziemlich gelangen, bis auf die gestrige, von der wir beschämt heimkehrten. Die Prinzessin hatte lange beabsichtigt, Herrn (Fürst, Anm.) Odescalchi in Hirtenberg zu besuchen. Es

*liegt zwei Stunden hinter Baden an der Eisenbahn. Wir schick-
ten gestern in aller Früh den Bereiter an den Maidlinger Bahnhof und ließen Plätze auf den Halbzehnuhr-Train bestellen. Um
³/₄ 9 Uhr brachen wir in Panassis Begleitung auf, kamen 200
Schritt vom Bahnhof zehn Minuten vor ¹/₂ 10 Uhr an und sahen
zu unserem Schrecken eben den Train davonfahren. Es war unartig vom Inspektor, ihn nicht aufzuhalten, da er wußte, daß die
Prinzessin kommen würde, und da bis zur angegebenen Stunde
noch zehn Minuten übrig waren. Die Panassische Zurechtwei-
sung half für diesmal nichts. Der Train flog Baden zu und wir
traten de- und wehmütig die Rückfahrt nach Hacking an.«*[92]

Maria Theresia Fürstenberg, Obersthofmeisterin von Kaiserin
Maria Anna, begleitete die Kaiserin und Kaiser Ferdinand auf
deren zahlreichen Reisen; sie war öfter auf Reisen als in Wien. Von
diesen Reisen berichtete sie ihrem Mann Friedrich ausführlich in
ihren Briefen und gibt so Einblick in das strapaziöse Alltagsleben
des Kaiserpaares. Dazu muss man noch bedenken, dass Kaiser Ferdinand ein kranker Mann und Epileptiker war, was, wie bereits erwähnt, ein damals streng gehütetes Geheimnis war. Ihr Verhältnis
zum Kaiserpaar kann man geradezu als intim bezeichnen, wenn
man ihre Briefe liest.

*»Bad Ischl, 25.7.1837. Heute habe ich das Glück, mit dem Kai-
ser am Bette der Gebietherin zu speisen, um 9 Uhr Abends
komme ich noch immer nachsehen, wie es geht und hatte schon
2 Tage das Glück, mit dem Kaiser im Zimmer auf und ab zu
gehen bis ¹/₄ auf 11.«*[93]

Ihre herausragende Stellung wird etwa dadurch deutlich, dass die
Schlossbesitzer, bei denen sie auf Reisen übernachteten, sie gleich-
wertig wie das Kaiserpaar behandelten:*»Die Fürstin räumte den
Majestäten ihre Wohnung, der Fürst die seine mir ein«*, schrieb sie.[94]
Wie mühselig selbst uns heute recht kurz erscheinende Reisen
sich damals gestalteten, zeigt ein Reisebericht Maria Theresias von

einer offiziellen Reise des Kaiserpaares nach Pressburg, damals Hauptstadt von Ungarn und nur 65 Kilometer von Wien entfernt: *»Presburg, den 6ᵗᵉⁿ Juni 1839. Den ersten freien Moment mein Fritz sei dir und mit dir all den unseren gewittmet. Das war ein ermüdender Morgen, seit 3/4 auf 10 im Geschirr bis halb 1 Uhr. Doch ich muß von Anfang beginnen. Weg und Wetter waren schlecht, die Pferde auch, daher ich die Leibwägen schon in Fischerment (Fischamend, Anm.) verlor und nicht mehr einholte, auch dadurch den Empfang versäumte, der nicht schön und feierlich soll gewesen seyn.«*[95]

Und über eine Reise nach Linz erzählt sie: *»Um 6 Uhr sind wir hier eingezogen, [...] um 1 Uhr waren wir in St. Pölten. Der Kaiser sah nur den General Hartmann, den Bischof, den Kreishaubtmann Odoml und ein paar Offiziere, die auch zu Tische gebethen wurden, nach Tische kam noch die Gräfin Mailes und um 3 Uhr fuhren wir schon wieder ab. In Amstetten waren wir um 7 Uhr, ich hatte den Besuch eines vormaligen Pfarrers von Titmans (Dietmanns, Anm.). Um 1/2 9 Uhr hörten wir die Messe und um 10 Uhr fuhren wir ab. [...] In Enns kommen wir um 1/2 7 an. [...] um 3 Uhr hörten wir den Seegen und um 4 Uhr fuhren wir ab. [...] um 9 Uhr haben wir die Illuminazion besehen.«*[96]

Damals war es Mode, zu besonderen Gelegenheiten, wie eben dem Besuch des Monarchen, eine sogenannte »Illumination« zu machen. Dabei brachte die betreffende Stadt oder der Schlossherr Fackeln und Lampen an Hauswänden und auf Plätzen an. Man stellte Gestelle auf, die mit feinem Papier oder Seide überzogen und mit Bildern oder Aufschriften bemalt waren. Diese wurden ebenfalls durch dahintergestellte Lampen erleuchtet. Wenn es dunkelte, zündete man die Lichter in einer bestimmten Reihenfolge an, was dann ein Gesamtbild ergab und die Betrachter offenbar sehr beeindruckte.

127

Strapaziös waren diese Reisen nicht nur aufgrund der schlechten Wege, der Wetterunbilden und der Unzulänglichkeit der Transportmittel. An den zahlreichen Zwischenstationen konnte sich das Kaiserpaar nicht einfach ausruhen, bis es weiterging, sondern hatte eine Vielzahl an repräsentativen Verpflichtungen zu absolvieren. Dazu kamen noch der schlechte Gesundheitszustand Kaiser Ferdinands und Kaiserin Maria Annas, die schon ohne auf Reisen zu sein ständig krank war. Eine Reise strapazierte die schwache Gesundheit zusätzlich, oft musste diese wegen einer Erkrankung unterbrochen werden. Hitze machte Maria Anna besonders zu schaffen. Manchmal wiederum erwies sich die Kaiserin als erstaunlich zäh. Als kritisch und für damalige Verhältnisse gefährlich erwies sich eine Masernerkrankung, die die Kaiserin bei ihrem sommerlichen Aufenthalt in Bad Ischl im Jahr 1837 erwischte. Ihre Obersthofmeisterin mutierte dabei zu ihrer Krankenschwester, die sich selbst in die Diagnose einmischte, die der Arzt zuerst falsch gestellt hatte. Schließlich konnte sie als zehnfache Mutter auf einige Erfahrungen bei Krankheiten diverser Art zurückgreifen. Als der Arzt schließlich Masern konstatierte, wurden sowohl die Kaiserin als auch ihre Hofdame unter Quarantäne gestellt, was ihnen den Erholungsurlaub verdarb. Maria Theresia Fürstenberg erzählte ihrem Mann davon detailliert in einem Brief: *»Ischl, den 27. Juli. Ich wusste nicht, daß man gestern eine Staffette nach Wien abschickte, daher versäumte ich, dir gestern zu schreiben. Nun wirst du schon wissen, daß gestern in der Nacht ein Ausschlag sich bei der Kaiserin zeigte, Reimann* (der Leibarzt, Anm.) *taufte ihn eine Art Pocken. Ich gestehe, daß ich nie dieser Meinung war, es war mir zu stark für eine Nessel und vom ersten Augenblick schienen es mir schon die fatalen Masern und ich habe Zeugen für diesen Ausspruch. Eben schreibet mir die Cibbini, daß Reimann commencer de douter* (zu zweifeln beginnt, Anm.), *ob es nicht doch die Masern sind. Ich setze diese Zeilen im Zimmer der Kaiserin fort, und bleibe dabei, es sind die Masern, aber eine sehr leichte und gute Gattung, auch scheint*

[1] Landgräfin Therese Fürstenberg (li.)
mit drei ihrer insgesamt fünf Geschwister:
den Brüdern Eduard und Vincenz sowie
Luise, der sie in zahlreichen Briefen viel
vom Leben bei Hof verriet.

[2] Das von Therese Fürstenberg so geliebte Schloss Weitra und im Vordergrund die Stadt Weitra auf einem zeitgenössischen Gemälde.

[3] Landgräfin Maria Theresia Fürstenberg, geborene Prinzessin Schwarzenberg, Großmutter Thereses. Sie war Mutter von sechs Kindern und machte als Obersthofmeisterin Kaiserin Annas eine für ihre Zeit ungewöhnliche Karriere.

[4] Die bildschöne Gräfin Marie Festetics war lange Jahre Hofdame Kaiserin Elisabeths. Sie analysierte nicht nur ihre Herrin, sondern auch das politische Geschehen bei Hof.

[5] Die beiden ungarischen Hofdamen und engen Vertrauten Kaiserin Elisabeths, Gräfin Festetics (li.) und Ida von Ferenczy, auf Maultieren reitend.

[6] Die Hofdame Lily Hunyady war nicht nur enge Vertraute und Freundin Kaiserin Elisabeths, sondern auch von dieser wegen ihrer Schönheit bewundert. Ihr Bruder Imre (re.) verliebte sich in die Kaiserin und wurde umgehend aus deren Gefolge entfernt.

[7] Ida Ferenczy war die engste Freundin der Kaiserin bis zu deren Tod. Sie war bevorzugte Gesprächspartnerin der Kaiserin und weckte in ihr die Liebe für alles Ungarische.

[8] »Die allerhöchste Kaiserfamilie«: Kaiser Franz Joseph,
sein Bruder Maximilian und
dessen Frau Charlotte, die
jüngeren Brüder Ludwig Victor
und Carl Ludwig. Sitzend:
Kaiserin Elisabeth mit ihren
Kindern Rudolf und Gisela,
Erzherzogin Sophie mit ihrem
Gatten Erzherzog Franz
(jeweils von li.).

[9] Kaiserin Elisabeth
mit Kronprinz Rudolf und
Erzherzogin Gisela sowie
deren Aja Charlotte von
Welden in Venedig.

[10] Die Kaiserin bevorzugte die Gesellschaft ihrer Hofdamen, hier umgeben von Gräfin Lily Hunyady, Prinzessin Helene von Thurn und Taxis und Gräfin Mathilde Windischgrätz (von li.).

[11] Im Lauf der Jahr entfloh die Kaiserin mitsam ihren Hofdamen immer öfte dem ungeliebten Wien auf Korfu ließ sie sich soga ein Schloss bauen, da »Achilleion«

[12] Eine der ganz seltenen Aufnahmen der älteren Kaiserin, auf der man ihr Gesicht erkennen kann! Das Bild entstand bei einer Wanderung bei Meran um 1871. Die Identität der sie begleitenden Hofdame ist ungewiss.

[13] Dieses Foto zeigt angeblich Kaiserin Elisabeth mit ihrer treuen Hofdame Gräfin Irma Sztáray im Jahr ihres Todes 1898 in Territet. Das für ihr Alter zu jugendliche Gesicht – auch im Vergleich mit obiger Aufnahme – lässt vermuten, dass es sich um ein Double handelt, wie sie es öfter einsetzte.

Kaiserin Elisabeth im letzten Lebensjahre (Territet.)

[14] Die Hofdame Kaiserin Zitas, Gräfin Agnes Schönborn, die ihre Herrin selbst zum abenteuerlichen Restaurationsversuch nach Ungarn begleitete. Sie heiratete den engsten Mitarbeiter Kaiser Karls, Baron Aladár Boroviczény.

[15] Beim Staatsbesuch in Konstantinopel im Frühjahr 1918 wurde das Kaiserpaar Karl und Zita mit großem Prunk empfangen – was Gräfin Schönborn im Detail schildert und offenbar sehr beeindruckte.

der Ausspruch geschehen zu seyn, denn der Puls ist ruhig, das
Husten nimmt ab. Reimann, den ich eben sprach, leugnet nicht
mehr, daß es die Masern seyn <u>*könnten*</u>*. Der Ausschlag ist im*
ganzen Körper stark heraus, Kopf und Hals sind frei, auch die
Augen nicht sehr angegriffen, wir müssen also Gott danken, daß
es so ist. Aber das Ganze ist zum verzweifeln und zu lamentiren
ist erlaubt. Die gute Luft, die der Kaiserin wirklich bis hirher
sehr gut bekam, ist nun für sie verlohren, von Bad kann auch
keine Rede mehr seyn. So denke ich, daß nach der Quarantaine
wir wohl gerade nachhause wandern werden. Das ist für mich
noch das Beste und so kann ich denn in den ersten Tagen Sep-
tember meinen Urlaub nehmen und recht ausschnaufen. Der
Kaiser hat überzogen in die Prunkzimmer, wo er sehr gut ist.
Die Kaiserin, wie natürlich, blieb im Schlafzimmer, was groß
und ruhig ist. Ich bin viel unten, werde mir aber doch eine
Stunde zum ausgehen vorbehalten. Weite courses (Wege, Anm.)
kann ich wohl nicht machen, wenigstens jetzt. Erzherzog Max[97]
kam gestern zum Namenstage und blieb nun einige Tage, ich bin
froh für den Kaiser. Kollomnatz (der Kutscher, Anm.) *führt ihn*
viel herum, das Wetter ist herrlich. Ach Jammer. [...] Im Grunde
tröste ich mich niemanden zu sehen, ich lese und schreibe und
will, wenn ich kann, die schönen Berge wenigstens von weitem
ansehen. Gestern sollte thé dansante sein, aber es kam niemand,
so sperrte man um 9 Uhr zu, man ist nicht wirklich gar gesellig
hier. Auf Gabriele (ihre Tochter, Anm.) *freue ich mich, die wird*
sich nicht vor mir fürchten.«[98]

Ihre Enkelin Therese Fürstenberg genoss ihren ersten Ischler Aufenthalt als Hofdame knapp dreißig Jahre später ebenfalls nicht
sehr, allerdings aus einem völlig anderen Grund. Sie klagte ihrer
Schwester gegenüber:
> *»Ischl, 8. Okt. 1865. [...] Gabi, hier ist's fürchterlich einsam; ich*
> *darf kaum dran denken, daß Ihr nun* <u>*Alle*</u> *im lieben Weitra bei-*
> *sammen seid; vorzüglich beim Thee, wo ich am Kanapée*

schweige, darf ich mich nicht erinnern was und wie es zur selben Zeit zu haus geschieht. Daß ich Eduard (ihren Bruder, Anm.) versäumte, den guten Buben! Es freute mich namenlos ihn noch zu finden; ich sende Euch tausend Grüsse, liebe Geschwister; Ihr wißt, daß Ich nur dem Körper nach hier bin. Doch darüber will ich nichts mehr sagen; es ist geschehn! und allein das Bewusstsein erfüllter Pflicht könnte einem entschädigen, wenn auch nicht ersetzen, was man lassen mußte; der Abstand ist zu groß und die Existenz kalt. Zur Langweile habe ich noch nicht Zeit gefunden; denn nebst dem Dienst, kommen so viel freundliche Seelen zu mir, daß ich mich einsperren und verleugnen lassen muß, um die Zeit zu gewinnen Zeitungen zu markiren. Ich bin nun allein, denn Fritzy[99] kommt nie in den Salon, nur zur Promenade. Sie ist unendlich gut für mich, richtet mich ab, gibt mir Rath und Warnung und verpflichtet mich zu großem Danke. Gestern hatte ich vorgelesen, mit Herzklopfen, aber es ging gut von Statten. Die Herrin, ist wirklich unendlich gut, denkt an andre Menschen, ich möchte sie gern zufriedenstellen, mich mit der Zeit an sie attaschieren (anschließen, Anm.). Es ist merkwürdig, welche Frische des Geistes sie sich, trotz allen Erlebnissen erhalten hat, welchen Sinn für alles Schöne, wie sie alles lebhaft auffasst u. sich für alles interessirt!

Gott, wie gern wäre ich mit Mama davongelaufen! Als sie weg war fühlt ich mich so schrecklich allein! Nur auf den Promenaden bin ich ganz leichtsinnig. Das ist alles so wunderschön, daß man momentan, an nichts denkt, als daß Gott eine wunderschöne Welt für einen erschaffen hat. Wie würde man das genießen, wenn Ihr dabei sein würdet! Seinem Entzücken kann man ganz freien Lauf lassen, denn die Erzherzogin hat selbst eine unendliche Freude an der wundervollen Natur, und macht nun alle großen Partien, macht einem aufmerksam auf alles u. hat gern quand on sait l'apprécier; en cela je suis bonne pratique (Wenn man es zu würdigen weiß. Darin habe ich reichlich Übung, Anm.)! Am Wolfgangsee waren wir zuerst, das ist ein fröhli-

ches, sonniges Wasser mit grünen Ufern, u die Kirche mit dem Altar ist entzückend. Dann wanderten wir zum Hallstätter See, der in seinem tiefen Felsenbette ernst und grau dreinschaut. Heut fuhren wir um ½ 9 aus, frühstückten in Langwies, auf der Ebenseer Strasse, fuhren dann durch ein prächtiges Thal zum Attersee, an den Himmelshohen Felsen hing der Nebel, den der Wind zerzaust, Wasser in seiner wundervollen tiefen Blaue vor uns, das ganze von einem wunderbardurchsichtigen Duft bedeckt, das ist alles unendlich schön; wir fuhren auf dem See, gabelfrühstückten im Beisl, gingen beinah drei Stunden am Ufer entlang, u. kamen eben recht nach Hause um in ein Kleid zu springen, den Staub abzuschütteln u. zum Diner zu stürzen. Gestern begegneten wir dem Kronprinzen, der einige Hecken eskaladirte (überstieg, Anm.), *um zur Großmutter zu gelangen, und eine Strecke mit sprang, er sieht exzellent aus und ist ein lustiger, rüstiger kleiner Mann. Ach Gott, wie freue ich mich in kurzer Zeit in Weitra zu sein, und mit nach Althart u. Kremsier zu ziehn; und die Hoffnung unsern Eduard zu finden; wenn sie nur zur Wahrheit wird. Vinzenz würde sich hier ergötzen, an den vielen Standerln; die Erzherzogin bleibt all Augenblick stehn u sagt ›wie schön‹ und das sage ich still und laut mit.«*[100]

Dieser erste Aufenthalt in Ischl war jedoch erst der Auftakt für zahlreiche Reisen, die Therese Fürstenberg zuerst mit Erzherzogin Sophie und dann mit Kaiserin Elisabeth als Hofdame unternehmen sollte. Vor einer Erholungsreise nach Böhmen, zur Kur in Karlsbad, schrieb sie:

»Wien 18 März 1867. [...] Vorläufig ist zwischen dem 23ᵗ und 26ᵗ noch nicht entschieden; ›Er‹ (der Kaiser, Anm.), *der schon sehr pressiert ist die böhmischen Muster-Unterthanen, diesen gesinnungstüchtigen, allerconservativsten Adel, vor Allem aber Bělsky und Palacký*[101] *ans Herz zu drücken, ist für Samstag; die Erzherzogin eher für Dienstag gestimmt, welch' letztern Tag auch der Kammertratsch bezeichnet, was jedenfalls de bonne*

131

augure (günstig, Anm.) *ist. So sich die Erzherzogin in Carlsbad nicht verkältet hören wir die Palmsonntags Predigt schon wieder in der Universitätskirche; die Dauer der Kur ist auf 14 Tage festgesetzt. Hier spricht man schon wieder von Comödientableaux, Animús etc. und gedenkt sich noch ferner zu wohltätigen Zwecken zu unterhalten, dieses Vergnügen ist für mich verloren, doch denke ich, werde ich es nicht sehr schwer entbehren.«*[102]

Die Randbemerkungen dieses Briefes über die böhmischen Untertanen spielen auf ein wichtiges politisches Ereignis, nämlich den eben erfolgten – erzwungenen – Ausgleich mit Ungarn an. Während die Kaiserin vehement für die Ungarn eintrat, fühlte sich Franz Joseph mehr den Böhmen verbunden, die keine Sonderrechte für sich erreichen konnten.

In Karlsbad schien es Therese gar nicht zu gefallen:

»Carlsbad 8 April 1867. […] Da du dir, meine Louise, heuer wirklich recht Zeit zu lassen scheinst, so richte ich einmal wieder meine Worte an dich, und will dir sagen, daß ich oftmals recht rebellischen Gedanken über die totale Unnöthigkeit meines Aufenthaltes hier, freien Lauf lasse; ›wir‹ haben bis jetzt den Witterungslaunen getrotzt, aber die Seinsheim war schon krank, und nun ist es die Königin; Fritsch dachte gestern an die Möglichkeit einer Entzündung, doch ist sie heute, glücklicher Weise wieder wohl. Es wäre ein Schlag, diese Vision eines vielleicht um Wochen, verlängerten Aufenthaltes im Purgatorium, denn die Kürze der Zeit, das Zurückkommen für die Charwoche, ist ein freundlicher Gedanke, den man hegt und pflegt wie einen lieben Freund. Heut Früh sind die Fünfkirchen fort, sie werden uns hier recht fehlen; es sind lustige, unternehmende Elemente, belebend an solchen einschläfernden Orten.«[103]

Therese war jedes Mal heilfroh, wenn sie ein wenig dem Hofleben entkam und ihre Lieben in Weitra besuchen konnte:

»Mittwoch. o. M. 1868. Meine gute Louise. Samstag mit dem

Schnellzug 19 Uhr fahrt die Erzherzogin mit ihren Söhnen nach Persenbeug und entlasst mich in Kemmelbach; bitte schickt mir einen Schubkarren, wenn Ihr nichts andres habt, damit ich einige Stunden bei Euch zubringen kann; um 9 Uhr glaub ich muß ich mich in Kemmelbach wieder einfinden. Samstag wird euch ungelegen sein, der Pferde wegen, die Mama holen müssen! – ich freue mich doch unendlich und danke meiner guten Erzherzogin für die hübsche Aufmerksamkeit. Es war ihr eigener Gedanken gewesen. Die Kaiserin geht Samstag nach Ischl, ich werde die Damen ungern missen; es wird hier still werden. und wenn ich Abends von Euch heimkehre, ist alles fort was mir lieb ist!«

Von einer Reise mit Erzherzogin Sophie nach Sachsen schreibt sie: *»Weinberg 29. Mai 1868. [...] Es ist ein freundlicher Ort, das ganze Land Grün und belebt, unglaublich dicht bewohnt, von da herab sieht man zahllose Ortschaften; das Haus in dem wir wohnen, etwa fünf Minuten von dem der Königin entfernt, ist so von blühenden Akazien umgeben, daß man ganz tamisch davon wird, der nächste Ort ist Loschwitz, wo der ›Don Carlos‹ entstand und dann kommt Blasewitz, von wo die ›Gustel von Blasewitz‹ her ist; klassischer Boden! [...] Hier werden alle Malzeiten in Freien genommen und Nachmittag hübsche Promenaden gemacht; wir bleiben 14 Tage. Ich habe ja Louis, glaub ich, gesagt, dß der Ehzgn so leid ist deine Tante P. in Ostreich zu wissen u. sie nicht zu sehn! Sie meinte sie müsste über Wien nach Carlsbad, und hätte sie ungern versäumt.«*

»Weinberg-Villa 4 Juni 1868. [...] Dienstag früh sollten wir nach Schönbrunn kommen, drauf freue ich mich doch, trotz aller sächsischen Höflichkeit, trotz all den blühenden Rosen um mich herum; das Land ist jetzt eigentlich ein Rosengarten. Uexküll geht zur Diplomatie, d. h. in militärischer Eigenschaft, wird wohl nach Berlin geschickt, und erwartete schon, ehe wir weggingen, den Befehl. es war sein Wunsch, weil er sich dort in sei-

nem Fache am besten fortbilden kann. Die Chance ihn zu ver-
säumen ist viel größer, als die, ihn noch einmal zu sehn, wenn er
noch da sein sollte.«

»*Schönbrunn 10 Juni 1868. Gestern früh sind wir hier einge-*
rückt, und nun die Dienstverhältniße wieder geregelt sind, werde
ich nächstens bei dir erscheinen. Der Aufenthalt am Weinberge
war eigentlich recht angenehm, so still und friedlich; schließlich
fühlt' ich mich ganz heimisch im Sachsentum, und hätte zu and-
rer Zeit die Fahrt recht genossen. Zuletzt noch besuchten wir die
sächsische Schweitz, die wohl nicht im mindesten großartig, aber
doch mit ihrem wirren Felsengebäuden einen eigenthümlichen
fesselnden Eindruck macht; von ›der Bastei‹ herab hat man eine
unendlich freundliche Aussicht in die Ferne. Mit einem zweistün-
digen Aufenthalt in Teplitz, gelangten wir wieder nach Haus.«

Im Jahr 1889, interessanterweise knapp nach dem tragischen Tod
Kronprinz Rudolfs, durfte Therese einmal eine reine Vergnü-
gungsreise mit ihrer Schwester und den Kindern unternehmen,
die sie nach Italien führte:

»*Bologna 11 April 89. Liebe Louise! Ich will dir nur schnell mel-*
den daß wir glücklich Bologna erreichten u. hier das herrlichste
Wetter fanden nachdem man die letzten zwei Tage in Rom kei-
nen Hund hinaus gejagt hätte und nur als Touristin das letzte
Nothwendige noch anzusehn die Integridität haben konnte. In
Rom sahn wir wirklich alles und konnten es befriedigt verlassen.
Gottlob blieben die Kinder wohl. Maritschl sieht gar nicht müd
aus, ißt mit sehr gutem Apetit und sagt ihr Kopf sei gut. Wir
sind viel gefahren, aber ausserdem hat sie sich doch nicht ge-
schont, sah alles an wir waren doch den ganzen Tag unterwegs
und hatten auch die Abende nicht oder hatten zum Ausruhen
wie es auf frühern Reisen der Fall war. [...] Hier fanden wir un-
sere römischen Hausgenossen von Sachsen und vom Rhein; die
Jugend ist so anständig und wohlerzogen heiter, dß. Sie für die
Kinder eine sehr passende Gesellschaft sind, besser als manche

wiener ›Freundinnen‹. Der Zug nach Ravenna geht jetzt um 6 Uhr früh weg und der Aufenthalt dort ist 6 Stunden, da hatten wir's vor 5 Jahren viel bequemer.«[104]

Sehr aufschlussreich sind neben den Schilderungen der Reisen die in Thereses Briefen eingefügten Spitzen gegen Kaiserin Elisabeth. Man liest nichts von Mitleid mit der trauernden Kaiserin, die eben ihren einzigen Sohn verloren hatte, stattdessen nutzte Therese den Rückzug Elisabeths, um ihre privaten Pläne umzusetzen. Wenn sie die Kaiserin überhaupt erwähnt, so lakonisch oder mit einem Schuss Häme. Eine Generation zuvor noch waren die Berichte der Hofdamen voll Ehrfurcht und Respekt vor den Majestäten, vieles wurde gar beschönigt, wie man etwa bei Baronin Scharnhorst nachlesen kann, als sie den Tod Kaiser Franz', der einfach einem Schlaganfall erlegen war, als Heldentod beschreibt. Ganz anders liest es sich bei Therese Fürstenberg oder auch Marie Festetics, die Elisabeth und der gesamten Familie recht kritisch gegenüberstehen. Bei Therese Fürstenberg merkt man, dass ihre Sympathie immer noch Erzherzogin Sophie gehörte, auch als sie Kaiserin Elisabeth diente:

> *»Wien, 8.12.1865. […] Wann nun die Kaiserin im Fasching nach Ungarn geht, was noch gar nicht bestimmt ist und eigentlich vom Gang der Ereignisse abhängt, lenkt T. Gab.* (Anm. Tante Gabrielle, die Hofdame) *Bloß sich und ihren schönen Leib hat sie zu transportiren, um den Glanz des Hofes zu vermehren.«*[105]

> *»Schönbrunn, 10. Juni 1868. […] Ich bin eigentlich entsetzt über die Art, wie man's mit einem so feigen und verächtlichen Gegenstand wie Plonplon treibt; er wird fetiert* (gefeiert, Anm.) *und vom Publikum angestaunt, als wenn wirklich etwas an ihm wäre; ich sah ihn noch nicht, ebensowenig das hohe Schwesternpaare, das uns Ungarn wieder geliehen hat.«*[106]

Therese spielt in diesem Brief – neben der Spitze gegen die ständig abwesende Kaiserin und ihre Schwester Gräfin Trani – auf den

Cousin Napoleon Bonapartes an, der mit der italienischen Prinzessin Klothilde verheiratet war und den Spitznamen »Plonplon« erhielt. Er galt in Österreich als Sinnbild des feigen und ehrgeizigen Parvenüs, als Franzose war er doppelt unbeliebt.

»Ischl, (ohne Datum, Anm.). [...] *Wir mü[ssen] nun täglich große ›Marschallspromenaden‹ machen, indeß die Kaiserin mit der Erzherzogin mehrmal des Tages ganz kleine macht; also da siehst du wie lang und wie schnell Feuer nicht ermüdet.*«[107]

»Schönbrunn 19. Juni o. J. [...] *ich bleibe hier; für so lang weit weg von allen was ich gerne hab und was um mich steht.* Von Sommerfrische ist keine Rede wie von Ischl, denn die Meine (Erzherzogin Sophie, Anm.) *hat vor, ihren ›Ami‹* (Franz Joseph, Anm.) *zu bewegen länger hier zu bleiben, wenn Sie* (die Kaiserin, Anm.) *sich nicht herablasst zu kommen, damit es dem armen Kaiser nicht ergeht wie mir. Ihre Berge aufzugeben ist ihr das größtmögliche Opfer, on voit qu'elle est mère, pauvre femme et comme cette, tousjour* (sic!) *prête pour les sacrifices!*« (Man sieht, was das für eine Mutter ist, eine arme Frau, immer bereit, jedes Opfer zu bringen!, Anm.)[108]

»Ischl 30 Juni 79. [...] *Wir fuhren wieder im ›Schritt‹ her von 7 Uhr Abend bis 8 Uhr früh; den Kaiser freute das gar nicht, er will nie mehr mit der ›Karavane‹ reisen; die M. M.* (Majestäten König und Königin, Anm.) *von Neapel sind hier, sie halb blind, sieht überall rothe Flecken; der Kronprinz* (Rudolf, Anm.) *war 5 Tage hier sehr zufrieden mit der Reise durch Spanien, wo ihm indeß die Geier, Adler und Landbewohner viel besser gefielen, als die andern Geschöpfe und Verhältnisse, die er dort kennen lernte, Unmassen von Wanzen mit einbegriffen. Mit der Trauer dort ist's nicht so arg; eine lebende Herzogin steht der Wiederwahl viel mehr im Wege als die todte Königin. Bitte schreibe das nicht umher. Baldine hatte während der Anwesenheit des Kronprinzen die Welden* (seine ehemalige Aja, Anm.) *eingeladen, beide zitterten vor einem Ansagebrief von Marie Paar, der indeß nicht kam.*«[109]

Die Landgräfin spielt in ihrer Bemerkung über Spanien auf die dortige politische Situation an: Königin Maria Christina, vierte Frau König Ferdinands von Spanien, war im August 1878 gestorben, jedoch im Land nicht sehr beliebt gewesen. Sie hatte nämlich ihrer Tochter Isabella die Thronfolge gesichert und den in den Augen der Bevölkerung legitimen Thronerben Carlos entmachtet, indem sie Druck auf den König ausübte, die männliche Thronfolgeregelung aufzuheben.

REISEN ALS FLUCHT VOR DEM HOF

Unter den habsburgischen Frauen am häufigsten reiste mit Abstand Kaiserin Elisabeth. Wie Therese Fürstenberg andeutet, wurden diese Reisen nicht aus Vergnügen unternommen, sondern waren eine Flucht vor dem verhassten Wiener Hof. Ihre Lieblingsfluchtorte waren ihr ungarisches Schloss Gödöllő sowie ihr »Achilleion« auf Korfu.

»Ischl 29. Juli 1868. [...] Die Kaiserin und das Kind (die jüngste Tochter Marie Valerie, Anm.) *gehn nächstens eine Villa am Starhemberger See beziehn* (sic; gemeint ist der Starnberger See in Bayern, Anm.), *sie wollen dort durch 4 Wochen ungestört ihr Glück geniessen, fern von allem was dabei hinderlich sein könnte. Das ist eine tolle Wirtschaft die in Wien ihr Wesen ungehindert treibt. Es schauert einem ob der entsetzlichen Gefälligkeit. Es ist, wie die Geschichte lehrt, nie die feste, ordnunghaltende, selbst rücksichtlose Hand, die zu Falle kommt; wo alles zu erreichen, ist auch alles zu versuchen. Ich lese Kaiser Max's Reisen, und bedaure immer mehr, daß ich ihn nicht kannte. Es ist ein Schandwetter, daß stört mir etwas die Freude.«*[110]

In diesem Brief klingt auf den ersten Blick Verständnis mit, dass die Kaiserin von Wien floh, auf den zweiten Blick jedoch vor allem Kritik, dass sie ein Chaos hinterlässt und nicht ordnend eingreift. Im vorletzten Satz erwähnt Therese Kaiser Maximilian, der ein mehrbändiges Werk über seine Reiseerlebnisse verfasste. Er wurde im Jahr zuvor in Mexiko hingerichtet, worauf noch näher eingegangen wird.

»Ischl 30t Sept 1873. [...] *Ich gehe jetzt oft ins Theater, um meinen Herrn* (den Kaiser, Anm.) *zu erfreuen; er schaut durch die Vorhangspalte, ob man lacht u. sich unterhalt und rekommandirt mir täglich die verschiedensten Stücke. In den nächsten Tagen wird Ischl sehr leer werden.* [...] *Die Kaiserin hatte ein leichtes Nervenfieber und geht sich jetzt in Gödöllö auskurieren!! derweil ihre Kinder in Schönbrunn sind.«*[111]

»Ischl, 17. Aug. 1878 (einen Tag vor Kaisers Geburtstag, Anm.). [...] *Meine Kaiserin soll morgen kommen. Mein Plan ist folgender: sie kann die Karwoche nicht mitmachen, geht daher für diese, und wohl auch für die Osterwoche nach Gödöllö, da möchte ich dann gleich nach Salzburg, damit Du hier die Exercizien* [...] *mitmachen kannst, was dir wohl recht sein wird.«*[112]

Aus diesen BriefenGhereses geht deutlich hervor, dass die Kaiserin sich vor allem auf der Flucht vor ihrer Familie – insbesondere ihrer Schwiegermutter – und dem Hof befand. Ihre Reisen waren zu dieser Zeit keine wohlgeplanten Exkursionen, sondern spontane, aus der jeweiligen Laune und dem aktuellen Zustand entsprungene und chaotische Aktionen. Jeder Vorwand war ihr recht, um zu entkommen.

Reisen war für die Kaiserin auch eine Medizin gegen ihre Melancholie. So suchte sie gerne die Sonne des Südens und hielt sich die meiste Zeit des Tages im Freien auf. Besonders liebte sie es auch, die Naturgewalten ganz unmittelbar zu spüren, wenn sie sich etwa bei Unwettern während einer Schiffsreise an Deck aufhielt und sogar festbinden ließ, um nicht ins Wasser zu fallen. Ihre letzte Reisegefährtin, die sie bis zu ihrer Ermordung ständig begleitete, war die junge Irma Sztáray. Glücklicherweise sind deren Berichte von diesen Reisen erhalten und sehr detailliert und lebendig.[113]

Die Erzählungen setzen mit dem Jahr 1894 ein, als Gräfin Irma Sztáray gemeinsam mit der Kaiserin zu ihrer ersten großen Reise –

nach Algerien – aufbrach. Vom ersten Augenblick an war sie Elisabeth gleichsam verfallen, sie bewunderte sie grenzenlos und nahm alle Strapazen gerne auf sich:

»Unsere Abreise fiel auf den ersten Tag des Dezembers. Die Burg verlassend, fuhr ich, von den guten Wünschen meiner Kolleginnen und Bekannten begleitet, zum Bahnhofe, wo einige Minuten später auch Ihre Majestäten eintrafen. Der Kaiser verabschiedete sich mit Wärme und Herzlichkeit von der hohen Frau und reichte mir dann mit einigen gütigen Worten die Hand, worauf wir abreisten. Mir war's, als ob mit dem Sonderzuge das Rad des Schicksals mich dahintrüge und von diesem Augenblicke ab mein Geschick mit der Kaiserin für immer unzertrennlich verbunden wäre.

Ich erwachte an einem herrlichen Morgen. Himmel und Erde strahlten, selbst der Karst glitzerte und glänzte mit beschneitem Haupte herab auf die sommerlich lächelnde Gegend. Ein voller Strahl dieses Leuchtens fiel auf das Tuskulum des verewigten Kaisers Maximilian, das schöne Mirarmare, wo wir jetzt anlangten. Noch blühten in voller Pracht die Rosen. Wie schön wäre es, hier länger zu verweilen, wo die poesievolle Umgebung dem Wesen der Kaiserin so sehr entspricht! Leider blieben wir nur wenige Stunden; denn dort in der kleinen Bucht unter dem Schlosse wiegte sich schon die weiße Jacht, die ›Miramare‹. Sie harrt unser, uns hinauszutragen in die azurne Unendlichkeit.

Der Augenblick der Einschiffung war gekommen. Zwischen dem Spalier der Offiziere bestiegen wir das Verdeck. Kommandant Wachtel stellt die Herren der hohen Frau vor, die für jeden einzelnen ein freundliches Wort hat, und erbittet dann die Erlaubnis, das Zeichen der Abfahrt geben zu dürfen. Die Kaiserin gab die Erlaubnis und begab sich sofort auf das für sie reservierte Promenadedeck, von wo sie die Abfahrt mitansah. Von dieser ungefähr fünfzig Schritte langen Brücke betrachtete die Kaiserin das friedliche Spiel und die tosenden Kämpfe der Elemente; hier pflegte sie sich auch vorlesen zu lassen, wenn sie im

Auf- und Niedergehen ermüdete oder ihrer immer regen Phantasie eine andere Richtung zu geben wünschte. *Wie ich sie jetzt dort oben auf- und niederschweben sah, vermochte ich nicht das Auge von ihr zu wenden.*

Ihrer schlanken Gestalt schienen Fittiche zu wachsen und ihr leuchtender Blick verriet, daß ihre Seele hier an der Schwelle der Unendlichkeit fessellos sich erhob, hinaus in das Unermeßliche, in das Geheimnisvolle.

Jetzt wurden die Anker gelichtet. Als ob diese Kette in meinem Herzen erklirrt wäre und mich hinweggerissen hätte aus einem sicheren ruhigen Hafen. Der schwimmende Palast verläßt leicht schaukelnd und majestätisch die Bucht, während Wasservögel in auffallend großer Zahl ruhelos das Schiff umkreisen. Dieses geräuschvolle Flattern der Möwen und der sich soeben erhebende Wind, der noch keine Wellen wirft, aber doch schon das Meer erzittern macht, wecken meine schlimmsten Ahnungen. Was da wohl kommen mag? Nur zu bald kam ein Sturm heran. Der Himmel weiß, woher urplötzlich die vielen Wanderwolken kamen und woher mit so wilder Kraft die Bora heranbrauste; ich sah nur, daß es brauste, stürmte und wogte, und nach kaum einer Stunde hatte unsere Jacht gegen den wütendsten Seesturm anzukämpfen.

Ihre Majestät mochte wohl fühlen, welch schwere Augenblicke ich jetzt durchlebte. Ich riß mich von meiner Vergangenheit los, fort von meinem ruhig dahinfließenden Leben, und vor mir lag die Ungewißheit, und das Meer, das große unbekannte, ist mir nicht freundlich gesinnt. Die Kaiserin sah in meine Seele. Sie rief mich zu sich. An ihrer Seite, auf dem Verdeck auf- und abwandelnd, lauschte ich mit Ergriffenheit ihren Worten. Ich fühlte, daß sie mein Gemüt erhellen wollte. Ihre Stimme war einschmeichelnd milde, ihr Wort ermutigend und liebkosend. Sie blickte mich mit gütigen Augen an, wie man es mit einem scheuen Kinde tut, wenn man mit einigen lieben Worten aus seiner Seele Kummer und Angst bannen will. Nur große, gütige Seelen verstehen es wie sie, befreiend auf das Gemüt einzuwir-

ken. Und dies genügte ihr nicht; sie erhob meine Seele, um sie an den Ausbrüchen der Natur bewundernd teilnehmen zu lassen.

Zum Lobe des herrlichen Anblickes fand sie die köstlichsten Worte, sie sprach als geweihte Priesterin der Natur, die mit durchgeistigtem Antlitz in Sturm und Gefahr ihrer Meisterin seelenbewegendes Evangelium verkündet. ›Wenden Sie sich nur ihr zu, erkennen Sie die erhabene große Vermittlerin! Sie allein spricht mir würdig von Gott. Sie allein ist meine einzige Fürsprecherin bei ihm!‹ Und der Sturm tobte fort, gleichsam als eine erhabene würdige Begleitung dieser herrlichen Offenbarung. Die ›Miramare‹ hielt sich tapfer, obschon die Situation gefahrdrohend schien, wie dies in den besorgten Mienen des wackeren Kommandanten Wachtel deutlich zu lesen war. Und hier hatte ich wieder Gelegenheit, einen Blick in die Seele der Kaiserin zu tun. Man sah, wie sie im Sturme gleichsam auflebte, daß ihr Auge bewundernd an dem wechselvollen Farbenspiele hing, das sich ihr ringsum bot, allein in Kenntnis der Verantwortlichkeit, die den Kommandanten belastete, beraubte sie sich dieses seltenen Naturschauspieles und gestattete, daß wir umkehrten und uns in den Hafen von Pola flüchteten. Hier warteten wir zwei Tage.

Der Sturm aber tobte immer stärker. Die hohe Frau wurde des Wartens müde und so kam es, daß unsere so poetisch begonnene Seereise in Form einer alltäglichen Eisenbahnfahrt von Pola nach Marseille endete, die mit dem Expreßzuge fast drei Tage währte. Die Kaiserin liebte Eisenbahnfahrten überhaupt nicht, weil sie der Bewegung und der reinen frischen Luft entbehren mußte. Sie schritt im Gange des Schlafwagens auf und nieder und blickte, unbekümmert um die Reisenden, durch die Fenster auf die vorüberziehenden, abwechslungsreichen Bilder. Oberitalien mit Venedig und dem alten Campanile, Romeos und Julias Geburtsstadt, der herrliche Gardasee mit dem Hintergrunde der Alpen, dann Mailand mit seinen schlanken Türmen erschienen und entschwanden im Nebelschleier des Herbsttages.

Ab und zu kam Ihre Majestät in mein Coupé und erkundigte sich mit Interesse, ob mich die lange Reise nicht ermüde. Sie selbst ermüdeten derlei Reisen nicht, doch machten sie sie zuweilen ungeduldig; dann ließ sie sich von ihrem griechischen Vorleser einiges vorlesen.

In Marseille kamen wir um 6 Uhr früh an. Am Abend vorher ließ mir Ihre Majestät sagen, ich sollte bereit sein, da wir in der Stadt einen größeren Spaziergang machen würden. Bei dieser Gelegenheit prüfte sie mich zum ersten Male auf meine touristische Befähigung. Wir gingen mit einem Führer nach Notre Dame de la Garde, der Wallfahrtskirche der Seeleute. Auf einem hohen Berge steht sie da, wie ein Pharos die schneebedeckten Berge und die Stadt beherrschend, weit hinausblickend ins Meer, ermutigend und jenen den Weg weisend, die mit den Wellen kämpfen. Unser Führer machte uns auf den bereitstehenden Lift aufmerksam, allein wir erstiegen die Höhe zu Fuß. Als wir die Kirche betraten, ließ Ihre Majestät durch mich zwei große Kerzen kaufen, zündete sie an und stellte sie wortlos vor das Bild der Mutter Gottes hin: für den Kaiser und für Valerie. Wir traten dann hinaus auf den Platz vor der Kirche, von wo sich uns ein herrlicher Ausblick darbot. Die Kaiserin blickte nur flüchtig auf die Stadt; der Hafen und das Meer nahmen ihre Aufmerksamkeit gefangen. Sie wandte sich zu mir und wies mit der Hand auf das tief unter uns gelegene Schloß If: ›Sehen Sie, dieses inspirierte Dumas zu seinem Monte Christo.‹

Abwärtssteigend erfragte Ihre Majestät von unserem Führer ein Restaurant, wo wir frühstücken könnten. Der gute Mann nannte nach einigem Zögern ein solches, das hieß ›zum blutigen Beefsteak‹ und empfahl es uns wärmstens. Er hielt uns natürlich für Engländer. Hieraus entwickelte sich dann eine spaßige Szene. Wir treten in das Restaurant. Ich blicke um mich und sehe mit Besorgnis, daß man hier vornehme Damenbesuche nicht gewöhnt ist und die Anwesenden uns staunend anblicken. Es war eine echte Matrosenkneipe. Dessenungeachtet frühstückten wir sehr gut, die Sache amüsierte Ihre Majestät und so vergaß ich meine Besorgnisse. Auch später lachten wir noch viel über diesen Fall, und ich muß gestehen, daß unsere Mitgäste, vielleicht infolge der Überraschung, oder wegen einer gewissen Empfindung, sich recht anständig betragen haben. Nach diesem intimen Frühstück blieb uns nur mehr Zeit, an Bord zu gelangen, damit sagten wir Europa Lebewohl! Auf gute Landung in Afrika.

Der ›General Chanzy‹ war ein großes und schönes Schiff, das bis Algier nicht mehr als 26 Stunden brauchte. Wir standen mit der hohen Frau auf dem Verdeck. Langsam entschwindet die Stadt unseren Augen, das Ufer zeigt sich nur mehr als ein langer schwarzer Streifen; doch von dem Turme der Notre Dame de la Garde sehen wir noch deutlich die weithin leuchtende Marienstatue mit der Krone auf dem Haupte und dem Jesuskind im Arme. Der Golfe du Lyon verdient mit Recht seinen Ruf der Gefährlichkeit und Unverläßlichkeit. Das Meer, zuvor noch spiegelglatt, ließ nach kaum einer Stunde unser Schiff schon ganz gehörig tanzen. Ich hielt mich möglichst lange tapfer, das Schäumen und das wechselnde Farbenspiel der Wogen betrachtend, bis ich selbst die Farbe wechselte und an den schleunigen Rückzug denken mußte. Ihre Majestät bemitleidete mich mit gütigem Lächeln, namentlich weil ich mein Auge an den wilden Szenen des Sturmes nicht mehr weiden konnte. Sie widerstand wunderbar der Wellenbewegung und Seekrankheit war ihr unbekannt. Es kam vor, daß sie sich anbinden ließ, um nicht hinweggespült zu werden und so unbehindert die Großartigkeit des Wellenkampfes bewundern zu können.

Afrika empfing uns nicht mit sonderlicher Gastfreundschaft. Das Ufer verbarg sich im Nebel, das nahe Gebirge in den Wolken, bloß der vom Bergeshange her weißleuchtende arabische Stadtteil Algiers bietet dem Auge einen Ruhepunkt. Unsere Wohnung war in dem auf Mustapha supérieur gelegenen Hotel Splendid bestellt, wohin wir uns jetzt zu Wagen, auf einer schön geführten, aber stellenweise etwas steilen Serpentine begaben.

Gelegentlich dieser etwa halbstündigen Wagenfahrt gewahrte ich mit Überraschung, daß unsere Kaiserin, die bekannt kühne Reiterin, im Wagen sitzend, nervöse Ängstlichkeit verriet. Es gab einen Augenblick, da hing es nur an einem Haare, daß sie nicht aus dem Wagen sprang, aus quälender Angst, die Pferde könnten den Dienst versagen und der Wagen die abschüssige Bahn zurückrollen.

In solchen Momenten mußte ihre Begleiterin um so mehr Kaltblütigkeit bewahren. Die Nerven haben ebenso ihre Idiosynkrasien. Es gibt Nerven, die dem Sturme der Elemente trotzen, die aber ein unangenehmer Ton, ein aufdringlicher Duft oder das momentane Gefühl der Unsicherheit sofort aus dem Gleichgewichte bringen. So war auch das Nervensystem unserer Kaiserin beschaffen, das gleichsam ihrem Wesen zu entsprechen schien. Starken Eindrücken widerstand es, einzelnen geringfügigen Angriffen gegenüber aber zeigte es große Empfindlichkeit und Schwäche. [...] Nachdem unsere Einkäufe besorgt waren, nahmen wir Eis. Diese Erfrischung liebte die Kaiserin ganz besonders, sie war überhaupt in der Wahl ihrer Nahrung eher exzentrisch. Milch genoß sie am ständigsten. Es gab Tage, an denen sie ausschließlich von Milch lebte, an anderen Tagen wieder aß sie nur Orangen. Gebratenes Fleisch nahm sie zumeist kalt, den Süßigkeiten sprach sie nur wenig zu, weil sie das Stärkerwerden fürchtete. Diese launenhafte Ernährungsweise hatte aber nichts mit ihrer Gesundheit zu tun, denn es kam nicht selten vor, daß sie, wenn es ihr paßte, ein ganzes Diner mit gutem Appetit verspeiste. Ihr Frühstück, zu dem in der Regel Tee oder Milch, Butter, Eier und kaltes Fleisch serviert wurden, nahm sie gegen 9 Uhr; ihr Diner, um 5 oder ½ 6 Uhr, bestand aus Braten, Gemüse und dem unvermeidlichen Eis. Sie nahm die Mahlzeiten stets allein und von dieser Regel wich sie nur im Familienkreise der Erzherzogin Marie Valérie ab.«[114]

Nach der Rückkehr von Afrika unternahm Irma Sztáray noch etliche andere Reisen mit der Kaiserin, so etwa nach Korfu und nach Südtirol. Von dort aus trat sie im Jahr 1897 einen Heimurlaub bei ihrer Familie an, die Kaiserin erschien ihr zu diesem Zeitpunkt erholt und guter Dinge. Doch es blieb nicht dabei:

»Völlig unerwartet und um so schmerzlicher überraschte es mich daher, als ich, von meinem Urlaube einrückend, nach Wien kam und mich bei der Kaiserin zum Dienstantritt meldete. Wie konnte sie innerhalb fünf Wochen so herabgekommen sein? Ihr gutes Aussehen war dahin, ich fand sie müde und verstimmt. Daß angegriffene Nerven auf die nun eingetretene feuchte Herbstluft empfindlich reagieren, habe ich schon an mir selbst erfahren, doch ihr jetziges Aussehen war ganz der Art, als ob irgendeine Krankheit sich in ihr vorbereitete. Dafür sprach auch ihre nervöse Unruhe. Unter Besorgnissen traf ich meine Anstalten für die Winterreise.

Am 25. November fuhren wir mit dem Orient-Expreß nach Biarritz. Bis Amstetten begleiteten uns Erzherzogin Valerie und ihr Gemahl, Erzherzog Franz Salvator. In München verabschiedete sich Erzherzogin Gisela von ihrer Mutter, in Paris erwartete uns Gräfin Trani auf dem Bahnhofe, wo wir zwei Stunden auf den Anschluß warten mußten. In der letzten halben Stunde erschien Präsident Faure mit Gefolge, um der Kaiserin seine Aufwartung zu machen. Spät am Abend kamen wir in Biarritz an. Ich schlief die ganze Nacht nicht. Das ewige Brausen der Wogen störte mich und ich dachte, es gäbe Sturm auf dem Ozean. Um so größer war meine Überraschung, als ich am nächsten Morgen hinausblickte und die See still und glatt fand. [...]

Die Kaiserin erwartete, daß die stählerne Seeluft sie aufs neue kräftigen werde, wenn sie ihre erschlaffenden Nerven dem Winde, der Kälte und dem feuchten Salzhauch aussetzte. Ich aber sah und fühlte, daß gerade das Gegenteil notwendig wäre und betete zum Himmel um ein bißchen Sonnenschein und Wärme. Denn mit dem Wetter hatten wir kein Glück. Ein kalter

Regen rieselte unablässig herab und das Thermometer sank häufig recht tief unter Null. Wir fröstelten und froren; sie litt, und ich war voll Sorge um sie. – Nein, dieser Ort war nichts für die Kaiserin! – Sie war schlaflos und nervös, fühlte schmerzhaftes, gichtisches Gliederreißen, wollte aber trotzdem nichts von Ärzten wissen. Ich flehte sie umsonst an, nicht immer am Meeresufer zu promenieren, sie spazierte stundenlang und zuweilen im größten Sturme an dem Rocher de la Vierge, von wo sie gar oft ganz durchnäßt heimkehrte. Und doch, so schwer ich ihr auch mit meinen Besorgnissen beikommen konnte, sobald sie nur den geringsten Nutzen dessen sah, wovon ich sie überzeugen wollte, erkannte sie dies sofort an. So war dies unter anderem auch mit den Seebädern der Fall, von denen es mir nur mit Mühe gelang, sie abzubringen. Die Tage verstrichen wohl, aber lässig, während ich ihnen doch jetzt Flügel gewünscht hätte. Sie wurde immer leidender und ich konnte kaum mehr die sich täglich steigernde, quälende Unruhe ertragen. [...]

Ich dankte Gott, als wir endlich Biarritz verlassen sollten. Die Schmerzen beugten schließlich doch den Starrsinn der Kaiserin. Sie konsultierte sogar den Arzt. Er empfahl ein milderes Klima. Wäre jetzt nur schon die ›Miramare‹ da, dann brächte sie uns, dem Plane entsprechend, bald nach den Canarischen Inseln. Dieser Plan kam jedoch nicht zur Verwirklichung, weil sich die Kaiserin nunmehr, ihrer unerträglichen Schmerzen wegen, zu einer Massagekur entschloß. Am 18. Dezember reisen wir nach Paris. Im Hotel Deminici waren wir ausgezeichnet untergebracht, doch die Kaiserin litt auch weiter sehr. Von einem Arzte wollte sie auch hier nichts hören und berief den berühmten Masseur Metzger zu sich. Sie verbot, dem Kaiser oder ihrer Tochter über ihren Zustand zu berichten, und als ich entgegnete, daß dies eine Gewissenspflicht wäre, antwortete sie:

›Ich will es nicht! Wozu soll ich ihnen Leid bereiten? Es ist genug, wenn ich leide. – Einen großen Schmerz werden sie ja ohnehin noch erleiden müssen, wenn ich sterbe. – Nein!‹ fügte sie *bitter hinzu, ›eines will ich nicht: den Kaiser überleben. – Jeden Schicksalsschlag habe ich ertragen, doch dies will ich nicht, dies könnt' ich nicht ertragen! – Auch will ich nicht, daß sie bei meinem Tode anwesend seien; ich will allein sterben!‹*

In diesen qualvollen Tagen kehrte sie immer wieder auf dieses peinliche Thema zurück und ich bot vergebens alles auf, den Todesgedanken von ihr zu bannen. Wie ein flügellahmer, kranker Vogel quälte sie sich durch den Tag, kaum einer Bewegung fähig. Müde, gebrochen, tiefe Trauer in ihren Blicken, saß sie in ihrem Armstuhle und es war noch gut, daß sie, wenn ihre Schmerzen nachließen, ein wenig einschlummerte.

Ich war der Verzweiflung nahe und schon auf dem Punkte, gegen ihren Willen und ihr Verbot zu handeln. Nach dem in Angst und Bangen verlebten Heiligen Abend brachte der Weihnachtstag einige Erleichterung. Ihre Schmerzen wurden gelinder, sie atmete ein wenig auf und mit einem leidvollen Lächeln auf den Lippen begleitete sie mein Beginnen, ihr Zimmer in einen Blumengarten zu verwandeln, mit jenen Blumen, welche ihre Getreuen und Freunde als Zeichen der Huldigung ihr gesandt hatten.«[115]

Das unstete Umherreisen sollte Kaiserin Elisabeth bis zu ihrem Lebensende nicht mehr aufgeben. Auf ihrer letzten Reise wurde sie am 10. September 1898 in Genf von einem Anarchisten hinterrücks erstochen. Irma Sztáray war bis zum letzten Atemzug bei ihr. Ihr weiteres Leben verbrachte sie auf dem Landgut ihres Bruders in Ungarn im Gedenken an die von ihr so verehrte Herrin, der sie die aufregendsten Jahre ihres Lebens zu verdanken hatte. Sie starb – unverheiratet – hochbetagt im Jahre 1940.

REISEN ALS DIPLOMATIE

Für die Pflege seelischer Zerrüttung hatten die Nachfolger Franz Josephs und Elisabeths auf dem Thron, Kaiser Karl und Kaiserin Zita, keine Zeit. In den Wirren des Ersten Weltkriegs waren Reisen vor allem gleichbedeutend mit Inspektionen der Front und anderen unerfreulichen Terminen. Eine Reise jedoch stach hervor und blieb allen Beteiligten in unauslöschlich großartiger Erinnerung. Eine, die dabei war, war die Hofdame Zitas Agnes Schönborn.

Gräfin Schönborns Bericht vom wichtigen Staatsbesuch in Konstantinopel, Hauptstadt des mit Österreich verbündeten Osmanischen Reiches, vom 19. bis 21. Mai 1918, ist zum Glück erhalten. Er gibt einen Einblick in eine glanzvolle, längst untergegangene und exotische Welt. Der Anlass war hochpolitisch, die Türkei war ein Verbündeter gegen die Entente. Hauptziel der Reise war es, Unterstützung für die Friedensbemühungen zu erhalten. Nachdem im Oktober 1917 bereits der deutsche Kaiser Wilhelm am Bosporus gewesen war, der einen eher ungünstigen Eindruck hinterlassen hatte, sagte sich das österreichische Kaiserpaar an. Der Besuch wurde gut vorbereitet, man kam mit großem Gefolge – »Suite« genannt: die Generaladjutanten Fürst Lobkowitz und Baron Zeidler, die Fürstinnen Therese Schwarzenberg und Batthyány, Graf Hunyady und Außenminister Baron Burián – und die Hofdamen Gräfinnen Schönborn und Bellegarde. Der Staatsbesuch war nach den Berichten – auch der Kaiserin – einer der glanzvollsten und die Österreicher wurden jubelnd empfangen:

»Das schönste während dieser Zeit (1917–1918, Anm.) waren die Reisen. Meine erste ging nach Bozen, wo riesige Begeisterung unter dem Volk herrschte; eine Frontreise, bei der eigentlich ich dran war, erbettelte sich Erzsi (Gräfin Kállay, Hofdame, Anm.). [...] Die Krone der Reisen war Konstantinopel, wie es damals noch hieß. Wir fuhren in zwei Zügen, ich zufällig mit dem der Majestäten, leider – im andern war es nicht nur viel lustiger, sondern ein, von der Grenze an mit reisender Türke erklärte ihnen auch genau den Verlauf einer Schlacht, durch deren Ge-

biet sie reisten. In Konstantinopel wohnte wir alle im Merazim-Kiosk und aßen auch meistens dort. Mehrere Male waren die M.s (Majestäten, Anm.) beim Sultan eingeladen und Gabrielle Bellegarde, die diesmal schon statt Erzsi Hofdame war, und ich bekamen extra Einladungen. Leider schaute ich meine nicht genau an, glaubte, wir seien für den gleichen Tag eingeladen. Das war aber nicht der Fall und so versäumte ich ein diner, bei dem ich neben dem Scheich ül Islam, dem höchsten kirchlichen Würdenträger, gesessen wäre. S. M. sekkierte mich dann darüber: ›Wir waren Ihnen nicht gut genug!‹ Einmal war auch ein ganz großes diner für alle. Ich stand daneben, wie der Sultan Mohammed V. durch einen Dolmetscher mit den M.s redete und kam zur Überzeugung, dass er genau Deutsch verstand – er sagte auf türkisch die Antworten, ehe der Dolmetsch das Deutsche der M.s übersetzt hatte. Dann wollte er auf seinen Platz gehen, ging aber ins Innere des großen Hufeisens und musste umkehren, um außen an seinen Platz zu kommen. Ob er sich absichtlich dumm stellte? Er ist bald darauf eines natürlichen Todes gestorben, sein sympathischer älterer Nachfolger, Mohammed VI., wurde 1922 abgesetzt und starb in der Verbannung. Die Majestäten vertrauten nicht recht auf die türkische Kost, und ließen sich vor oder nach dem Essen durch den eigenen Koch ein Essen bereiten, wurden aber zu ihrer Bestürzung einmal bei dieser Mahlzeit überrascht.

Wir Suiten schauten uns Konstantinopel gründlich an, unsere türkischen Begleiter waren dabei eher zuvorkommend. Zu unserm Erstaunen kamen wir darauf, dass kein Türke das Wort ›Bazar‹ verstand, man sagt auf türkisch soviel ich mich erinnere ›suk‹. Wir schauten ihn natürlich an – kurz darauf brannte er grossenteils ab. Ich beging eine arge Taktlosigkeit, indem ich fragte, ob in einer, auf der anderen Seite des Bosporus liegenden, Festung der 1909 abgesetzte Sultan Abdul Hamid in Gefangenschaft lebe. Nach einer minimalen Pause wurde mir geantwortet, er sei schon lang tot. – Einmal war bei Prachtwetter eine Rund-

fahrt auf dem Bosporus, wir Suiten in einer Art Vaporetto, die M.s allein mit den Ruderern in einem prachtvollen Boot. Ein Türke fragte mich ängstlich, ob sie recht getan haben, sie dachten, dieses junge Ehepaar sei sicher lieber allein; faktisch war es den M.s bisl leid, niemanden bei der Hand zu haben, der ihnen die Gegend und die Gebäude erklärt. [...] Auch ›zuhause‹ hatten wir es ausgezeichnet mit einer immer wieder nachgefüllten Schale Seidenbonbons, Schachteln mit sehr guten Zigaretten, einem ganzen Set türkischer Marken. [...] Gabrielle und ich waren mit I. M. im Harem des Sultans – ich nehme an, dass unsre ad hoc Obersthofmeisterin, Therese Schwarzenberg, auch mit war – leider war nur sie bei der Inspizierung der Janitscharen! – Im Harem waren ca. 10 Damen, so viel ich mich erinnere, geführt von einer in einer europäischen Sprache redenden ›Obersthofmeisterin‹, die ein schönes weißes Schleppkleid an hatte – die Schleppe mit einer großen schwarzen Sicherheitsnadel aufgesteckt. Wir machten eine Weile Conversation, dann hieß es, wir müssen fort, S. M. sei vorgefahren, worauf alle Haremsdamen zum Fenster stürzten. Von einer von ihnen – der Tochter von Abdul Hamid – bekamen Gabrielle und ich je ein bodenlanges Kimono aus schwerem Silberstoff und zwei schön gestickte Blousen; ich schenkte ihr dafür einen Granatschmuck. – Der deutsche Kaiser, der eine Weile vor uns in Konstantinopel gewesen war, hatte alle Geschenke angenommen, ohne äquivalente Gegengeschenke zu geben – was scheints sehr übel vermerkt wurde. Darauf verbot der Obersthofmeister von S. M., Józsi Hunyady, dass wir Geschenke annehmen, für die wir uns nicht selbst revanchieren können, und ich sah sehr betrübt eine große Kiste mit Teppichen mit meinem Namen drauf!! – Als Orden bekamen wir Hofdamen den ›Tugendorden 2er Klasse‹ – nachdem unser Obersthofmeisteramt den 1er Klasse zurückgewiesen hatte, weil er uns noch nicht gebührt. Die kleinen Brillanten daraus habe ich mit Strass ersetzt und verkauft in den späteren schlechten Zeiten, ebenso wie leider den silbernen Kimono.

[...] *Bei der Rückfahrt von Konstantinopel wurde noch einmal in Bulgarien Halt gemacht und wir fuhren in mehreren Autos nach einem Sommerschloss Zar Ferdinands* (seine erste Frau war eine Stiefschwester von Kaiserin Zita, Anm.) *in dessen Park er eine Menagerie hielt. Beim Souper saß ich neben Boris* (dem Sohn und Thronfolger, Anm.), *vis-a-vis von Ferdinand und Boris rückte ein Blumenarragement besser vor uns, ›damit wir besser in Deckung sind‹.*

Schon vor der Konstantinopler Reise war Erzsi Kállay entlassen worden. Was der offizielle Anlass war, weiß ich nicht, es war auch anfänglich ein Geheimnis, Gabrielle, die sehr mit ihr befreundet war, war auch empört, dass ich es schon früher wusste. Ich wusste auch, dass Graf Ledochowsky, einer der Schwarzauer Herren, Bruder eines Flügeladjutanten von S. M., der, wie wir alle, Erzsi sehr gern hatte und sie hoch schätzte. Als die Entlassung allgemein bekannt wurde, fühlte ich mich – vielleicht falscher Weise – durch das Geheimnis nicht mehr gebunden, und erzählte ›unserm Ledo‹ von der Rolle seines Bruders. Ledo machte darüber seinem Bruder einen Krach und I. M. darüber mir, vor allen Parmas. Das hat mich aber nicht gehindert, zu dem meiner Ansicht nach Hauptintriganten bei der Sache, Pater Andlau, einem Jesuiten und damals sehr modernen Beichtvater, zu gehen und ihn zu fragen, wie er dazu komme, Erzsi hinauszubeissen. Er war bisl verlegen, behauptete, Erzsi sei so gar nicht religiös, was ich ihm glatt widerlegen konnte. Wir trennten uns ziemlich in Unfrieden.

Bald nach der Konstantinopler Reise wurde beschlossen, für eine Weile nach Gödöllö, dem königlichen Schloss in Ungarn, zu fahren. Der Chefredakteur der ›Furche‹, Dr. Funder, kam zu mir, um dagegen zu protestieren. ›In Kriegszeiten gehören die M.s nach Österreich!‹ Vergebens suchte ich ihm klar zu machen, dass die Ungarn genau so viel Recht auf ihren König haben, wie Österreich auf den Kaiser, er blieb stur und verbittert.«

Die weiteren abenteuerlichen – und unfreiwilligen – Reisen, die das Kaiserpaar noch machen würde und die Agnes Schönborn detailliert schildert, werden in Kapitel 8 ausführlich wiedergegeben.

6.

Skandale, intime Beziehungen und Heiraten

Die Briefe der Hofdamen und ihre privaten Aufzeichnungen enthalten natürlich auch etlichen Tratsch und viele Skandalgeschichten. Manche sind äußerst diskret, wie die Obersthofmeisterin Fürstenberg, andere berichten ihren Freundinnen und Verwandten brühwarm von Seitensprüngen, geheimen Liebschaften, unglücklichen Ehen, Verlobungen und Bankrotten. Dabei geht es nicht nur um die Habsburger, die im Vergleich zu anderen europäischen Fürstenhäusern mit relativ wenigen Skandalen aufwarten konnten, sondern auch um Mitglieder des Hofstaates oder befreundete Königshäuser. Eine besonders mitteilsame Hofdame in dieser Beziehung war Baronin Scharnhorst, die ihre Freundin Gräfin Sickingen in Ischl stets über den Wiener Hofklatsch auf dem Laufenden hielt. So etwa berichtete sie ihr aus nächster Nähe von Prinz Gustav, einem Verwandten ihrer Herrin, dessen Privatleben sehr delikat war. Er war mit Victoria von Baden verheiratet, eine Bindung, die zwar politisch sehr vorteilhaft war – damit wurden die früher regierende Linie Wasa und die Bernadottes zusammengeführt, der Weiterbestand war mit drei Kindern gesichert –, doch liebten sich die Eheleute offenbar nicht. Sie lebten sehr distanziert, Victoria meist in Italien, und der Prinz pflegte im Geheimen mehrere homosexuelle Beziehungen. Und auch die Schulden diverser Adelshäuser interessierten die Schreiberin sehr:

>*Wien, Januar 1846. [...] Prinz Gustav[116] hat uns verlassen, um seine traurigen Ehe-Angelegenheiten zu ordnen. Graf Degenfeld begleitet ihn. [...] Daß man bei Jugend, Schönheit und Reichtum*

dennoch seinem Schicksal nicht entgeht, beweist Marie Wolken-
stein. Sie heiratete den Mann, den sie liebte, geht jetzt aber einer
sorgenvollen Zukunft entgegen. Es hat sich eine Schuldenmasse
von 1 000 000 fl. C. M. auf den Gütern angehäuft, die er verwal-
tet. Franz Huniady (Hunyady, Anm.) hat 400 000 fl. dabei.[117] *Das*
hindert seine Frau aber nicht, sich prächtig zu amüsieren und
ihren achtzehnjährigen Sohn in die Welt zu führen. Die arme
Wolkenstein hat Wien verlassen müssen und ist aufs Land gezo-
gen. Ich weiß nicht, ob Dir Ostinis Betrug bekannt ist, den er mit
1 300 000 fl. an den Herzog von Lucca verübte. Die Sache wurde
dem Erzherzog Ferdinand ins Klare gebracht. Ostini, der alle Eh-
renchargen und das blindeste Zutrauen des Herzogs besaß, wurde
all seiner Ämter entsetzt und ist ganz inkognito mit seiner Familie
abgereist, nachdem Fürst Metternich ihn bitten ließ, seinen Salon
nicht mehr zu betreten. Das Haus des Erzherzog Carl ist auch
kontrolliert worden und eine Schuldenlast von 10 000 000 fl. auf-
gedeckt worden. Es leben die Beamten! Das sind charmante Leute!
Wenn ich Geld hätte, sie bekämen es nicht in die Krallen. Voilà
la chronique scandaleuse de notre bonne ville de Vienne. (Das ist
also die Skandalchronik aus unserem lieben Wien, Anm.)«[118]

DIE ENTLASSUNG DER COLLOREDOS

Lange vor Baronin Scharnhorsts Dienstzeit als Hofdame, im Jahr
1805, kam es zu einem Skandal, der den Hofstaat selbst betraf: Von
einem Tag auf den anderen wurde Franz Graf Colloredo, Außenminister von Kaiser Franz, seiner Ämter und Würden enthoben.
Er war in Ungnade gefallen, weil er in der Auseinandersetzung
mit Frankreich für ein Nachgeben eingetreten war. Gleichzeitig
wurde auch seine Frau, Viktoria Pauline, Aja der ältesten Tochter
von Kaiser Franz, Marie Louise, entlassen. Viktoria hatte eine bewegte Vergangenheit: Sie wurde 1766 als Gräfin Folliot de Crenneville geboren, enstammte also französischem Adel, heiratete 1786
einen Baron Poutet, der 1790 bereits verstarb, und danach, 1798,
Staatsminister Franz Graf Colloredo-Waldsee.[119]

Wie es zur Verbannung kam, berichtet Gräfin Lulu Thürheim in ihrem Tagebuch:

»*Der Minister Colloredo und seine Frau sind ganz in Ungnade gefallen und auf ihre Güter verbannt worden. Die Gräfin war Obersthofmeisterin bei der Erzherzogin Louise. Diese wurde nun ihrer Mutter zurückgegeben. Ich glaube, daß diese Veränderung für die junge Prinzessin nicht vorteilhaft war, denn die Erziehung durch die Gräfin war jedenfalls mehr wert, als diejenige, die ihr die Kaiserin geben konnte. In der Tat zeigte sich später der Einfluß der letzteren im Betragen Maria Louisens. Die Ursache der Ungnade Colloredos lag in der Wärme, mit der er dem Kaiser riet, die beschämenden Bedingungen zu einem vorläufigen Waffenstillstand, die Napoleon bot, sofort anzunehmen. Diese Vorschläge gipfelten in der Tat in dem unverschämten Verlangen Bonapartes, der Kaiser solle ihm ganz Tirol und Italien abtreten, das er damals noch gar nicht ganz im Besitze hatte.*«[120]

Die Kaiserin und Gräfin Colloredo waren eng befreundet gewesen, ihre ältesten Töchter gleich alt und Spielgefährtinnen. Doch es half alles nichts, die Colloredos wurden vom Hof entfernt. Offiziell nannte man es »Beurlaubung vom Hofdienst«, die Familie musste Wien jedoch verlassen und ging zunächst nach Budapest. Von dort schrieb die Tochter Victoire einen offenherzigen Brief an ihren Onkel:

»*Budapest, 18. November 1805. [...] Gleich nachdem wir Budapest erreicht haben, schreibe ich Dir, mein lieber Onkel. Wir sind hier gesund und wohlbehalten angekommen zu unserer großen Freude unter dem Dach unserer guten Mutter. Sie können sich vorstellen wie erfreut ich war sie wiederzusehen. Ich habe meiner Mama das Grauen des Vergangenen erzählt, es wie schrecklich es war, mein lieber Onkel, das fühlte auch sie, obwohl sie sich gut gehalten hat, aber wie schrecklich traurig sie sich fühlte kann ich nicht beschreiben. Wir haben hier schreckliche Zeiten durchgemacht, wir haben nicht gewusst wie uns geschieht, was wir gemacht haben, oder wie wir einen Sieg errungen hätten. Es ist Gottes Wille, aber ich weiß nicht, wozu es von Nutzen ist, weder zum Guten noch zum Schlechten, als man uns endlich diese lächerlichen Dinge mitteilte. Den Kindern geht es sehr gut, das ist die Hauptsache für die Beruhigung von Papa und Mama. [...] Die Kaiserin und Papa und Jean, sie alle versichern Sie Ihrer besonderen Freundschaft und meiner Hochachtung wie stets, Ihre Nichte Victoire.«*[121]

Graf Colloredo überlebte die Schmach der Verbannung nur um ein Jahr, er starb im Jahr 1806. Nach seinem Tode heiratete seine Frau 1816 noch einmal, und zwar Prinz Karl Eugen von Lothringen, Fürst von Lambesc. Damals sagte man spöttisch über sie, sie rechne offenbar damit, noch fünfte Gemahlin von Kaiser Franz zu werden. Sie war eine überaus kluge und gebildete Frau und pflanzte ihrem Zögling Marie Louise, ungeachtet ihrer eigenen Abstammung, eine tiefe Abneigung gegen Frankreich ein. Das besonders Pikante an diesem Skandal war rückblickend, dass Kaiser Franz wenige Jahre später Napoleon ausgerechnet diese seine Tochter zur Frau gab. Das war weit mehr als der Waffenstillstand, den Graf Colloredo angeraten hatte!

Dessen Witwe kam mit ihrem Unglück viel besser zurecht als ihr Mann. Sie heiratete zehn Jahre nach seinem Tod, wie erwähnt, Prinz Karl Eugen. Doch diese Eheschließung ging nicht ohne Komplikationen vonstatten. Die »Augsburger Allgemeine Zeitung« verlautbarte, dass der Kaiser zwar seine Erlaubnis erteilt habe, jedoch unter einer Bedingung: »*Da jedoch der Prinz von königlichem Hause als Prinz von Geblüt anerkannt ist, und gleich nach den Erzherzogen im Rang folgt, so hat sich dem Vernehmen nach der Hof vorbehalten, daß die künftige Prinzessin von Lothringen nie in dieser Eigenschaft bei Hof erscheinen noch sonst eines dieser Vorrechte genießen dürfe.*«[122] Das wäre für den Kaiser doch zu viel gewesen, dass die Person, die er einige Jahre zuvor mit Schimpf und Schande vom Hof verjagt hatte, nun als Prinzessin ganz oben an der Hoftafel thronen würde.

DER KÖNIG UND DIE TÄNZERIN

Einer der größten Skandale jener Zeit war die Beziehung König Ludwigs von Bayern zu Lola Montez. Der damals 61-jährige König hatte eine Reihe von Liebesverhältnissen, was zu dieser Zeit keineswegs unüblich und durchaus toleriert war. Diesmal jedoch verhielt sich die Sache anders und wurde politisch. Einerseits beobachtete das Volk diese Liebschaft argwöhnisch, weil es sich bei Lola Montez um eine Spanierin, also eine Ausländerin, handelte. Zusätzlich begann diese bald, sich in die Politik des Gastlandes einzumischen. Im tief katholischen Bayern agitierte sie gegen die Kirche, nannte das Ministerium Abel das »Kuttenministerium« und verbündete sich mit Protestanten und Liberalen. Statt diesen Aktionen Einhalt zu gebieten, ließ sich König Ludwig politisch von ihr beeinflussen und ersetzte Abel tatsächlich durch einen Liberalen. Das alles führte in München zu immer heftigeren Protesten der Bevölkerung. Zusätzlich machte sich der König lächerlich, indem er Lola glühende Liebesgedichte schrieb, die bald den Weg in die Öffentlichkeit fanden. Dieser Fehltritt und diese Hörigkeit wurden in Wien natürlich genau verfolgt, waren doch die Habsburger vielfach mit den Wittelsbachern versippt. Die regierende Kaiserin Maria Anna war die leibliche Schwester des bayrischen Königs. Und Erzherzogin Sophie, die selbst sehr viel Wert auf Moral und Frömmigkeit legte, war ja ebenfalls Wittelsbacherin.

Baronin Scharnhorst schrieb ihrer Freundin Gräfin Sickingen unverblümt ihre Meinung und sparte nicht mit deftigen Worten. Dies ist umso auffälliger, als sie sonst sehr ehrerbietig und respektvoll von Mitgliedern regierender Häuser berichtet:

»Wien, 29. Dezember 1846. [...] Was sagst Du denn von der Lola Montez des Königs von Bayern? Man soll in München empört sein. Der alte Narr konnte auch was besseres tun, als Verse auf eine Tänzerin zu machen, die in Petersburg und Berlin geprügelt worden ist.«[123]

»Wien, 29. Januar 1847. [...] Ich habe vier Gedichte des verirrten Greises, wie der König von Bayern im Münchner Publi-

*kum genannt wird, an Lola Montez gelesen. So brennend, daß es
ein Wunder ist, daß die Glut nicht das Papier versengte!! Es rap-
pelt dem Alten komplett! Und die Dame benutzt es zu ihrem Vorteil. Wie es enden wird, wissen die Götter! Das Münchner Publikum soll wütend sein, weil er jedes Maß überschreitet. Die arme
Königin ist recht zu bedauern. Die Kaiserin Maria Anna soll
ihrem Bruder einen sehr eindringlichen Brief geschrieben haben,
auf den er lauter Unsinn geantwortet hat. Die Familie ist natürlich sehr betrübt, das hindert aber einen Egoisten nicht, seiner
Leidenschaft zu folgen. Die erregte Phantasie eines Dichters ist
ein wildes Roß, das sich ohne Aufenthalt in den tiefsten Abgrund
stürzt und alles, was ihm entgegentritt, mit den Hufen zer-
malmt. Da ist weder Herz noch Seele. Die Leidenschaft allein
übt ihre Gewalt über den Verblendeten aus. Gott behüte jede
Frau vor dem Schmerz solcher Erfahrungen!«*[124]

Baronin Speth beschäftigt sich in ihren Briefen an Gräfin Sickingen ebenfalls mit dem Skandal in Bayern:
»*Würzburg, 19. Januar 1847. [...] Von der Lola Montez erzählt
man sich noch vieles, wahres und unwahres, comme toujours.
Der König hat sehr rührende Gedichte gemacht auf seine Liebe.
Man hat sie mir versprochen, ich werde sie Euch schicken. Sie
trägt zumeist einen blauen Samtmantel mit Hermelin und fährt
in sehr schöner Equipage. Die Gräfin Arco, geborene Zeil, fuhr
neulich in ähnlicher Equipage und Kleidung. Sie wurde vom
Volk mit Kot und Schnee begrüßt, worüber Arco untröstlich war.
Lola ist so verhaßt beim Volk, daß sie beständig jemanden von
der Polizei im Haus hat. In der Weihnachts- oder Neujahrsnacht
war der König bei ihr und spielte da in Gesellschaft der Tochter
vom Huvar – wo sie noch wohnt, bis ihr Palais fertig ist – und
mit mehreren anderen jungen Mädchen dieses Hauses kleine
Spiele. Der alte Narr steht ganz unter ihrem Pantoffel und hat
gar keinen eigenen Willen mehr. Louis erzählte mir im Vertrauen, qu'elle était parvenue à réveiller les feus de son adorateur,*

qui depuis venue plusieurs années ne voulurent plus se prêter à
ses désirs, et que ceci le rendait tout fou d'amour – obwohl es nicht
sollte damit benannt werden. Denn unter Liebe verstehe ich
etwas anderes als Sinnesrausch. Bist du nicht meiner Ansicht?«

Sinngemäß meint die Baronin, dass Lola es verstanden habe,
immer wieder das Feuer der Leidenschaft des Königs anzufachen,
ihm es aber in all den Jahren nicht gelungen sei, an das Ziel seiner
Wünsche zu gelangen, was wiederum seine Liebe entzündet habe.
  »Würzburg, 24. Februar 1847. Soeben kommt Edwin Zobel mit
der Nachricht, daß der Kronprinz (von Bayern, Anm.) tot ist
und sein Kammerdiener. Das ist eine schöne Geschichte! Man
sprach schon seit einiger Zeit, daß er durch einen italienischen
Grafen einen Dolchstich von dazu gedungenen Banditen erhal-
ten hätte. Doch hielt man es für eine Sage, der von München aus
widersprochen wurde. Tel le père tel le fis. (Wie der Vater, so der
Sohn, Anm.) *Der Papa kann den spanischen Dolch der Lola*
noch zu fühlen bekommen, wenigstens droht sie immer damit. Es
ist in München ein unbeschreiblicher Wirrwarr, der nun noch
mehr gesteigert wird. Du hast wohl die empörende Antwort des
greisen Narren gehört, die er den Geistlichen gab, als sie ihn
baten, er solle seine Geliebte aus dem Lande schicken. ›Bleibt bei
eurer Stola und laßt mir meine Lola‹, erwiderte er.«[125]
  »Würzburg, 8. März o. J. Ich schicke Dir die berühmte
Adresse der Minister an den König, die so sehr verboten ist. Man
sagt, sie wären der Verbreitung in Anklage gestellt. Was in der
›Allgemeinen Zeitung‹ steht, ist durchaus nicht der Wahrheit
gemäß. Das wird alles nach Befehl eingerückt. Ganz elende,
käufliche Menschen haben die Ministerstellen angenommen. Es
ist ein ganz abscheuliches Chaos. Denke Dir, als der König von
der Lola über die Straße zu Fuß nach dem Schloß zurückging,
lief alle Augenblicke ein anderes Individuum an ihn hin und
schrie ihm die abscheulichsten Schimpfworte ins Gesicht.
›Huren-König‹ soll noch von den zartesten gewesen sein. Da

spuckte er immer aus und rief: ›Pfui Teufel!‹ Denke Dir diese Erniedrigung! Er sagt nun, daß alles vom Adel und von der Geistlichkeit käme. Nun wird er Tyrann werden, aufgehetzt von dieser gräßlichen Person. Ich lasse die Briefe, die etwas enthalten, nicht mehr über München gehen.«[126]

Baronin Scharnhorst wiederum schrieb an Gräfin Sickingen:
»Wien, 21. März 1847. [...] Vor einigen Tagen war Erstenberg so gut, mir einen Brief Deiner Schwägerin (Baronin Speth, Anm.) *und die gewisse Minister-Adresse mitzuteilen, wahrscheinlich mit Eurer Erlaubnis. Beide Dokumente haben mich lebhaft interessiert, obgleich ich mich eines bedauerlichen Gefühls dabei nicht enthalten konnte. Daß die Schwäche des soidisant* (sogenannten, Anm.) *starken Geschlechtes selbst auf dem Thron so weit gehen kann! Die Aufregung des Publikums zeugt doch von einem regen sittlichen Gefühl. Sie wäre in dieser Beziehung nicht zu beklagen, wenn sie nicht in anderer Hinsicht Gelegenheit gäbe, andere Motive geltend zu machen, die leider einer gefährlichen Stimmung angehören und eher unterdrückt als geweckt werden sollten. Wie ist es möglich, daß ein König das verkennt? Hier laufen diese Geschichten aus einem Salon in den andern, man geniert sich wenig. Nur höheren Orts* (bei Hof, Anm.) *wird eine gemessene Diskretion beobachtet, was ganz natürlich ist.«*[127]

Baronin Speth schrieb:
»Würzburg, 15. März 1847. Ich öffne den Brief nochmals, um Euch Nachricht zu geben, daß es in München infolge der Studenten-Aufregung gegen die Lola auf dem Punkte war, eine gänzliche Umwälzung zu geben. Es sollte die Universität aufgehoben werden und die Studenten die Stadt verlassen. Da traten über 2000 Mann Bürger in ganz militärischer Ordnung zusammen. Die Straßen wurden verbarrikadiert, das Pflaster aufgerissen, um sich gegen das Militär zu verteidigen, welches freilich wohl aufgestellt war, aber nicht handeln zu wollen schien. Eine

Deputation der Bürger legte dem König die Bedingungen vor: Entfernung der Lola und aller ihrer Kreaturen, Herstellung der Universität, Ausweisung der Alemannen, der Lieblinge der Lola und noch mehreres dergleichen. Der König wollte lange nichts davon wissen, endlich auf einen Fußfall der Prinzeß Luitpold gab der König nach. Fürst Wallerstein trat auf den Balkon und erklärte es dem Volk, worauf die Königin hinaustrat und mit ungeheurem Jubel empfangen wurde.

Das Haus der Lola wurde ganz demoliert. 8 bis 10 Menschen sind geblieben, sagt man. Der König hatte das Haus der Lola mit Militär umstellen lassen. Sie schicke den Soldaten die besten Weine, die es aber wegstießen und laut riefen: ›Von einer Hure nehmen wir nichts an!‹ Darauf ließ Graf Possenheim Wein austeilen. Soweit reichen die Abendbriefe. Leider aber hat durch diese Sache das monarchische Prinzip einen argen Stoß erhalten. Nun kennt auch dieses Volk seine Kraft. Es ist traurig, daß die furchtbar blinde Leidenschaft des Königs es so weit gebracht hat. Was nun weiter geschieht, weiß man nicht. Die Kreatur hat es so weit gebracht, daß auch der Prinz und die Prinzessin vom König den Befehl zur Abreise erhalten hatten. Zum Glück waren sie noch da. Aber gräßlich ist man mit Lola umgegangen. Sie wollte nach einem Studenten schießen, da rissen sie sie in den Kot, schlugen ihr ins Gesicht, traten auf ihr herum. Als sie durch die Gemeinen wieder herausgezogen wurde, drückte man sie so an ein eisernes Gitter, daß man glaubte, sie würde zerquetscht. Es sollte gräßlich gewesen sein! [...] Hätte der König nicht nachgegeben, so hätte es noch furchtbare Auftritte gegeben.«[128]

Auch die eben erst zur Hofdame erkorene junge Therese Fürstenberg schien von dem Skandal fasziniert, der sie von ihrem schwierigen Start in ihrer neuen Position ablenkte:

»Carlsbad 8. April 1867. Ich weiß nicht was mich stets wieder zu Winseleien reizt nachdem ich doch wiederholte Vorsätze gefasst habe, solches zu meinem und anderer Menschen Besten zu

unterlassen; um denn ein Ende zu machen will ich dir erzählen, daß aus München die erstaunliche Nachricht kam, von des Königs plötzlich unternommenen Pilgerfahrt nach Jerusalem; zur Verzweiflung der Minister und aller vernünftigen Baiern, die der Meinung sind es gehörten Könige auf ihren Thronen, oder vielmehr an ihren Arbeitstischen; daß sie dort Gott wohlgefälliger sind, als am heiligen Grabe betend; da er nur <u>einen</u> Herrn mitnahm wird er wohl kaum an's Erobern denken. Ob er dem Regieren od. der Braut entgehn will, ist nicht constatirt, sicher ist nur, daß letztere erst am Tag vor der Abreise schriftlich davon in Kenntniß gesetzt wurde.«[129]

Die Krawalle weiteten sich immer mehr aus, einen Höhepunkt fanden sie im Februar 1848 in einem Studentenprotest, dem sich auch Bürger und Armee anzuschließen drohten. Daraufhin drohte Kriegsminister von der Mark, wenn der König Lola Montez, die inzwischen zur Marie Gräfin von Landsfeld geadelt worden war, *nicht* ausweise, werde er sich auf der Stelle erschießen. Endlich gab König Ludwig nach und verbannte Lola. Aber es war zu spät. Seine Position war zu geschwächt, als dass sie den revolutionären Forderungen des Jahres 1848 standzuhalten vermocht hätte. Im März bereits dankte er ab, ihm folgte sein Sohn Maximilian.

FRANZ JOSEPH UND KATHARINA SCHRATT

Die rätselhafte Beziehung Kaiser Franz Josephs zu Katharina Schratt füllt mittlerweile ganze Bände. Katharina Schratt war eine gefeierte Schauspielerin, die von ihrem Mann getrennt lebte, einen Sohn hatte und einen großzügigen Lebensstil und das Glücksspiel liebte. Diesen aufwendigen Lebensstil finanzierte vor allem der Kaiser, wie es damals für Mätressen üblich war. Diese Beziehung war jedoch ganz anders als jene etwa des Bayernkönigs zu seiner Lola. Die einen meinen, der Kaiser habe sich aus Frustration über die ständige Abwesenheit und Gefühlskälte seiner Frau eine Geliebte gesucht. Diese Ansicht vertrat man auch zu Kaisers Lebzeiten. Neuere Forschungen und die Auswertung des umfangreichen Briefwechsels ergaben ein anderes Bild: Die Schratt und der Kaiser pflegten eine platonische Beziehung, die vor allem in langen Gesprächen, Besuchen und Spaziergängen bestand. Die Schratt sei also tatsächlich ein Ersatz für die langen Absenzen der Kaiserin gewesen, doch handelte es sich keineswegs um eine Nebenbuhlerin, sondern um eine von Elisabeth gewünschte und geförderte Freundschaft. Diese Version bestätigt eine Frau, die es wissen muss, da sie die handelnden Personen über Jahre aus der Nähe beobachten konnte, nämlich Gräfin Marie Festetics, nur teilweise:

»Die Kaiserin sprach sich einmal mir gegenüber eingehend über ihr Verhältnis zu Frau Schratt aus. Sie sagte zu mir: Sie begreife sehr wohl, daß der Kaiser in Gesellschaft der Frau Schratt Aufheiterung suche. Sie selbst sei eine alte Frau und eine traurige Frau, und bei ihr finde der Kaiser nicht die Zerstreuung, auf die er nach anstrengender Arbeit Anspruch habe. Er sei der Kaiserin gegenüber vollständig offenherzig. ›Er ist‹, fuhr sie fort, ›wie ein Schulbub, der selbst nicht weiß, wie gefährlich ihm diese Frau werden kann. Eben deshalb trete ich nicht entgegen. Täte ich es, so würden diejenigen, welche dem Kaiser die Frau Schratt in den Weg gestellt haben, dafür sorgen, daß die Verbindung trotzdem aufrecht bleibt. Der Kaiser würde dann in die Hände seiner Bedienten fallen, und er wäre verloren.‹«[130]

Diese Aussage zeigt, wie diplomatisch klug sich Kaiserin Elisabeth verhielt, als sie von der Zuneigung ihres Mannes zur Schratt erfuhr. Ihm zugeführt, wie manche behaupten, hat sie sie ihm nach dem Bericht der Gräfin jedoch nicht, ganz im Gegenteil. Es waren Hofleute, die offenbar einen Keil zwischen die Eheleute treiben und den Einfluss der Kaiserin auf ihren Mann minimieren wollten. So gesehen handelte es sich um eine politische Intrige, die Elisabeth durch ihr kluges Verhalten jedoch durchkreuzte.

SKANDALÖSE BEZIEHUNGEN UND
GEHEIME LIEBSCHAFTEN

In den Briefen der Hofdamen wird nicht nur Klatsch betreffend das Kaiserhaus und seine Verwandtschaft erwähnt. Immer wieder werden auch Skandale und Skandälchen in ihren eigenen Kreisen begierig weiterberichtet. Selbst über Landesgrenzen hinweg entkam man offenbar nicht der genauen Beobachtung und sittlichen Bewertung durch die Hofdamen und ihre Freundinnen.

Baronin Speth erweist sich als besonders ergiebige Quelle des Tratsches, den sie aus der deutschen Provinz eifrig ihren Freundinnen nach Ischl und Wien weitererzählt.

Würzburg, o. D.: »*Wir haben jetzt einen Lord und Lady Lascelles hier, die auch ein Haus machen. Sie behauptet, in Wien hübsche Bälle gegeben zu haben, zu 3 bis 400 Personen, vor einigen Jahren. Erkundige Dich und schreibe mir doch, ob es wahr ist. Der Lord ist ungefähr 30 bis 34 Jahre alt und die Lady 60 Jahre. Dabei ist er voll Attentionen, überhäuft sie mit Geschenken und Surprisen, es ist ganz einzig. Sie macht selbst kein Geheimnis daraus und heißt sich eine alte Frau. Die schönsten Perlen hat sie, um die ich sie ein wenig beneide. Du reste, wenn ich dazu einen jungen Mann haben müßte, würde ich schönstens danken. Ich schäme mich für sie; denke Dir, da schläft sie in einem Zimmer, Bett an Bett mit dem jungen Menschen, der ihr Sohn sein könnte. Fi l'horreur!* (Pfui, wie abscheulich!, Anm.)«[131]

Baronin Speth: »*Würzburg, 29. April 1850. [...] Was sagst du zu der Heirat des Banus mit einem fünfzehnjährigen Kinde?* (Gemeint ist wahrscheinlich Ban Josip Graf Jelačić, kaiserlicher Statthalter des Kronlandes Kroatien, damals 49 Jahre alt, Anm.) *Irene Schönborn schrieb auch von der Heirat eines Grafen Thun mit der jungen Marie Kinsky. Die Mutter hätte lange nicht einwilligen wollen, da die Partie so klein wäre. Doch hätte sie endlich den Bitten nachgegeben, da es eine große Liebe ist. [...] A propos, wir haben hier jetzt ein interessantes Pärchen: den Grafen*

Rudolf Stadion, ehemaligen Burggrafen, und eine Gräfin Gisela Hadick, verheiratete Baronin Bailbou. Sie hat aber den Namen ihres Mannes abgelegt und nennt sich Gräfin Hadick. Stadion nennt sie seine Braut. Sie nimmt hier bei dem lutherischen Dekan Religionsunterricht, wird hier von der katholischen zur lutherischen Religion übergehen und alsdann Stadion hier heiraten. Stadions sind nahe verwandt mit Zobels, daher er bei Josephine war und Edwin vor einigen Tagen zu dieser Gräfin führte. Sie soll sehr schön und liebenswürdig sein. Die Zobels, außer Edwin, protegieren natürlich alle solche schlechten Geschichten, da selbst die Söhne mehr lutherisch als katholisch sind. Es ist aber doch wahrlich ein Skandal. Mehrere behaupten, daß sie schon vor einigen Jahren mit Stadion in Marienbad war. Ich bitte Dich, erkundige Dich doch bei Gräfin Taaffe, ob sie nichts von dieser Gräfin Hadick weiß und von dieser skandalösen Geschichte. Sie soll zwei Knaben haben und es schon 8 Jahre sein, daß sie diesen Baron Bailbou geheiratet hat.«[132]

Berichte von intimen Beziehungen finden sich auch bei Therese Fürstenberg, die jedoch wesentlich verklausulierter schreibt, so-dass man nicht immer entschlüsseln kann, wer eigentlich gemeint ist. In einem Brief an ihre Schwester Louise spielt sie auf eine geheime Liebschaft zwischen einer Hofdame und einem Erzherzog an:

»Schönbrunn 28 Juni 1869. Marie T. ist plötzlich zur Überzeugung gelangt, daß sie die Erste und Einzige sei die der Erzherzog geliebt hat, und schrieb in ihrer Herzensfreude diese rührende Thatsache den Schwestern Paar. Ich schrieb Josl gestern; das arme Mädl dauert mich so! ich schrieb ihr einiges über die Flüchtigkeit und Oberflächlichkeit der meisten Männer, daß man sie nicht nach sich selbst beurtheilen müsse etc., (that dann in meinem Herzen im allgemeinen und insbesondere Abbitte;) ihr anzudeuten daß er sich nichts aus ihr macht, mit dürren Worten, wer könnte das !? Man kann sie eben präpariren

auf die Erfahrungen, die sie, was doch Gott verhüthen wolle,
machen kann!«[133]

Wer dieser Erzherzog ist, lässt sich nicht sagen. Doch waren Beziehungen zwischen Habsburgern und Hofdamen keine Seltenheit, wenn sie auch meist geheim blieben und nicht zur Ehe führten. Meist heirateten die Hofleute untereinander oder innerhalb ihres Standes. Ein besonders romantisches Beispiel dafür ist der Onkel von Therese Fürstenberg, den sie auch immer wieder in ihren Briefen erwähnt und zu dem sie, weil er auch am Wiener Hof tätig war, offenbar eine sehr enge Beziehung pflegte. Baronin Scharnhorst verdanken wir den Bericht über die Romanze:

»Den 28. ward die Vermählung von Peppi Fürstenberg, zweitem Sohn der Oberhofmeisterin, mit Wilhelmine Oettingen gefeiert. Sie ist 7 bis 8 Jahre älter als er, die Liebe dauert seit ihrer ersten Jugend beinahe zwanzig Jahre. Jetzt sind sie beide darüber hinaus. Derselbe Wunsch beschäftigte sie ihr ganzes Leben, lange hoffnungslos, weil beide kein Vermögen hatten. Vergangenen Frühling wurde er zum Gubernialrat in Klagenfurt ernannt. Das damit verknüpfte mäßige Einkommen krönte ihre bescheidenen Wünsche, und der beständige ehrenwerte Mann hielt sein längst gegebenes Wort und führte die treue Braut heim. Es liegt etwas rührend Wehmütiges in der Entsagung eines halben Lebens, die mit stiller Hingebung dem weit hinausgestrecktem Ziel nachstrebt. Eine solche treue Innerlichkeit ist selten bei Frauen, bei Männern ist sie mit Ritter Toggenburg untergangen. Sollen sich die Frauen nicht freuen, daß die jetzige, nach jedem Lebensgenuß heischende Zeit ein so unerwartetes, edles Beispiel aufstellt? Der Himmel spende ihnen das längst geträumte, verdiente Glück!«[134]

7.

Wenn das Schicksal zuschlägt

TRAUER UND TOD

DER TRAGISCHE TOD DES HERZOGS VON REICHSTADT

Er war einer jener Habsburger, oder besser Habsburg-Abkömm-
linge, in deren Biografie sich das Wechselspiel der Weltpolitik am
stärksten und tragischsten widerspiegelte. Geboren wurde er im
Jahr 1811 bereits als König, nämlich als »König von Rom«, im Tui-
lerien-Palast in Paris, getauft wurde er auf die Namen Napoleon
Franz Joseph Karl. Sein Vater war niemand Geringerer als Napoleon Bonaparte, Kaiser der Franzosen und Schrecken Europas.
Seine Mutter war eine Habsburgerin, älteste Tochter Kaiser Franz'
von Österreich, die bildschöne Marie Louise. Sie wurde mit dem
»Feind« vermählt, aus politischem Kalkül Kanzler Metternichs,
was sie ihm nie verzieh. Aufgewachsen war sie in der bereits ge-
schilderten entspannt-familiären Atmosphäre am Wiener Hof, erzogen in tiefer Abneigung gegen die Franzosen, und nun schickte
man die Neunzehnjährige mitten in die Höhle der Löwen. Als sie
Napoleon 1810 kurz nach der Heirat per procurationem erstmals
persönlich begegnete, gefiel er ihr gar nicht schlecht und ein Jahr
später kam der von Napoleon heiß ersehnte legitim geborene Erbe
auf die Welt. Doch das Glück währte nur kurz, bereits ein Jahr später begann der rasche Abstieg Napoleons mit seinem spektakulär
gescheiterten Russland-Feldzug. Bald befand er sich in ständigen
Abwehrgefechten gegen die in Richtung Frankreich vorrücken-
den Alliierten.

In den Folgejahren sah sie ihren Gemahl nur selten, da er sich
ständig auf Feldzügen befand; sie schrieben einander jedoch täg-

lich. Das letzte Mal begegnete sie Napoleon Anfang 1814. Er verabschiedete sich von Marie Louise und seinem knapp dreijährigen Sohn, die er beide nie wieder sehen sollte. Nach der endgültigen Niederlage bei Waterloo folgte die Verbannung, in der Napoleon starb. Marie Louise ging mit ihrem Sohn nach Wien zu ihrem Vater, begann dort ein Verhältnis mit ihrem Begleiter Graf Adam Adalbert Neipperg und übernahm das Herzogtum Parma. Das – unverheiratete – Paar bekam bald Kinder, alles blieb streng geheim, nicht einmal ihr Erstgeborener, der in Schönbrunn bei seinem Großvater geblieben war, wusste vom neuen Leben seiner Mutter. Marie Louise blieb vom Hof in Wien quasi verbannt. Die Schuld daran gab sie zeitlebens Fürst Metternich, den sie aus tiefster Seele hasste. Dass sich Marie Louise, wie vielfach behauptet, einfach nicht mehr um ihren erstgeborenen Sohn gekümmert hat, stimmt so nicht. In ihren Briefen an ihre ehemalige Spielgefährtin Victoire, Tochter ihrer Aja Gräfin Colloredo[135], die nur auf Französisch publiziert sind[136], spricht sie immer wieder von ihm und ihrer Sehnsucht nach einem Wiedersehen in Wien sowie von dem Plan, ihren Sohn zu sich nach Parma zu holen:

> »Parma, 23. Mai 1830. [...] *Zusätzlich zu dem Kummer, daß ich meine Kinder für 3 Monate verlassen muß, habe niemals etwas unternommen, das mehr gegen mein Gefühl verstieß, weil ich dort nur Enttäuschungen und Unannehmlichkeiten auf mich zukommen sehe, und ich erwarte in der Sache meines Sohnes meinem Vater die Stirn bieten zu müssen, in einem Moment, den ich gut auszuwählen habe. [...] Ich wünsche nur, daß meine Gesundheit diesem Nomadenleben standhält, und ich vermisse mein liebes Schönbrunn, wo ich mich immer wohl befunden habe und das der Grund ist für alle diese Reisen.*«[137]

Napoleon II. lebte als »Herzog von Reichstadt« – diesen Titel hatte ihm Kaiser Franz verliehen – ein ruhiges Leben am Hof in Wien. Er war ein auffallend hübscher Knabe und hegte Interesse für das Militär, wo er auch Karriere machte. In ihren jungen Jahren verliebte sich Erzherzogin Sophie in den um sechs Jahre Jüngeren. Schließlich erreichte Marie Louise doch bei ihrem Vater, dass sie nach Wien reisen durfte, um ihren Sohn zu sehen. Nach dieser von ihr so lange heiß gewünschten und zugleich so sehr gefürchteten Reise nach Wien berichtet sie an ihre Freundin Victoire von den Eindrücken:

»Parma, 26. November 1830. [...] Ich habe die Meinen alle bei guter Gesundheit in Wien und Pressburg zurückgelassen, und ich habe unter ihnen 5 glückliche Monate verbracht, die mir sehr kurz erschienen sind. Ich war sehr angetan von meinem Sohn, in jeder Hinsicht, er ist ein charmanter junger Mann, ich glaube, er wird vor Ende des Jahres in seine Garnison abreisen, was ihn mehr erfreut als mich, der Eintritt in die Welt ist für einen jungen Mann ein sehr entscheidender Moment, für seinen Charakter und seine Zukunft. Mein kleiner ›Neveu‹ ist das schönste Kind, das man sich vorstellen kann, und er ist das Glück meiner Schwägerin. Ich habe – ohne den Obersthofmeister[138] – meinen Vater und Metternich getroffen, die mir geraten haben, ihn im Moment nicht mitzunehmen, und je mehr ich darüber nachdenke, und je mehr ich finde, daß sie Recht haben, ist doch das Bessere der Feind des Guten in dieser Welt. Hier habe ich meine Familie bei guter Gesundheit vorgefunden, [...] die Freude sie wiederzusehen hat mich die Abreise von Wien schnell vergessen lassen.«[139]

Sie hatte also den Plan, ihren Sohn zu sich zu holen, fallen gelassen. Dennoch nahm sie weiter regen Anteil an seinem Leben und seinem Schicksal. Knapp ein Jahr nach dem Wiedersehen schreibt sie:

»Parma, 24. September 1831. [...] Nach dem schrecklichen Wüten das die Cholera in Wien machte, bin ich in schrecklicher Sorge um die Meinen, vor allem um meinen Sohn.«[140]

Die Sorge war nur zu berechtigt, wie sich bald zeigen sollte. Der Herzog von Reichstadt führte ein Schattendasein am Wiener Hof und war recht kränklich. Baronin Sturmfeder, die unmittelbar neben ihm wohnte und ihn oft sah, hegte große Sympathien für und auch Mitleid mit dem schönen und einsamen elternlosen Knaben und beschreibt sein Leiden ausführlich in ihren Briefen:

»Dienstag, 13. März 1832. Gestern war ich wieder mit meinem Kinde (dem eineinhalbjährigen Franz Joseph, ihrem Schützling, Anm.) *beim Großpapa* (Kaiser Franz, Anm.)*, als der Herzog von Reichstadt hereinkam und sagte: ›Ich muß mich nur als Ihren zweiten Zögling zum Kaiser hereinschwärzen, denn sonst sehe ich Ihn gar nicht mehr.‹ Dieser arme Zögling sieht gar übel aus. Ich glaube, man hat Ursache, für seine Gesundheit sehr besorgt zu sein. Auch mein guter Kaiser sieht übel aus. Er leidet viel von Seinen Zähnen und läßt Sich von den wenigen, einen nach dem anderen ausziehen. Ich finde, es entstellt Ihn ganz, hindert Ihn am Sprechen und gibt Ihm ein leidendes Aussehen.«*[141]

»15. Juni 1832. Der arme Herzog von Reichstadt ist schwer leidend. Man erfährt nur wenige Details über seinen Zustand, der so verzweifelt ist, daß man ihn gestern versehen hat. Niemand wollte es ihm vorschlagen. Endlich entschloß sich die Mutter meines Kindes dazu und sie erreichte in einer Viertelstunde, was andere sich gar nicht vorzuschlagen getraut hatten. Dies ist eine Handlung, die ihr große Ehre macht, besonders in ihrem gegenwärtigen Zustande, wo ihr diese Aufregungen besser erspart geblieben wären. Gerade das ist wirklich schön: Sie hat ganz auf sich vergessen, um nur an das Heil eines anderen bedacht sein zu können. Er ist ein so interessanter junger Mann! Man sagt auch, daß seine Porträte in Wien so gesucht seien, daß man fast keine bekommt. Es existiert eine einzige gute Lithographie von ihm. Ich denke mit Wehmut an das Bild, das man vor einem Jahre von den drei Enkeln des Kaisers gemacht hat. Er war am ähnlichsten. Mein Kleiner spricht oft von ihm und sagt: ›Aufwacken, Afatti! Desund machen!‹ ›Afatti‹ ist der Doktor Malfatti, der sagt, wenn er sich so nennen hört: ›Ah il ôte tout le mal de mon nom‹.«[142]

»*Schönbrunn, 30. Juni 1832. Der arme Herzog ist immer gleich schlecht. Er leidet grausam; Er soll aussehen, wie ein Greis.*«[143]

Seine Mutter, Marie Louise, eilte herbei, um ihrem Sohn beizustehen. Doch dem Herzog von Reichstadt war nicht mehr zu helfen, er starb nur 21-jährig. Sein tragisches Ende erlebte Baronin Sturmfeder mit:

»*Schönbrunn, 25. Juli 1832. Ihr werdet schon aus den Zeitungen das traurige Ereignis erfahren haben. Die blendende Erscheinung des jungen Herzogs* (von Reichstadt, Anm.) *ist ausgelöscht, tot ist er in der Blüte seiner Jahre, ausgestattet gewesen mit so viel Geist, so vielen Fähigkeiten, schön, liebenswürdig und doppelt interessant, sowohl durch seine Stellung, als durch seine eigene Persönlichkeit. Es war Sonntag um 3/46 Uhr, daß mich mein dummes Mädel aufweckte und sagte: ›Erschrecken Sie nun nicht, der Herzog ist um 5 Uhr gestorben.‹ Mein erstes Wort war, ›Gott sei Dank, der ihn von seinen Leiden befreite‹. Denn die drei, vier letzten Tage konnte man die Beschreibung seiner Qualen beinahe nicht mehr anhören und selbst seine Mutter hatte mir vor ein paar Tagen, als ich sie mit meinem Kinde, das sie sehr lieb hat, begegnete, gesagt: ›Ich bin nicht Egoistin genug, um die Verlängerung seiner Leiden zu wünschen.‹ Sie weinte, als sie dies sagte. Gegen Abend schon war er so, daß man auf alles gefaßt war. In der Nacht wurde er immer übler und gegen 3 Uhr sagte er: ›Ach Gott, meine Mutter! Ich gehe unter!‹ Man holte die Erzherzogin.* (Marie Louise, Anm.)

Er sprach beinahe nicht mehr, sah aber alle an und war bei sich bis auf den letzten Augenblick. Seine Mutter, Erzherzog Franz Karl und seine Herren waren bei ihm, bis er aufgehört hatte, zu atmen. Ich kann nicht sagen, wie bestürzt und traurig alle aussahen, als ich um 7 Uhr in die Messe ging. Für meinen guten Kaiser ist dies wieder ein harter Verlust. Baron Moll, ein Kammerherr des Herzogs, reiste sogleich ab, um Ihm die trau-

rige Botschaft zu überbringen. Alles ging nun hin, um den Ver-
schiedenen zu sehen. Ich konnte es nicht über mich bringen, fand
es auch sehr unnötig. Solange er lebte, wäre ich gerne zu ihm,
hätte ihn gerne gepflegt, aber nun, da er tot ist, konnte es ihm
und mir nicht nützen. Er soll seinem Vater frappant ähnlich ge-
sehen haben, aber durch die Krankheit und die langen Leiden so
gealtert gewesen sein, daß man einen Greis zu sehen glaubte. Er
wurde einbalsamiert und lag in einem rotsamtenen mit Gold
ausgeschlagenen Sarg in Uniform, die Hände kreuzweise gefal-
tet, die Haare gelockt wie er sie immer getragen hatte. Immer
acht und acht Personen wurden eingelassen, um ihn zu sehen,
alle Höfe des Schlosses waren mit Menschen angefüllt, aber in
dem Schlosse selbst herrschte Totenstille. Heute ist Baron Moll
vom Kaiser zurückgekommen. Der arme Kaiser ist sehr traurig
und sprach nur mit Tränen mit ihm.

Ich wandelte mit meinem Kinde wie immer in dem Garten
umher, da wurde ich um ½ 7 Uhr aus dem Garten gerufen, weil
die Erzherzogin Maria Louise morgen zum Kaiser geht, und Ab-
schied nehmen wollte von den Kindern. Ich ging also mit beiden
Kindern hinunter. Ich hatte sie noch nicht gesehen und zerfloß in
Tränen, indem ich mich auf ihre Hand stürzte und sie unan-
ständig küßte. Sie drückte die meine recht herzlich und sagte:
›Gott erhalte Ihnen diese, die Sie pflegen.‹ Sie weinte nicht, aber
sie sieht ganz zernichtet aus. Sie behielt den kleinen Franzi fast
eine Stunde und unterhielt sich mit ihm, sagte ihm, daß sie zum
Kaiser gehe u. dgl. Auf einmal sagte ihr der Kleine: ›Gute Eich-
stadt schlaft nicht.‹ Dann zeigte er auf sein Porträt, welches auf
dem Schreibtisch steht und sagte: ›Bitte sehen das Podet.‹ Sie
weinte nicht eine Träne und sagte sehr ruhig, aber mit vielem
Nachdrucke: ›Freilich, er schläft nicht.‹ Ich heulte. Ach, ich be-
greife nicht diese Seelenstärke und bringe es auch nie so weit.
Um 10 Uhr abends wurde der Herzog ganz in der Stille einge-
segnet und nach Wien gebracht. Der Sarg wurde von Maultie-
ren getragen, Fackelträger ritten zur Seite. Seine Herren und

Leute folgten in Wagen. Ihr wißt, in welcher Nähe ich mit ihm war. Ich ging in mein Zimmer, als ich von der Fürstin kam. Aber es war ein Treiben und Laufen und doch ein dumpfes Schweigen um mich herum, daß ich mich nicht entschließen konnte, zu bleiben. Ich ging also an ein Fenster und sah hinaus. Es war eine finstere, schwarze Nacht, hie und da von starken Blitzen durchleuchtet, in dem Schloß in den bewohnten Flügeln alles dunkel und still, die Höfe mit Menschen angefüllt, aber man hörte keinen Ton. Nun schlug die Glocke 10 Uhr, da sah man die Geistlichen, wie sie aus der Kapelle gingen in langem Zuge mit Kerzen, um ihn einzusegnen in seinem Zimmer. Dann blieb wieder alles still und dunkel, bis die großen Türen der äußeren Treppe geöffnet wurden, da kamen die Geistlichen wieder und hinter ihnen der Sarg. Sie gingen in die Kapelle zurück. Der schwarze Zug bewegte sich langsam weiter dem Tor zu.«[144]

Was die Mutter, Marie Louise, nach dem Tod ihres Ältesten empfand, schrieb sie ihrer Freundin Victoire Gräfin Crenneville: »*Sala 12. August 1832. [...] Ich fühle mich ein wenig besser seit dem 22. Juli* (dem Todestag ihres Sohnes, Anm.)*, ich habe ständige Kopfschmerzen, rheumatische Schmerzen, und die Nerven sind am Ende, [...] urteile daher liebe Victoire, was ich leiden muß, so untätig zu bleiben, ausgeliefert meinen Gedanken und folglich auch einzig meinem ganzen Schmerz. Wenn ich nicht Albertine und Guillaume hätte, die noch meine Fürsorge brauchen, ich hätte den lieben Gott gebeten mich zu sich zu rufen, um mich mit den beiden Menschen zu vereinen, die ich verloren habe und die mir am liebsten auf der Welt waren, aber die Kinder, die mir geblieben sind, zwingen mich meine triste Existenz weiterzuführen.*«[145]

Diese Zeilen an ihre Freundin widerlegen das bis heute unwidersprochen gebliebene Vorurteil, Marie Louise sei eine herzlose Mutter gewesen, die ihren Sohn einfach im Stich gelassen hätte.[146]

Im Gegenteil, das Schicksal und die Politik hatten sie von ihrem Sohn getrennt und ihre Bemühungen, ihn zurückzubekommen, vereitelt. So kam zur Trauer einer Mutter noch das Bewusstsein, dass sie ihn als Kind allein am Wiener Hof zurückgelassen und ihn nicht rechtzeitig zu sich geholt hatte.

KAISERIN SISI TRAUERT UM SOPHIE

Bis ins 20. Jahrhundert hinein war es durchaus nichts Ungewöhnliches, wenn Babys oder Kleinkinder starben. Die Kindersterblichkeit war zwar dank der guten Ernährung und der für damalige Verhältnisse erstklassigen medizinischen Betreuung in den allerhöchsten Kreisen wesentlich geringer als in der übrigen Bevölkerung, verschont blieben aber auch die Habsburger nicht davon. So etwa gebar Kaiserin Maria Theresia insgesamt 16 Kinder, von denen drei gleich nach der Geburt oder im Kleinkindalter starben: Die Erstgeborene Maria Elisabeth wurde nur drei Jahre alt, 1740, im selben Jahr, in dem sie starb, gebar die Kaiserin ihr drittes Kind, Maria Karolina, das gleich nach der Geburt starb, acht Jahre später gab sie ihrem Neugeborenen wiederum den Namen Maria Karolina, es starb ebenfalls kurz darauf. Erst die 1752 geborene Maria Karolina überlebte. Dass Maria Theresia viel Zeit blieb, um über den Verlust ihrer Kinder zu trauern, ist nicht anzunehmen. Denn zeitgleich mit dem Jahr der privaten Tragödien, 1740, setzten die Kriege und Konflikte mit feindlichen Invasoren und damit der österreichische Erbfolgekrieg ein. Die Kaiserin hatte ein Reich zusammenzuhalten und zu verteidigen und führte etliche Reformen durch; sie hatte also alle Hände voll zu tun, um zu regieren, und wenig Zeit und Möglichkeit für private Trauer.

In einer gänzlich anderen Situation befand sich eine Kaiserin mehr als hundert Jahre nach ihr. Kaiserin Elisabeth hatte mit den Regierungsgeschäften nichts zu tun, mischte sich nur gelegentlich in politische Angelegenheiten ein und konzentrierte sich vor allem auf sich selbst, ihre äußere Erscheinung und ihre Gesundheit. Sie war nicht zur Regentin erzogen, sondern hatte eine freie und fröhliche Kindheit erlebt, war vom Schicksal bisher verwöhnt gewesen, eben erst mit dem begehrtesten Junggesellen Europas vermählt worden und erlebte damit 1857 ihren ersten Schicksalsschlag: Sie befand sich mit Kaiser Franz Joseph auf einer politisch wichtigen Reise durch Ungarn und hatte gegen den Willen der Schwiegermutter ihre beiden kleinen Töchter mitgenommen. In Budapest erkrankte die erst zehn Monate alte Gisela an Fieber und Durchfall, erholte sich jedoch bald wieder. Da zeigten sich bei der zweijährigen Sophie die gleichen Symptome, der mitgereiste Arzt beruhigte die Eltern jedoch, obwohl Sophie kaum schlief und beständig schrie. Die Reise wurde fortgesetzt, doch Sophies Zustand verschlimmerte sich stetig. Am 29. Mai 1857 schickte der Kaiser seiner Mutter ein Telegramm nach Wien: »*Unsere Kleine ist ein Engel im Himmel. Nach langem Kampfe ist sie zuletzt ruhig um ½ 10 Uhr verschieden. Wir sind vernichtet.*«[147]

Elisabeth versank in ihrer Trauer, weinte wochenlang, aß nichts, sperrte sich ein. Sie machte sich schwere Vorwürfe, was sonst niemand wagte. Erzherzogin Sophie trauerte ebenfalls, Sophie war ihr erstes Enkelkind und ihr erklärter Liebling gewesen, und sie hatte sich dagegen ausgesprochen, dass sie auf die Ungarnreise mitgenommen wurde. Dieses Ereignis führte zu dem schweren Zerwürfnis zwischen Schwiegermutter und Schwiegertochter, die gleichzeitig Tante und Nichte waren. Am Hof war dieses traurige Ereignis natürlich Tagesgespräch, die Trauer und der Schock allgemein. So schrieb Erzherzogin Maria Karolina an Clementine Taaffe:

»*Wien, 31. Mai 1857. Liebe Clementine! Innig dankbar bin ich Ihnen, daß Sie es übernahmen statt Gräfin Eltz zu schreiben, und mir nicht nur Nachrichten über das Befinden meiner Exzellenz* (der Kaiserin, Anm.)*, sondern auch détails über den Krankheitsverlauf der armen kleinen Sophie gaben. Heute wurde ich recht aufgeschreckt durch die Nachricht, daß Eltz die Masern hat. [...] Wir kommen gestern Abend heim, da mein Erzherzog* (Rainer, Anm.) *zu Sr. Majestät* (Franz Joseph, Anm.) *ging; ich*

war nur bei Gräfin Esterházy. Die Kaiserin war eben bei der
kleinen Gisella, und ich wollte sie nicht mit meinem Besuche be-
lästigen. Wie dauert mich dieses arme Elternpaar, als ein so
schweres Opfer dem Himmel bringen mußte. [...] Marie.«[148]

Auch Baronin Scharnhorst berichtet ihrer Freundin Gräfin Sickingen von dem traurigen Ereignis:

> »Wien, 14. Juni 1857. Seit Deiner Abreise sind bei Hof viel Trä-
> nen geflossen. Der Tod der lieblichen kleinen Erzherzogin Sophie
> schlug dem jugendlichen kaiserlichen Elternpaare die erste tiefe
> Schmerzenswunde. Unsere hochverehrte Erzherzogin Sophie
> kam gleichzeitig mit den tiefbetrübten Majestäten von Dresden
> zurück, tief ergriffen durch den Verlust ihres geliebten ersten En-
> kelchens, aber nur beschäftigt zu trösten und aufzurichten.
> Hochdieselben sagten mir, Kaiser und Kaiserin weinen, wie man
> nur in der Jugend zu weinen vermag. Ihre Tränen fließen un-
> aufhaltsam um das erste liebliche Kind, das sie so unendlich be-
> glückte. Die kleine Prinzessin war wirklich reizend für ihre zwei
> Jahre, unbeschreiblich entwickelt und herzig. Du kannst Dir
> denken, daß dieser gerechte Schmerz ein Echo in allen Herzen
> fand. Wieder mußte ich die fromme Ergebung der teuren Erz-
> herzogin bewundern, die rein von jeder Bitterkeit dem lieben
> Gott das Liebste zum Opfer bringt. Die Herzogin Max mit ihren
> Töchtern eilte zum Trost der armen Kaiserin nach Laxenburg,
> wo sie einige Wochen bleiben wird.«*[149]

Wie immer schlug sich die Baronin trotz allen Mitleids mit der
jungen Kaiserin auf die Seite der Erzherzogin. Ein halbes Jahr später wurde die Kaiserin wieder schwanger, das Kind wurde ein
Sohn und erhielt den Namen Rudolf. Darin fand Elisabeth nur bedingt Trost. Im Gegenteil, sie sollte durch ihn später einen weiteren schmerzlichen Verlust erleiden, nämlich durch seinen Selbst-
mord im Jahr 1889. Die Kaiserin verwand den Verlust ihrer
Tochter nie, wie wir dem Bericht ihrer Hofdame Irma Gräfin Sztá-

ray von der Millenniumsfeier in Budapest 1896, also knapp vierzig Jahre (!) später, entnehmen können:

>*Im übrigen nahm mich ganz die Kaiserin in Anspruch, die ich mit sorgenvoller, gespannter Aufmerksamkeit beobachtete. Sie war sehr blaß; sie schien erschüttert und keines Wortes fähig; und ich sah, sie würde dieses Martyrium nicht lange mehr aushalten können. Und wirklich entfernte sie sich gleich nach den Eröffnungsreden in Begleitung der Obersthofmeisterin Andrássy. Diese Nation, die sie mit Anbetung umgab, ahnte nicht, welchen Passionsweg damals ihre Königin ging. Und niemals und nirgends in solchem Maße wie damals und dort. Wenn auch nicht von dieser Erde geboren, wurzelte sie doch mit ihrer ganzen Liebe in dieser Erde; ihre glänzenden Träume, ihre großen Hoffnungen waren auch die der Nation; und seitdem eines Tages alles zusammenbrach, brannte diese Erde unter ihren Sohlen, denn hier bemächtigte sich ihrer hundertfach der Schmerz und hundertfach fühlte sie die vernichtende Größe des Verlustes.*«[150]

8.

Weltgeschichte bestimmt das Privatleben.

REVOLUTION, FLUCHT UND KRIEGE

Die Habsburger waren nicht nur Herrscherpersönlichkeiten, also Politiker, sondern das Schicksal jedes einzelnen Familienmitglieds war unmittelbar mit der Weltpolitik verknüpft. Töchter schlossen nicht, wie in anderen Familien, Liebesheiraten, sondern wurden verheiratet, weil man politische Allianzen schließen wollte. Das berühmte »tu felix Austria nube« stimmt nur bedingt, weil es selten im Interesse der betreffenden Braut oder des Bräutigams lag, diesen bestimmten Ehepartner, der aus politischen Gründen gewählt worden war, zugeteilt zu bekommen. Von weltpolitischen Ereignissen betroffen waren nicht nur einzelne Familienmitglieder, sondern das gesamte Familienleben, ganz konkret und unmittelbar. Weltpolitik fand bei den Habsburgern am Esstisch statt und drang bis in ihre Schlafzimmer vor.

Ich habe einige besondere Wendemarken in der Geschichte der Habsburgermonarchie im 19. und 20. Jahrhundert herausgegriffen, um an diesen Beispielen zu zeigen, wie die Politik in das Private eingriff und zu welch dramatischen Entwicklungen dies führte.

DIE REVOLUTION VON 1848

An den Beginn sei die Revolution von 1848 gesetzt, die nicht nur den Bürgern wesentlich mehr Rechte einräumte, sondern auch eine weitreichende familiäre Entscheidung mit sich brachte: Kaiser Ferdinand dankte ab, sein Bruder Franz Karl verzichtete auf die ihm zustehende Thronfolge zugunsten seines Sohnes Franz Joseph. Doch zuvor überstürzten sich die Ereignisse, die die gesamte Familie und den Hofstaat in Lebensgefahr brachten.

Die Unruhen begannen, als sich die Nachricht von der Französischen Revolution verbreitete, zuerst in Ungarn, wo Ludwig Kossuth eine Verfassung forderte – der Name Kossuth sollte noch lange Zeit am Wiener Hof als Inbegriff des Aufruhrs und des Verrats gelten. Der Funke sprang von dort rasch auf Cisleithanien über und im März demonstrierten in Wien bereits die Bürger und Studenten gegen die Metternich'sche Unterdrückung. Die Habsburger griffen sofort hart durch, Erzherzog Albrecht schickte das Militär. Als sich auch in den Vorstädten die Unruhen ausbreiteten und die Arbeiter Fabriken zerstörten und Geschäfte plünderten, um gegen die hohen Lebensmittelpreise aufzubegehren, erzielte die Revolution ihren ersten Erfolg: Der verhasste Staatskanzler Metternich floh nach England! Die Zensur wurde aufgehoben und eine Verfassung versprochen. Dass der Funke derart rasch auf Österreich und vor allem die Arbeiter überspringen konnte, hatte weniger politische als wirtschaftliche Gründe: Im Jahr zuvor hatte es eine Missernte gegeben, das Volk hungerte, wie auch in den Hofdamen-Briefen nachzulesen ist, und war daher anfällig für revolutionäre Ideen.

Doch die neue Verfassung entsprach nicht den Vorstellungen der Revolutionäre, woraufhin sich die Studenten im Mai noch einmal erhoben und zur Hofburg zogen. Kaiser Ferdinand bekam es mit der Angst zu tun und floh samt Familie und Hofstaat nach Innsbruck. Im Juli wurde durch den populären Erzherzog Johann als demokratische Einrichtung der Reichstag eröffnet. Und dem Reichstag gelang es, ein wichtiges Gesetz zu verabschieden, nämlich die Aufhebung der Grundherrschaft. So waren durch die Revolution der Bürger und Arbeiter die Bauern frei geworden. Nachdem die Ordnung wiederhergestellt war, kehrte auch der Hof nach Wien zurück.

So erfolgreich die Revolution zu diesem Zeitpunkt in Wien auch verlief, so wenig siegreich waren die Revolutionäre in den

Kronländern: In Prag schlug Feldmarschall Fürst Alfred Windischgrätz mit dem Militär und einem Bombardement von Prag den Aufstand nieder. In Italien wiederum wollte Karl Albert von Sardinien-Piemont die Schwäche des Nachbarlandes ausnützen, um sich die Lombardei einzuverleiben. Doch der legendäre Graf Johann Joseph Wenzel Radetzky konnte dies verhindern.

Eine neuerliche Stufe der Eskalation wurde erreicht, als in Budapest Graf Philipp Lamberg ermordet wurde, der dort kaiserlicher Befehlshaber war. Die Woge der Radikalisierung schlug bis nach Wien, wo am 6. Oktober Kriegsminister Graf Theodor Baillet von Latour von Revolutionären an einem Laternenpfahl aufgehängt wurde. Der Hof war so geschockt, dass er sogleich wieder floh, diesmal nach Olmütz. Der Reichstag wurde nach Kremsier verlegt. Nun begann der Kampf um Wien, wiederum angeführt von Fürst Windischgrätz, unterstützt von Josef von Jellačić, den das Militär für sich entschied. Das letzte Nest des Widerstandes gegen die Habsburger-Herrschaft wurde zerstört, als es dem Heer mit Unterstützung Russlands gelang, auch in Ungarn den Aufstand niederzuwerfen.

So weit die offizielle Geschichtsschreibung. Doch hören wir, was die Hofdamen als unmittelbare Augenzeugen und Betroffene über diese dramatischen Monate berichten: Landgräfin Therese Fürstenberg war im Jahr 1848 ein Kind von neun Jahren und zu Besuch bei der Großmutter in Wien, damals Obersthofmeisterin der Kaiserin Maria Anna. Sie konnte die Ereignisse, die sich im März des Jahres zutrugen, in Wien aus nächster Nähe beobachten:
»*Aus einem Fenster der Burg sahen wir die Wiener Garnison: Militär, Nationalgarde und Ehrenlegion vor dem Kaiser defilieren; der Hof war auf einem, jetzt verschwundenen, Lichtbalkon zwischen dem Schweitzerhof und dem inneren Burgthore, auch der junge Erzherzog Franz Josef in der Dragoneruniform, eben im Begriff nach Italien auf den Kriegschauplatz zu gehen. Mit lauten Rufen zogen Truppen und Nationalgarde vorbei, nur unter den Studenten herrschte lautlose Stille. Onkel Franz be-*

fand sich auch in Italien, woher er einst schrieb, daß es mit der Kriegsführung nicht zum besten stünde und beifügte: ›Wenn unser Herrgott kein so eingefleischter Österreicher wäre, müßten wir längst zu Grund gegangen sein!‹ Dieses Wort fand ich später noch oft recht buchstäblich wahr.

Am 1. Mai fuhren wir zu unserer größten Freude mit dem Dampfschiff nach Enns. Einige Tage später hieß es der Hof habe auf der Flucht nach Innsbruck Enns passirt. Mein Vater und Onkel Vinzenz ritten auf die Post, meine Großmutter war nicht mitgekommen. Um Aufsehen zu vermeiden und auch um einiges Wichtige nachzubringen hatte man sie zurückgelassen; wenige Tage nachher fuhr sie, Papiere und Kostbarkeiten im Sack, wie zur Promenade aus der Burg, ihre alte treue Kammerjungfer fuhr ebenso bei einem anderen Thore heraus, außer der Linie fanden sie sich und folgten dem Hof nach Innsbruck. Mein Großvater blieb den ganzen Sommer in der Burg, er hatte den Auftrag dieselbe nicht zu verlassen und führte ihn aus, ohne je vom Pöbel behelligt zu werden. Wir verlebten den Sommer ruhig in Weitra.

Während Europa in Flammen und Gährung war, rührte sich in unserem abgelegenen Weitra nichts; der Waldhüther ging ruhig seiner Arbeit nach, das Verhältniß zu den freigewordenen Unterthanen blieb ein gleich freundschaftliches; nur der ›gestrenge Herr‹, der Oberamtmann Weyringer fühlte sich als degofteschierter (?) Herrscher und suchte Trost im Jean Paul (Dichter, Anm.), dessen blaue Bände er auf seinen Promenaden stets in den Händen auf dem Rücken trug; das Werkzeug seiner strafenden Gerechtigkeit, die lange Bank in der [...] (unleserlich) war ausser Funktion und erhielt ihre Friedensaufstellung im Schloßhof, auf ihr hält noch jetzt die eben unbeschäftigte Dienerschaft im Dolce far niente ihren Nachmittagsschlaf. Die Weitraer Bürger spielten Nationalgarde und gaben dies noch, als schon längst überall anders dieses Vergnügen erschöpft war; sie hielten Exerzierübungen im Schloßgarten und schoßen sich ge-

genseitig die Roßschweife von den Czakos; zum Glück passirte nie ein wirklicher Unfall. Während wir in Ruhe lebten, wurde es draussen in der Welt immer toller. Der Hof kam nach Schönbrunn zurück; auf meine Großmutter warteten ernste Aufgaben, sie wurde beauftragt der Kaiserin zu sagen, daß die Abdankung eine Nothwendigkeit geworden sei; sie entledigte sich des Auftrages bei ihrer Herrin, und die edle Frau bewog nicht ohne Mühe ihren Gemahl der Krone zu entsagen, wie auch Erzherzogin Sophie eine gleiche Aufgabe hatte. Während dieser Verhandlungen waren wieder geheime Besprechungen bei meiner Großmutter, und eines Tages machte die Wache die Meldung, daß in der Nacht unbekannte Männer zur ›Landgräfin‹ einschleichen; es waren Felix Schwarzenberg und Grünne, der Generaladjutant des Erzherzogs Franz Josef, die durch den Garten unbemerkt zu den Conferenzen kamen. Wien wurde besetzt und genommen, der Hof ging nach Olmütz und nach der Abdikation (Anm. Abdankung Kaiser Ferdinands) folgte meine Großmutter den Majestäten nach Prag. Der Regentenwechsel, der junge Kaiser, beschäftigten lebhaft meine Phantasie, dieser war in den nächsten Jahren der Gegenstand meiner stillen Verehrung.«[151]

Im Rückblick urteilte die alternde Hofdame Fürstenberg über diese Zeit und ihre Protagonisten ganz klar. Die Zitate zeigen, wie aus der anfangs schüchternen und unglücklichen jungen Frau, die sich am Hof unsicher und in einem Käfig fühlte, eine selbstbewusste und einflussreiche Persönlichkeit wurde, die aus dem Hintergrund die Fäden zu ziehen wusste. Sie hatte eine gute Beobachtungsgabe und ein klares Urteilsvermögen anderen gegenüber:

»Erzherzogin Sophie wurzelte in der alten Zeit. Sie war nicht alt, als Kaiser Franz Joseph zur Regierung kam, aber sie befestigte sich immer mehr in der Überzeugung, daß man von ererbter Ordnung der Dinge nicht abgehen dürfe. Nicht, daß sie harte Worte gebrauchte, aber sie lehnte alles Neue ab, und sie behandelte die neuen Menschen, als ob sie nicht vorhanden wären. So

kostete es ihr immer eine Überwindung, Schmerling zu empfangen, weil er doch der ›Vater der Verfassung‹ war; wenn er vorgelassen wurde, war sie wohl höflich mit ihm, aber ihr Widerstreben war schwer zu besiegen. [...] Es war ihr alles fremd, was sich 1848 auftat. Sie hatte nicht etwa in Bayern solche Eindrücke empfangen, denn ihr Vater, König Maximilian, gab die Verfassung und führte Neuerungen ein, die weit über das Notwendige hinausgingen. Die Erzherzogin übte in Österreich politischen Einfluß, besonders im Jahre 1848.«[152]

Einen unmittelbaren Bericht über die Flucht des Kaisers mit seinem Gefolge nach Innsbruck gibt Prinzessin Friederike Auersperg, Hofdame der Erzherzogin Sophie, in einem Brief an Baronin Scharnhorst:

»Innsbruck, 20. Mai 1848. Im Auftrag der Frau Erzherzogin Sophie gebe ich Dir die Nachricht von der glücklichen Ankunft Ihrer Majestäten, damit Du sie gleich I. K. Hoheit der Prinzeß Amalie, I. K. H. der Erzherzogin Palatin, der Gräfin Moritz Dietrichstein und der Gräfin Marie Veczay mitteilst, die bei ihrem Vater wohnt.

Sämtliche Glieder der kaiserlichen Familie sind wohl und leben auf, trotz der anstrengenden Reise und der Ermüdung. Fast vor den Toren Wiens, möchte ich sagen, bis hierher gingen die Beweise von Treue und Liebe im Zunehmen, und mit Wonne haben wir es gesehen, daß der Kaiser noch Untertanen hat, die ihm gehorchen und nicht befehlen wollen.

Wo die armen Leute meinten, der Kaiser, den sie überall gleich erkannten, sei flüchtig, kannst Du Dir keinen Begriff machen, wie sie händeringend da standen und weinten, beteuernd, ihr letztes bißchen Habe, ihr letzter Blutstropfen gehöre dem Kaiser!

Von dem ersten Dorf in Tirol bis hier läuteten alle Glocken, wo wir durchkamen, und die ganze Bevölkerung der Ortschaften drängte sich um die Wagen und sah so glücklich aus. Die Ti-

roler sind dankbar, daß der Kaiser diese unter den treuen Pro-
vinzen seiner Monarchie gewählt hat, um von da aus das Glück
seiner treuen Untertanen zu lenken.

Kaum eine halbe Stunde vor unserer Ankunft erfuhren es die
Leute hier im Schlosse. Es verbreitete sich die Nachricht mit Blit-
zesschnelle, und trotzdem es heftig regnete, stürzte jung und alt
aus den Häusern. Stadt und Vorstadt waren beleuchtet, die
Leute tanzten und jubelten und zogen den Wagen, in dem die
Majestäten saßen, bis in die Vorstadt, damit der Kaiser sich
überzeuge, daß sich jeder hier beeilte, seine Freude, seine Glück-
seligkeit zu bezeugen. Ich versichere Dich, liebe Sophie, wir sind
auch recht glücklich. Allen den kleinen Bedürfnissen des Lebens
wird schnell abgeholfen. Man findet hier alles, und übrigens
fühlt niemand diese kleinen Entbehrungen, weil das Leben einen
so ganz anderen Anstrich bekommen hat.

Versichere alle die treuen Herzen, die mit Besorgnis um die kai-
serliche Familie fragen, daß sie sich nur freuen sollen. Sämtliche
Glieder sind ganz wohl, und unsere Reise wurde ohne Hindernis,
ohne die kleinste Störung zurückgelegt, als hätte Gott seine mäch-
tige Hand schützend ausgebreitet. Ich sage Dir, wie ein Wunder
kommt es mir vor, die Art, wie diese Reise vor sich ging.«[153]

Die Adressatin, Baronin Scharnhorst, wiederum schildert in ihren
Briefen, wie sie die Revolution in Wien erlebte:

»Wien, 22. Mai 1848. Auch ohne Eure Aufforderung würde ich
Euch geschrieben haben, liebe Freundinnen. Ihr seht, wir sind
hier. Meine K. H. befindet sich trotz aller Gemütsbewegungen
wohl. Gott sei Lob und Dank!

Wir haben eine in den Annalen Wiens ewig denkwürdige
Epoche durchlebt. Der Himmel gebe, daß sie beendet ist und die
durch ein Wunder gerettete Monarchie endlich zur Ruhe und
Ordnung komme. Die Abreise der kaiserlichen Familie, die den
17. abends geheimnisvoll erfolgte, war der Wendepunkt der seit
Wochen zunehmenden Anarchie. Der 15. Mai, dieser ewig denk-

würdige Tag, der Triumph wühlerischer Umtriebe, gesetzloser Frechheit und Verwirrung, brach den Stab über eine Partei, die den Umsturz alles Bestehenden beabsichtigte und durch die niedrigsten Mittel herbeiführte. Wien, die Vorstädte und nächste Umgebung, waren mit dem Netz einer Verschwörung überzogen, dessen Fäden in den Händen einer mißbrauchten Jugend lagen und nur eines Zuges bedurften, um namenloses Unglück über Monarchie und Residenz zu entfesseln. Es soll alles so vortrefflich angelegt gewesen sein, daß es durch ein verabredetes Zeichen am 15. zu den blutigsten Szenen gekommen wäre, wenn die Mäßigung des Hofes dieses Losbrechen der anarchischen Furien nicht durch momentane Nachgiebigkeit verhindert hätte. Die Nationalgarde hielt die Stadt und die Tore besetzt, während die Deputation der Studenten ihren Empörungsstreich in der Burg ausübte und bewaffnet mit scharf geladenen Gewehren ihrer Sturm-Petition Bewilligung verschaffte.

Das Militär lagerte auf dem Glacis, um die in das Komplott gezogenen bezahlten Volksmassen abzuhalten, die zu 20 000 bis 30 000 Mann die Stadt stürmen und eine kommunistische Bewegung machen sollten. Obgleich die Nationalgarde die Tore besetzte, ließ sie doch eine Menge Arbeiter herein. Das sah ich aus meinen Fenstern, die dem Franzenstor gegenüber sind. Diese sollten mit Schaufeln, Hacken und ähnlichen Werkzeugen die Burg stürmen und zuerst das Monument Kaiser Franzens niederreißen. In allen Straßen waren Barrikaden beabsichtigt, sie hatten mit Hilfe der Polen und französischen Emissärs die Plätze dazu ausgesucht. Alles war vorbereitet und die Sturmpetition an den Kaiser nur der Vorwand zu einer blutigen Revolution, die im Verweigerungsfalle ausgebrochen wäre. Aber Gott lenkte den milden Sinn der kaiserlichen Familie und ließ durch sie die Rettung der Residenz und der Monarchie in dem Augenblick vorbereiten, als alles verloren schien.

Den 18. morgens um 6 Uhr trat meine Kammerjungfer mit den Worten an mein Bett: ›Die kaiserliche Familie ist gestern

Abend abgereist! Die Aristokratie flieht nach allen Seiten. Diese Nachricht wird soeben veröffentlicht!‹ Ich fühlte Eis in meinen Adern rinnen! Es war ein Augenblick, den ich nie vergessen werde! Ein Abgrund öffnete sich vor meinen Blicken, in den alles hinabstürzte. Ich eilte zur Prinzeß und mußte sie mit der Schreckenspost wecken. Auch sie hatte nicht die leiseste Ahnung von der Reise gehabt. Der Prinz kam bald nachher, um seiner Schwester Lebewohl zu sagen, weil er die Truppen auf dem Glacis kommandierte. Wir blieben allein und machten Vorbereitungen zur Reise, ohne daß die K. H. einen Entschluß gefaßt hatte. Denn sie hätte nur mit schwerem Herzen ihren Bruder verlassen, und wir wären wahrscheinlich nicht fortgelassen worden, weil die Linien um 1 Uhr geschlossen wurden. Die Prinzessin verlor keinen Augenblick den Mut. Ich muß gestehen, daß ich sehr geängstigt war.

In den Straßen nahm das Getümmel zu, am Tor, wo die Abreise des Kaisers angeschlagen war, drängten die Massen. Die Nationalgarde marschierte in zahlreichen Patrouillen, eine beängstigende Aufregung schwankte zwischen Vernichtung und Festhalten der letzten Rettung.

Auf einmal erschienen weiße Kokarden, Binden, Schleifen. Ich begrüßte sie jubelnd. Nationalgarde, Studenten und Bürger erschienen mit diesem Zeichen des Friedens, sie führten gebundene Aufwiegler durchs Franzenstor, wohl bedeckt, auf den Hof. In den Vorstädten ergriffen sie die abscheulichen Schreiber der ›Constitution‹ und des ›Freimüthigen‹, die laut die Republik proklamierten und die Aufruhr predigten. Eine elegant gekleidete Dame, eine Baronin und die Frau eines Radikalen verteilten Geld und schrien die Republik aus. Beide Kreaturen wurden ergriffen und eingeführt.«[154]

Die Baronin schildert auch anschaulich, wie sie mit ihrer Herrin inmitten der revolutionären Unruhen und Gefechte auf abenteuerliche Weise aus der Wiener Innenstadt fliehen konnte.

»Hacking, 31. Mai 1848. Den 26., morgens um 10 Uhr, flohen wir über die Barrikaden weg hierher (nach Hacking, Anm.), *wo es jetzt ganz ruhig ist. Ich atmete tief auf, als ich nach der Angst der vorhergegangenen Tage das friedliche Schloß in den schönen grünen Umgebungen des herrlichen Gartens, ein Asyl der Ruhe, wiedersah und dankte Gott, das Toben und anarchistische Treiben des ach so ganz veränderten lieben Wien zu verlassen. Wir machen seit dem 13. März eine ununterbrochene Revolution durch, die nach und nach einen sehr ernsten trüben Charakter annimmt.*

Soviel ist gewiß, daß die plötzliche Abreise des Hofes Schrecken, Zerknirschung und Schmerz verbreitet hatte, und daß die drückende Stimmung zur Ordnung und Mäßigung zurückführte. Die Straßen waren leer, das laute Benehmen und Auftreten der Studenten hatte sich in Bescheidenheit verwandelt. Die Studenten hatten beschlossen, ihr akademisches Jahr zu schließen und ihre Waffen selbst zu übergeben. Es wird dies zwar von vielen widersprochen, doch weiß ich es bestimmt, daß die Techniker den Morgen des 26. sich zu diesem Zweck in der polytechnischen Schule versammeln wollten und man einige, die in der Stadt wohnen, nicht hinausließ, weil das Universitätsgebäude bereits mit Militär besetzt worden war, und man die Studenten aufgefordert hatte, ihre Waffen vor demselben zu strecken. Sie weigerten sich, stellten sich mit ihren geladenen Gewehren an die offenen Fenster und verlangten den Abzug der bewaffneten Macht, sich auf die kaiserliche Bewilligung des 14. März berufend. Um Blutvergießen zu verhindern, ward ihrem Begehren Genüge geleistet. Das Militär wurde auf die Glacis geschickt, die nicht beorderte Nationalgarde kam aus eigener Machtvollkommenheit, besetzte die Tore und Wachen. Man ließ es ohne Widerstand geschehen, bestätigte die Akademische Legion aufs neue und zog sich tambour battant auf wiederholte Forderung der Studenten in die Kasernen zurück. Die Stadt war in den Händen der Studenten, der Nationalgarde und Bürger.

Augenblicklich erschienen auf die verabredeten Zeichen des Sturmläutens und des Aufziehens einer weißen Fahne auf dem Stephansturm eine ungeheure Menge Arbeiter. Es wurden in fabelhafter Schnelle in allen Straßen, an allen Toren Barrikaden gebaut, mehr als 30 000 Arbeiter waren unter der Leitung der Akademiker, Bürger und Nationalgarde damit beschäftigt. Abends war die Stadt eine nach allen Richtungen hin in Verteidigungszustand gesetzte Festung. Bürger und Nationalgarde-Patrouillen zogen umher, die Studenten standen auf den Barrikaden und erwarteten einen Feind, der nicht erschien. Das Franzenstor war nach innen von einer hohen Barrikade abgeschlossen. Gerade unter meinen Fenstern, links an der Ecke unseres Hauses, erhob sich eine zweite, und so fort durch die ganze Stadt. Die Stimmung war keine friedliche, die Menschen sahen so aufgeregt aus, daß man jeden Augenblick einen Konflikt befürchten mußte. Sie erwarteten Windischgrätz mit 20 000 Mann und wollten ihm die Einnahme der Stadt durch äußersten Widerstand erschweren. Wer in solchen Momenten Gerüchte ausstreut, die die Gemüter erhitzen, ist gewiß ein Feind der guten Sache. Es finden sich davon genug.

Wir konnten abends nicht mehr fort. Es wurde die Nacht gepackt, um den anderen Morgen endlich das aufgeregt tobende Wien zu verlassen. Ich blieb auf, half meiner Kammerjungfer packen und beobachtete aus meinem Fenster den Gang der Dinge, die gegen zwei Uhr einen feindlichen Anstrich bekamen. Es wurde Alarm geschlagen, die Sturmglocken in der Stadt und den Vorstädten läuteten schauerlich. Es zogen Scharen von Arbeitern mit Fackeln über die Glacis ins Tor und verteilten sich nach allen Seiten. Ein Trupp zog auf die Bastei der Burg zu, mit jenem unheimlichen, wilden Geschrei, das wir in den Märztagen von Ferne und jetzt in der Nähe hörten. Alle trugen gedruckte Zettel an den Hüten mit den Worten: ›Die Akademische Legion soll bestehen nach der K. K. Bewilligung des 14. März.‹ Sie waren mit Sensen, Hacken, Stangen bewaffnet und sahen aus wie Räuber.

Doch wurde nichts berührt, auf allen kaiserlichen Gebäuden und auf allen Gewölben standen die Worte geschrieben: ›Heilig ist das Eigentum‹. Der Grund dieser verstärkten Aufregung war das wiederaufgefrischte Gerücht, Windischgrätz komme mit 20 000 Mann von der Leopoldstädter Seite. Statt diesen kamen ungarische Studenten von Preßburg ihren Wiener Brüdern zu Hilfe. Trotzdem dauerte das Lärmen die ganze Nacht. Sie sangen Lieder, besonders das ›Ein freies Leben führen wir‹ usw. Gegen Morgen saßen die Studenten mit roten Bändern und Federn angetan auf den Barrikaden und erwarteten noch immer, aber umsonst, den gefährlichen Feind. Daß auch Bürger in Uniform, die Barrikaden zu verteidigen, ihren Platz neben den Studenten nahmen, tut mir unbeschreiblich weh! Von dem Augenblick an fürchtete ich mich, weil ich fühlte, daß Schiller Recht behält mit den Worten: ›Allein der schrecklichste der Schrecken, das ist der Mensch in seinem Wahn!‹ Um 10 Uhr verließen wir das Haus, natürlich zu Fuße, denn fahren konnte man nicht, auch wurden keine Abreisenden fortgelassen. Wir gingen verschleiert im Gedränge des Volkes auf die Glacis und setzten uns in Fiakers, die uns hier in den Hafen des Friedens führten.«[155]

»Hacking, 2. Juni 1848. Wir machen gar keine Pläne. Das kann man auch wirklich nicht in jetziger Zeit. Wenn man an einem ruhigen Ort ist, so soll man Gott danken und dableiben. Hietzing ist beinahe leer, die geschlossenen Fensterläden bezeugen es, ebenso Schönbrunn. Das Foyer der entflohenen Aristokratie ist Baden. Es ist aber zu weit von hier, um mit der dortigen Gesellschaft in Verbindung zu treten. Das tut mir sehr leid, weil ich unsere gute Toni Taaffe gern dort aufsuchte. Wenn man in die Politik fällt, so findet man nicht mehr heraus. Die Ankunft des Erzherzogs Johann hat, Gott sei Dank, einen sehr günstigen Eindruck in Wien gemacht und die Gemüter besänftigt, die sich ohnehin nach Ruhe sehnten. Seine Vertrauen einflößende Popularität wirkt wohltätig nach allen Richtungen. Auch die Arbeiter-Krawalle haben sich seitdem gelegt.

Wir fuhren vorgestern zum Theater hinein und fanden die Stadt viel belebter durch freundlich blickende, grüßende Menschen, als es seit langer Zeit der Fall war. Der innere Burghof war mit Menschen angefüllt, die sehnsüchtig das Erscheinen des Erzherzogs am Fenster erwarteten, um ihr freudiges Vivat erschallen zu lassen. Diese tief wurzelnde Liebe zu den angestammten Fürsten ist der Hoffnungsanker, um den sich alle Gutgesinnten scharen.«[156]

Nachdem Ruhe und Ordnung wiederhergestellt waren, kehrten Kaiser Ferdinand, seine Familie und der Hofstaat wieder nach Wien zurück. Ganz sicher schienen sie sich offenbar noch nicht zu fühlen:

»Hacking, 28. August 1848. Du wirst Szenen der Anarchie in der Zeitung gelesen haben. Jetzt ist alles ruhig. Gegen 200 verwundete Arbeiter werden in den Spitälern verpflegt, und 18 Gefallene wurden, von den Studenten begleitet, zur Erde bestattet. Dieses Beispiel wird wahrscheinlich und hoffentlich mehr zur Ordnung und Disziplin beitragen, als alle Anreden des Herrn Ministers Schwarzen, ehemals Kipfelbäcker.

Bürger und Nationalgarde waren sehr mit der Bewachung Schönbrunns beschäftigt. Kavallerie und Infanterie besetzten die Alleen um Hietzing und Meidling, außer den durch Militär und Nationalgarde doppelt besetzten Wachen. Als die Arbeiter das hörten, riefen sie: ›Unsern geliebten Kaiser braucht man nicht zu bewachen. Dem werden wir nichts tun. Eher würden wir uns für ihn schlagen. Wir wollen ihm nur unsere Klagen vortragen, weiter nichts!‹

So regieren die größten Widersprüche der Ansichten und Handlungen die noch immer erregten Parteien, obgleich alle trotz ihres Unsinns sich in treuer Ergebenheit vor der Majestät des Kaiserhauses neigen. Die hohen Herrschaften sind nun wieder ganz heimisch in Schönbrunn und empfangen von allen Seiten Versicherungen der treuesten Anhänglichkeit.

Die geliebte hochverehrte Frau Erzherzogin Sophie erholt sich Gott sei Dank. Sie versammelt wieder zum Tee den Hof bei sich und ladet auch die Damen der Kaiserin dazu, was bei ihrer unbeschreiblichen Anmut und Liebenswürdigkeit eine wahre Wohltat für die Bewohner Schönbrunns ist. Vor einigen Tagen hatte ich die Ehre, die Majestäten dort zu sehen. Sie brachten dem kleinen Ludwig ihre Glückwünsche zu seinem Namenstage.«[157]

Baronin Scharnhorst beobachtete auch die Ereignisse nach der Niederschlagung der Revolution in Wien aus nächster Nähe:

»Wien, 18. Oktober o. J. Es kommen täglich zahlreiche Züge von berittenen Bauern mit schwarz-gelben Fahnen und Musik, welche die Volkshymne spielt, um dem Kaiser ihre Ergebenheit und Treue zu versichern. Die Majestäten begrüßen die braven Leute vom Balkon unter Jauchzen und Vivatrufen. Es ist eine wahre Freude, die Gefühle treuer Untertanen-Liebe mal wieder zu erblicken. Gestern waren über 1000 gekommen. Sie passieren unsere Fenster und halten vor der Residenz mit entblößtem Haupte. Ihre Frauen bringen, auf mit Fahnen verzierten Wagen sitzend, enorm große Kuchen, mit Türmen von gebackenen Figuren, Vögeln, Blumen und Goldpapier dekoriert. Sie sind meistens schön und sehr hübsch gekleidet. Der Kaiser und die Kaiserin empfangen ihre Deputationen alle persönlich. Hier wurde ein Bataillon des Erzherzogs Ernst, welches sich ergab, aufs neue bewaffnet und auf seinen Wunsch nach Italien geschickt. Wir sahen die Soldaten mit den eben wiedererhaltenen Waffen fröhlich, beinahe mutwillig an unsern Fenstern vorbeiziehen.«[158]

»Wien, Dezember 1848. Der junge Kaiser empfängt beinahe täglich aus allen Teilen der Monarchie Huldigungsdeputationen, die er mit großer Huld und Freundlichkeit, jede in ihrer Volkssprache, anredet. Sein ruhiger, männlicher Ernst, die Sachkenntnis, die er bei jeder Gelegenheit entwickelt, und seine Gemütlichkeit erwarben ihm die Herzen und das Vertrauen seiner

Untertanen. Gottes Segen ruhe auf dem edlen fürstlichen Jüng-
ling, der einer großen, bedeutenden Zukunft entgegengeht.

Hier feierten wir den Weihnachtsabend bei der geliebten Erz-
herzogin Sophie. Sie beschenkte den Hof und ihre Kinder reich-
lich wie immer. Viele Lichter brannten in dem großen schönen
Speisesaal. Der buntbehangene Baum nahm die Mitte des Saa-
les ein, rechts und links standen Tafeln, auf denen eine Masse der
schönsten Geschenke ausgelegt waren. Drei Luster und zwölf
Kandelaber beleuchteten die Freude der Jugend, die nach so vie-
len bangen trüben Stunden fröhlich jauchzte. Der Kaiser erhielt
von seinen Eltern den schönsten Preis in den sehr ähnlichen Por-
träts der drei hochherzigen Feldherren Windischgrätz, Jellachich
und Radetzky, die man jetzt mit dem einfachen Worte »WJR«
bezeichnet. Er empfing diese so treffenden Porträts der Stützen
seines Thrones mit sichtbarer Rührung und schmückte seine ge-
liebte Mutter als Beweis seiner Dankbarkeit mit einem wunder-
vollen Bracelet aus dunkelblauem Email mit Diamanten und
Perlen. Alle Geschenke zu nennen reicht mein Gedächtnis nicht!

Meine liebe K. H. hatte außer den Gaben auch noch die große
Freude, ihren Neffen, den Prinzen Friedrich von Baden, beim
Christbaum zu sehen. Er war den Tag vorher gekommen, um
dem Kaiser im Namen seines Vaters zur Thronbesteigung Glück
zu wünschen.«[159]

Einige Monate später war für Baronin Scharnhorst dann die Welt
wieder völlig in Ordnung, und das im wahrsten Sinne des Wortes:
Die alte Ordnung war wiederhergestellt. Nach ihrer Schilderung
erhält man den Eindruck, dass die eigentliche Siegerin der Revolution ihre »hochverehrte« Erzherzogin Sophie gewesen sei. Aus
ihrer Sicht stimmt dieser Eindruck auch, die Kaiserinmutter hatte
ihren Sohn als Kaiser installiert und der Aufstand war niederge-
schlagen worden, alles schien wie zuvor zu sein.

»Der 25. April (1846, Anm.) war ein unvergeßlicher Tag, reich an
Enthusiasmus und schönen, großartigen Eindrücken. Wir fuhren

im Gefolge der Erzherzogin Sophie an den Fronten des paradie-
renden Militärs und den 15 000 Nationalgarden vorüber, die
laute Vivats der teuren hochherzigen Frau zuriefen, während alle
Musikbanden einstimmig die Nationalhymne spielten. Es war ein
schöner Augenblick. Sie hatte den lieben kleinen Erzherzog Lud-
wig bei sich im Wagen, während ihr Gemahl und ihre drei Söhne
zu Pferde paradierten. Nach der Truppenschau begab sie sich auf
den Balkon im Burghof, wo der Kaiser und die ganze kaiserliche
Familie dem Defilieren des Militärs und der Garden zusahen.
Unaufhörliche Lebehochs und Vivats erfüllten die Luft, und die
Akademiker, die Helden des Tages, schwangen die mit deutschen
Farben befiederten Federhüte fröhlich hinauf zum Balkon, wäh-
rend sie lustig nach dem von Strauß für sie komponierten Marsch
auf das Motiv ›Was macht der Herr Papa‹ marschierten.
   Wir sahen diesem schönen Schauspiel aus den Fenstern der
Erzherzogin zu. Eine unbeschreibliche Masse von Menschen
war auf den Beinen, doch fehlten die Aristokraten. Nirgends sah
man Bekannte, außer denen, die in den Reihen der Garden mit
ziemlich sauern Gesichtern die Muskete trugen. Nun, ich meine,
wenn die kaiserliche Familie sich freundlich in die neue Ord-
nung fügt, so könnten sie es auch ohne Bedenken tun. Abends
war ein kolossaler Fackelzug, und wenn man die angstvollen
Tage mit durchgemacht hat, so freut man sich dieses Versöh-
nungsfestes, das das erschütterte Vertrauen durch so viele Be-
weise der Ergebenheit neu belebte.«[160]

Doch ganz so war es nicht, denn die Revolution hatte doch empfindlich am Absolutismus gerüttelt und diesen in der alten Form
beendet. Erzherzogin Sophie fügte sich nie in die neue Ordnung,
für sie galt immer noch die alte absolutistische Ordnung und sie
empfing oder sprach ungern mit den neuen Repräsentanten der
Macht des Volkes, wie auch aus den Hofdamenbriefen hervorgeht.
Tief in ihrem Innersten erkannte sie die Errungenschaften der Revolution nie an.

DAS ATTENTAT AUF KAISER FRANZ JOSEPH 1853

Dass den Habsburgern kein beschauliches Familienleben gegönnt war, ist angesichts ihrer Stellung wohl natürlich. Wie exponiert und gleichzeitig auch gefährlich diese Stellung war, zeigt sich etwa an den Attentaten auf Mitglieder des Hauses Habsburg-Lothringen. Das spektakulärste Attentat, neben jenem auf den Thronfolger Franz Ferdinand knapp 70 Jahre später, war jenes auf Kaiser Franz Joseph am 18. Februar 1853. Die »Neue Freie Presse« berichtete am Tag nach dem – missglückten – Attentat ausführlich darüber, wenngleich erst auf Seite drei:

>*Wir haben unsern Lesern die erschütternde Nachricht eines fluchwürdigen Attentats mitzutheilen, welches gegen die geheiligte Person Sr. Majestät des Kaisers gestern von verruchter Hand gewagt wurde. Sr. Majestät machte, wie täglich, auch gestern um die Mittagsstunde in Begleitung eines dienstthuenden Flügel-Adjutanten einen Spaziergang auf der Bastei. Ungefähr 20 Schritt von dem alten Kärntnerthore beugte sich Sr. Majestät etwas über die Basteimauer, um in den Stadtgraben hinabzusehen. In diesem Augenblicke, es war zwischen ½ und ¾ auf 1 Uhr, stürzte der Meuchelmörder herbei und stieß mit einem langen Küchenmesser Se. Majestät in die Gegend des Hinterhauptes. Die Messerspitze, welche durch den Uniformkragen und die Cravatte gedrungen war, prallte aber durch die gnadenreiche Fügung des Allmächtigen an der Cravattenschnalle ab und konnte glücklicherweise nur ganz unbedeutend und zwar in schiefer Richtung in die Halshaut eindringen.*
>
>*In dem Augenblicke, als Se. Majestät verwundet wurde, warfen sich sogleich nebst dem Adjutanten Sr. Majestät mehrere in der Nähe befindliche Personen [...] auf den Mörder, welcher wie ein Rasender mit dem Messer um sich stieß, bis er zu Boden geworfen und ihm die Mordwaffe entrungen wurde. Sr. Majestät, welcher sogleich sein Schnupftuch auf die Wunde presste, ging mit bewunderungswürdiger Fassung und Ruhe bis in das nahe Palais Sr. K. k. Hoheit des Hrn Erzherzogs Albrecht, wo so-*

gleich der erste Verband angelegt wurde, worauf Se. Majestät
sich zu Wagen in die Hofburg begab.«

Der Kaiser wurde nur leicht am Hals verletzt, geschützt durch den steifen Kragen seiner Uniform. Bei dem Attentäter handelte es sich um einen ungarischen Schneider namens János Libényi, als Motiv vermutete man Nationalismus, aber eine dahinterstehende politische Gruppe konnte nicht ausgemacht werden. Libényi wurde zum Tode verurteilt und bei der Spinnerin am Kreuz hingerichtet. Das Misslingen des Attentats löste eine wahre Euphorie unter der Wiener Bevölkerung aus, was seit den Kämpfen im Zuge der Revolution 1848 ein Novum bedeutete. Es wurde ein Dankgottesdienst in der Stephanskirche abgehalten.

Landgräfin Fürstenberg, die damals noch ein Kind war, schildert die sie offenbar sehr beeindruckenden Ereignisse:

»Am 18. Februar 1853 wurde ganz Wien in lebhafte Bestürzung versetzt, ein ungarischer Schneider, Libenyi, hatte auf der Bastei dem Kaiser mit einem langen Küchenmesser eine gefährliche Stichwunde beigebracht, die bloß durch eine zufällige Kopfbewegung des Getroffenen nicht gleich tödlich geworden. Am selben Abend fand bei St. Stephan ein Dank te deum statt, ich war trostlos nicht mitgenommen zu werden; um so freudigeren Antheil nahm ich einen Monat später, als der Kaiser unter dem Vivat der Wiener mit seinem Vater das erste Mal wieder ausfuhr, nach St. Stephan zum Dankamte.«[161]

Einige Wochen später konnte Baronin Scharnhorst in ihrem Brief an Gräfin Sickingen bereits Entwarnung geben:

»Wien 16. März 1853. Dem Kaiser geht es Gott Lob und Dank täglich besser. Er sieht sehr gut aus und beschäftigt sich mehr, als man wünscht. Auch die liebe Erzherzogin Sophie hat sich von den schweren Tagen erholt und sich am 12. und 13. des herrlichen enthusiastischen Empfanges hoch erfreut, der ihrem geliebten Sohn bei seiner Fahrt nach St. Stephan und im Burg-

theater zuteil wurde. Der Empfang Sr. Majestät war wirklich
herzerhebend. Die Zeitungen berichteten zwar alles genau, aber
den Ausdruck der Freude und Rührung auf allen Gesichtern, die
Tränen, die das jugendliche Antlitz des Kaisers beim Empfang
so herzlicher Huldigungen verklärten, das muß man gesehen
haben, um dem lieben Gott aus der Fülle des Herzens zu danken,
daß der Dolch des Mörders den Weg zur Versöhnung zwischen
Fürst und Volk unter Gottes wunderbarer Leitung anbahnte.

Ich versichere Dich, liebe Eva, die Luft, die man hier jetzt ein-
atmet, ist die alte gute Wiener Luft. Gemütlichkeit und Harm-
losigkeit sind zurückgekehrt. Die Tage des 12. und 13. März
haben die Erinnerung an die Oktav des März 1848 ausgelöscht.
Gott erhalte den teuer erkauften schönen Frieden der Gemüter
für alle Zeit! Der Kaiser gab seiner hochherzigen Mutter ein
schönes Bracelet zum Andenken kindlicher Dankbarkeit. Ein
breites goldenes Band mit einer Schleife von Diamanten, an der
ein Herz mit einem Rubin, in der Mitte von Diamanten einge-
faßt, hängt. ›Tun Sie mein Haar hinein‹, sagte der liebe Herr.
Als die glückliche Mutter bemerkte, der Rubin verewige gleich-
sam die Erinnerung an sein teueres vergossenes Blut, erwiderte
der gute Sohn: ›Ja, das ist ja eben der Witz, liebe Mutter.‹«[162]

Den beiden Lebensrettern des Kaisers, seinem Adjutanten Graf
O'Donnell und dem herbeigeeilten Fleischhauer Josef Ettenreich,
wurde auf dem Heldenberg ein Denkmal gesetzt, Ettenreich
wurde in den Adelsstand erhoben. Franz Josephs Bruder Maximilian erließ einen Spendenaufruf, um zum Dank für die wunder-
same Errettung des Kaisers in Wien eine Kirche zu bauen. So
wurde an der Stelle, an der das Attentat verübt wurde, die Votiv-
kirche erbaut und im Jahr 1879 eingeweiht.

KRIEG MIT PREUSSEN UND
DIE NIEDERLAGE VON KÖNIGGRÄTZ 1866

Es waren nicht nur innenpolitische Ereignisse, wie die Revolution, oder persönliche Tragödien, die der Herrscherfamilie zu schaffen machten, sondern auch und vor allem die zahlreichen Kriege, die sie zu führen hatte. Eine der schlimmsten Niederlagen erlitt das Habsburgerreich in der militärischen Auseinandersetzung mit Preußen, seit Maria Theresias Zeiten Erzfeind der Habsburger. Es ging dabei um die Vorherrschaft im Deutschen Bund, im Besonderen um die Länder Schleswig und Holstein, was schließlich zur Kriegserklärung Preußens an Österreich führte. Auf Seiten Österreichs kämpften Bayern, Sachsen, Hannover, Württemberg und Baden. An der Seite Preußens standen Thüringen, einige norddeutsche Länder und Italien. Letzteres erhoffte sich im Falle eines Sieges, Venetien von Österreich zu erhalten. Im Juni setzten sich Preußens Armeen in Marsch.

Landgräfin Fürstenberg schreibt über die Stimmungslage in Wien, als sich die große Katastrophe anzubahnen begann: *»Schönbrunn 15 Juni 1866. Jetzt zwar lebt man auch hier in beständiger Aufregung und zwar in recht peinlicher, die Ereigniße folgen sich so rasch so ernst, und die nächste Zukunft liegt so trüb und grauenvoll vor einem, daß der Egoismus verschwindet, es bleibt keine Zeit u. kein Raum für ihn. Man ist in ständiger Ungeduld, in Zorn und Entrüstung, man möchte fast schon, daß drein geschlagen würde; wüßte man nur daß alles gut ginge und daß unser Herrgott einem vor einen Unglück bewahrt. Ich gehe die Woche hindurch nach Mariahilf in die frühe Messe, man geht eine Stunde, aber großentheils im Schatten der Häuser. Hier ist es nun recht still und einsam gewesen, nachdem alles weg ist, bis auf den Kaiser, der mit seinen Adjutanten und seinen Sorgen allein zurückblieb [...]. Meiner armen Herrin bangt um ihre Sächsischen Schwestern, die als erste Opfer preußischer Perfidie schon Dresden verlassen u. auf dem Weg nach Baiern sind. Ich hatte nun gute Zeiten insofern die Meine fast* *täglich zur Kaiserinmutter einen Sitz machen ging, den ich zu einem Rennen in die Himmelpfortgasse (in das Familienpalais, Anm.) benützte. Heut ist die Kaiserin nach Persenbeug. Heut ist Marschallstafel, Baldine nicht da, <u>ich</u> Kommandos machend wie anderswo die Hausfrau.«*¹⁶³

»Schönbrunn 30 Juni. [1866]
*Es ist eine bange und qualvolle Zeit; man ist erfüllt von den Schrecken des Krieges, denkt und spricht nichts andres, und was andres soll man schreiben? Neues und Richtigeres kann man auch nicht mittheilen, denn uns kommen keine andren als die Zeitungsnachrichten zu, es wird der Grundsatz aufgestellt, so wenig als möglich zu reden ›um sich nicht aufzuregen‹ u. wohl auch aus Mangel an rechten Interesse, es ist manchmal zum Auswachsen. [...] Aber ich meine, es ist eben jetzt ein Frevel sich mit seinen eignen privaten Widerwärtigkeiten zu beschäftigen und es ist mir alles recht, u. willkommen, wenn nur Gott uns und Östreich vor einem Unglück bewahrt. Der Ernst der Zeit unterdrückt den sonst so unbändigen Egoismus. [...] Und unser armer Kaiser! Er ist bewundernswürdig; wirklich Tag und Nacht ohne Ruh bei der Arbeit; ob ihm den unser Herrgott gar keine Freude auf Erden beschieden hat! ›Sie‹ (gemeint ist Kaiserin Elisabeth, Anm.) ist wenigstens <u>hier</u>. Mehr verlange man ja vernünftiger Weise nicht. Ich muß nun enden und vorlesen gehn; das ist auch jetzt ein erquickliches Geschäft. Gottbefohlen, meine Louise. Beten wir alle, was andres bleibt uns denn zu thun übrig? Deine Therese«*¹⁶⁴

Am 3. Juli stießen die Heere aufeinander. Das militärische Aufgebot war gewaltig: Insgesamt 400.000 Soldaten bekämpften einander in einer der blutigsten Schlachten der Weltgeschichte. Die österreichische Seite verlor. Diese Niederlage löste in der Bevölkerung und auch bei Hof Entsetzen und Trauer aus. Therese berichtet an ihre Mutter über die vernichtende Niederlage und die Gräuel der Schlacht:

»Liebe Mama! Du wirst ›endlich‹ ausrufen, beim Anblick dieser
Zeilen; aber ich weiß, daß du mir verzeihn wirst, wenn ich dir
sage, daß ich wahrhaftig nicht im Stande war, überhaupt und
schon gar nicht nach Weitra zu schreiben; Gott sei Dank, Gott
sei tausendmal Dank, daß das nun vorüber, daß diese qualvolle
Zeit für einige Zeit vergangen ist. Man kann wirklich nicht
genug dankbar sein, denn jeder der lebend und unversehrt da he-
raus kam, ist wie ein Geschenk Gottes. Tausendmal hab ich Gott
gedankt, daß Du nicht hier warst liebe Mama; denn wir blieben
ja wie Du ohne direkte, sichere Nachricht, und man hörte seit
Tagen nichts, als die gräulichsten Gerüchte, die sich leider alle
bestätigten, so daß man schließlich nichts mehr andres thun
konnte, als sich in Gottes Willen fügen, nicht wissend ob man
noch beten könne oder nicht. Nun ist all die Todesangst vorüber
und man ist nur mit Dankbarkeit erfüllt; und Gott wird sicher
auch weiter gewärtig sein. Unsre Schwadron war an 3ᵗ glückli-
cher Weise auf Kanonenbedeckung, also verhältnißmässig wenig
exponirt, das Regiment selbst hat unendlich gelitten. [...]
Es ist unbegreiflich und unverantwortlich, wie diese trias,
auf die man so fest bauen zu können meinte, kopflos und unsin-
nig verfuhr; es ist nur eine Stimme unter den verwundeten Offi-
ziern hoch und nieder, und Benedek (Oberbefehlshaber Ludwig
von Benedek, Anm.) *hatte unbedingte Macht und schickte gar*
keine Berichte!! Korps-, ja Regimenter-weise wurden sie, ohne De-
ckung und Schutz dem Feind entgegengeworfen, ohne daß man
auch nur dessen Stärke ahnte, u. in der letzten Schlacht ›vergaß‹
man, einen Berg zu besetzen, der erst im Lauf des Tages vom
Feind benützt wurde. Daß es so weit hat kommen müssen; unsre
herrliche Armee, so zu Grunde gehen mußte; und jetzt, die Folgen
davon! Ezh. Albrechts schöner Sieg umsonst! [...] Gott bewahre
Östreich vor noch größerem Unheil. Unser armer Kaiser! Die
Kaiserin erbaut und erstaunt alle Welt, durch die wahrhaft müt-
terliche Art mit der sie sich der Pflege der Verwundeten und der
Spitäler annimmt; es war Zeit, qu'elle se reconstitue les coeurs du

public (dass sie die Herzen des Volkes wiedergewinnt, Anm.)*; sie ist auf besten Wege. Ich besuche so gern die Verwundeten, u. bedauere, dß. es nun aus ist. Papa leistet das unglaubliche; brachte, die ganze Woche, fast alle Nächte am Bahnhof zu das ist keine Kleinigkeit; Gott hat es ihm gelohnt, indem Er Eduard schützte. Ich gehe nicht gern nach Ischl, so lang Papa hier ist, aber es wäre <u>Undank</u>, jetzt über eine solche Kleinigkeit zu lamentiren; so ziehe ich denn ohne Murren morgen früh weiter.«*[165]

*»Schönbrunn 7 Juli [1866]
Liebe Schwestern. Wir können Gott nicht genug danken. Er ist wirklich recht gut. Gestern Abend schickte Gräfin Christalnigg zu Papa, ließ ihm sagen, ihr verwundeter Sohn brachte die Nachricht, daß <u>Eduard frisch und gesund</u>* (der ältere Bruder der Schwestern, Anm.) *sei. Wie dankt man Gott und der freundlichen Frau, die uns nicht einmal kennt. Aber in der jammervollen Zeit hat man mit dem fremdesten Erbarmen, man kommt sich so nah durch gleiche Angst, durch gleiche Qual; und hat man durch Gottes Barmherzigkeit eine gute sichere Botschaft, oder die Betreffenden ihre Verwundeten in Sicherheit, so weiß man gar nicht wie man solches Glück verdient, man möchte alle Welt dran theilnehmen lassen! Ihr habt keine Idee von der Todesangst, der vergangenen Tage! Gestern hörte ich, daß Holstein sich hatte am 30. bei Jičín dezimiren lassen und nun nach allen Details vom 3*[t] *ist jeder, der lebend heraus kam vom Centrum und vom rechten Flügel, wo der Kaiser mit den Ulanen stand, wie durch ein Wunder gerettet. Und alles das zu wissen, täglich zu hören, und keine Nachricht! ich <u>konnte</u> Mama noch nicht schreiben, ich hätte nicht gewußt was. Sie waren so von Kugeln übergossen, daß sie scharenweise niederfielen, es war als werfe man ihnen Sand ins Gesicht; es muß ein grauenhaftes Blutbad gewesen sein. Gott mache ein Ende, einerlei, wie und durch wen. Eduard's Schwadron war auf Kanonenbedeckung, sein Regiment sollte Carée sprengen, ein Rittmeister sagte los, dann sah*

er den Stab und etwa 40 Mann beisammen, alles übrige war ge-
troffen oder versprengt. ›Man hatte vergessen den einzigen Fel-
sen am Schlachtfeld zu besetzen, der Feind bestieg und benützte
ihn im Lauf des Tages.‹ Über das zu reden gäb's kein Ende; es ist
unfasslich; man kann sich nur vor Gott beugen, der eine solche
Verblendung erlaubt hat! und eine solche Demüthigung. Armer
Kaiser! Die Kaiserin ist den ganzen Tag in den Spitälern und
wirklich wie die Vorsehung, in alles eingehend, für alles sorgend,
liebevoll und mütterlich. Gott sei gelobt, Endlich! Die armen
Grünne, wissen Ferdinand zu Tode verwundet, auf dem
Schlachtfeld geblieben! Alfred Windisch-Grätz, O. Bulgarini,
sind schwer verwundet in Feindeshand, Lulu Lichtenstein ver-
mißt. Die Verluste beiderseits sind furchtbar! Es ist so viel Elend
um einem herum, daß man gar nicht weiß wie man selbst Got-
tes Barmherzigkeit verdient hat. Wir vom Hof haben von unsern
Brüdern Nachricht, Bellegards L Paar. Taxes Waldburg sind ge-
sund. Louis Lobkowitz wurde für Ozwiečim dekoriert. Papa
war gestern Nachts von 1 Uhr bis 8 Uhr Früh am Bahnhof. Bei
2000 Verwundete kamen an. Die Taxis brachten eine lange
Nacht dort zu; man hatte Fritzl fallen sehn; am Morgen kam die
Nachricht, er hätte ein Pferd verloren, sei selbst kämpfend he-
raus gekommen. Ein Waldstein und Windisch-Grätz blieb, und
wenn Louis (ihr Schwager Graf Rechberg, Anm.) *noch in Rei-*
chenhall *ist, kann er Amelie sagen, daß ihr Bruder von Eduards*
Regiment gesund heraus kam. Adieu, ich werde noch einmal
nach Enns schreiben.«[166]

Die Niederlage gegen Preußen war total, durch Fehler beim Rückzug der Österreicher konnten die preußischen Truppen bis knapp
vor Wien vordringen. Dennoch herrschte allgemein Erleichterung, dass der Albtraum zu Ende war. Therese Fürstenberg schildert ihre Gefühle, die sie wohl mit vielen bei Hofe teilte:
    »Ischl 24 Juli. Seit ich dir zuletzt schrieb, meine Louise, ist eine
    Ewigkeit vergangen, so nämlich kommt einem diese Zeit, in der

sich die Ereigniße jagen, vor. Und in mitten all des gräßlichen was geschehn ist, war uns Gott so wunderbar gnädig, daß wir Ihm nicht genug danken können. Was lebten wir vor einem Jahre, gut und sorglos mitsammen; wann wieder?! Ich versichere Dich, ich bin feig geworden, und begleite diese Verhandlungen mit heißen Wünschen für'n Frieden. Wie viel Jammer und Elend, wie viel Blut und Thränen sind geflossen, wie viel Todesangst, auch von uns gnädig Bewahrten, ausgestanden worden; für den Augenblick ist Demuth, mea culpa, alles was uns übrig bleibt; wir können noch froh sein wenn wir draus eine Lehre ziehn. Gott wir haben's weit gebracht! aber gegen Dummheit kämpfen Götter selbst vergebens.«[167]

»Ischl 30 Juli 1866. […] Ihr werdet gewiß auch die Wahrscheinlichkeit des Friedens, mit Freuden begrüsst haben. ist doch wenigstens eine Art des Elends beendet; es bleibt ja ohnehin noch genug übrig, und wir sind vor <u>der</u> gräulichen Angst befreit und können Gott nicht genug danken! Nun ist's ein Monath schon, daß alle die qualvollen Tage waren, so reich an Angst u. an, Gott lob, unnöthigen Thränen. Die halben Nächte gingen wir im Mondschein am Parterre herum, denn wer konnte schlafen, wissend daß beständig gekämpft wurde, u. der stille Beobachter da Oben, malte einem die gräulichsten Bilder vor. Das Parterre im Mondenschein wird mir zeitlebens ein Gräuel bleiben!«[168]

»Ischl 4 August 1866. […] Es schaut recht grau und düster in der Welt aus und hier ist's auch nicht um heiter zu werden; man sieht und hört nichts als Regen und wird an den Diensttagen so viel im Guß herumgeschleppt, denn der Mensch ist erschaffen, damit er so und so viel Stunden des Tages gehe; daß man in der Freiheit lieber zu haus bleibt, um wieder zu trocknen; […] Du meinst wir sollten nun ein festgekittetes Ostreich werden! ja wenn wir das können, bin ich ganz zufrieden. Wenn wir im Stande sind, mit den alten Verbindungen auch alte Vorurtheile über Bord zu werfen, können wir nur Vortheil davon ziehn, aber auch nur <u>dann</u>; und bis jetzt scheint leider gar wenig Aussicht

auf derlei vorhanden; übrigens hat Gott schon größere Wunder gewirkt, so wollen wir nicht verzweifeln.«[169]

Während der Friedensverhandlungen blieben jene Gebiete, in die die Preußen vorgerückt waren, von diesen besetzt. So erlebte die Bevölkerung die Folgen der Niederlage hautnah, auch die Heimat Therese Fürstenbergs, das Waldviertel, war betroffen:

»12 August 1866. [...] Recht froh bin ich daß die Preußen in der Gegend keinen Skandal aufführen und mein liebes Waldviertl nicht drunter leidet; nur fürchte ich unendlich, daß sie am Ende ihre Cholera einschleppen und wie überall zurücklassen; daß die Kirche in Gmünd Pastors predigten hörn müsste, ärgert mich trotz aller Toleranz. Man kann sich übrigens Glück wünschen, wenn man mit anständigen Disziplinhaltenden Commandanten bedacht worden ist, denn sie habens an manchen Orten arg getrieben; z. B. in Steinabrunn bei Fünfkirchen haben sie nicht nur die Meubles zerschlagen, sondern sich auch wie die <u>Thiere</u> betragen; man fand in, von <u>Offizieren</u> bewohnten Zimmern, nach dem Abmarsch, nicht näher zu bezeichnende Beweise von Nicht-civilisation! Zu allem Jammer und allen Sorgen der armen Meinen kommt jetzt noch die transatlantische Schwiegertochter herüber, deren Erscheinen, räthselhaft und unerwartet, gewiß nichts Gutes bedeutet; sollte sie, was übrigens unwahrscheinlich, den Gedanken haben zurückzukommen, so hätte auch gar kein Mensch eine Freude.«[170]

Hier spielt Therese auf die Gemahlin Kaiser Maximilians von Mexiko, Charlotte, an, die damals Mexiko verließ. Als die Franzosen sich aus Mexiko zurückzogen, reiste sie durch Europa und bat überall verzweifelt um Hilfe.[171]

Therese Fürstenberg berichtet weiter:

»Gestern kam der kleine Fürst Constantin[172] *hier an, um auf die allerhöflichste Art zu melden, dß. er im ah. Auftrag eine Rundreise zu machen habe um ›Einschränkung‹ vorzunehmen; sein*

Weg geht über Salzburg nach Innsbruck; die Apanagen werden gestützt; der Stall in Wien u. A. [?] reduziert, die ménagerie in Schönbrunn in Gefahr; es ist übrigens eine Maßregel, die ein sehr gutes Beispiel ist und möglicher Weise, einen guten Effekt machen kann. Mein armer Kaiser! was dem alles aufbewahrt ist – er hat doch wirklich keine gute Stunde seit Jahren!«

Die Siege in Italien bei Custozza und Lissa hatten nichts genützt, Österreich musste im Frieden von Wien Venetien an Italien abtreten. Diese Niederlage bedeutete für Kaiser Franz Joseph nicht nur einen Gebietsverlust, sondern seine Stellung insgesamt wurde geschwächt. Bald sollte dies innenpolitisch ausgenützt werden.

DIE ERMORDUNG KAISER MAXIMILIANS VON MEXIKO 1867

Dem um zwei Jahre jüngeren Bruder Franz Josephs, Maximilian, war das Schicksal des ewigen Zweiten vorherbestimmt. Zwar wurde er genauso erzogen wie Franz Joseph, war intelligent und im menschlichen Umgang vielen in seiner Umgebung sympathischer als jener, wie auch den Berichten der Hofdamen zu entnehmen ist. Dennoch hielt man ihn von allen politischen Angelegenheiten fern, er hatte bei Hof nichts zu sagen. Dass dies einen energiegeladenen, geistreichen jungen Mann enttäuschte, ist nicht weiter verwunderlich. Also suchte er sich ein eigenes Betätigungsfeld und fand es in der Marine. Gemeinsam mit Wilhelm von Tegetthoff strukturierte er sie neu und suchte fortan auf den Weltmeeren Abenteuer und Selbstbestätigung. Auf seinen ausgedehnten Seereisen ging er auch seinem liebsten Hobby – botanischen und kunsthistorischen Forschungen – nach und verfasste darüber fundierte und sehr interessante Berichte. Dennoch fühlte er sich frustriert, nicht auch eine politische Rolle spielen zu können und auf ein Leben als Privatmann reduziert zu sein.

Da traten in Europa lebende mexikanische Konservative, denen der liberale Präsident Mexikos ein Dorn im Auge war, mit einem Plan an ihn heran: Sie wollten, unterstützt von Frankreichs Napoleon III., die Republik Mexiko in eine Monarchie umwandeln. Als Oberhaupt brauchten sie jedoch einen präsentablen europäischen Prinzen und verfielen auf Maximilian. Die Franzosen marschierten im Jahr 1862 tatsächlich in Mexiko ein. Maximilian ließ sich – trotz zahlreicher Warnungen und des Scheiterns des ersten Kaiserreiches 1823 nach nur einem Jahr – tatsächlich zum Kaiser wählen. Zu groß war für ihn – unterstützt von seiner Frau Charlotte – die Versuchung, ebenfalls Kaiser zu sein und so die Zurücksetzung in der habsburgischen Familie zu kompensieren. Zusätzlich neigte Maximilian immer schon zum Utopismus. Es kam, wie es kommen musste: Als Kaiser konnte sich Maximilian in Mexiko nicht durchsetzen, der Widerstand wurde immer größer, und als sich die französischen Truppen 1866 aus Mexiko zurückzogen, dachte er daran, abzudanken. Aus Stolz, weil er nicht einfach fliehen wollte, blieb er, und dies war sein Verhängnis. 1867 wurde sein Palast eingenommen, er wurde inhaftiert und am 19. Juni erschossen. Die Nachricht aus Mexiko löste in Wien einen Schock aus.

Therese Fürstenberg berichtet ihrer Schwester, wie die Nachricht bei Hof aufgenommen wurde:

»Wien, 3. Juli 1867. Meine gute Louise. Es kommt mir vor als sei es schon lang, daß ich dir nicht geschrieben, es liegt wieder ein Ereigniß dazwischen, und was für ein entsetzliches Ereigniß! Längst erwartet, und längst gefürchtet, traut man sich nun das Geschehene für möglich zu halten; und die arme Mutter (Erzherzogin Sophie, Anm.)*, der gar kein Trost bleibt, kein letztes Wort, nicht das Bewußtsein ihrem Kinde noch beigestanden zu sein, nicht einmal die Leiche, nichts als der Gedanke, daß er verlassen und jammervoll zu Grunde ging. War es auch nicht ihr Liebling, so war es doch ihr Sohn, derjenige, in dem sie am meisten Ressourcen fand; und nun ist sie doch allein in ihrem Schmerze; Man nimmt wohl Antheil, an einem so tragischen Schicksal, das so schmerzvoll und heroisch getragen wurde, aber*

es scheint nun doch zu viel zu sein für einen Menschen; für sie und mit ihr leidet man. Nie wird wahrhaft ruhend im ersten Schmerz, gefasst und ergeben; als man ihr sagte, der Kaiser sei plötzlich angekommen, wußte sie gleich, warum, und ihm war es erspart, das schreckliche Wort auszusprechen. Sie ging gleich, begleitet von drei Zofen, nach Kleßheim, die Kaiserin erwartete sie dort. ›Er‹ folgte tags darauf; man vergißt ihn, vielleicht fühlt er's ebenso!? Baldine ist mit; ich erwarte den Ruf nach Ischl; in der ersten Bestürzung wußte kein Mensch wie lang die Erzherzogin hingehen wird; Es hieß, für die ersten Tage ist etwas bestimmt, so kann ich vielleicht mit Mama ein wenig davon. Einstweilen habe ich mich in der Burg einquartiert und warte. Mir war es beinahe leid, die ›Meine‹ in dem Augenblicke verlassen zu müssen. [...]
Ich habe nun gesehen, daß ich ihr doch recht attaschirt (von franz. attacher, zugeneigt, Anm.) *bin, in großen und ernsten Sachen mit ihr fühlen und empfinden kann, es ist eine Erfahrung, die mir jedenfalls lieb ist. Sie ließ uns bald womöglich kommen, und daß die zögerliche Gestalt des Meinen dabei war, war fatal; er ist eben nicht dienlich um solche Sachen. [...] Und wer könnte seine Fassung behalten beim Anblick dieser armen Mutter, der ihr Kind auf eine so gräßliche Art entrissen ist; was muß er moralisch ausgestanden haben? Sie findet Trost in dem Gedanken, daß sie ihm stets abgerathen, es nicht anzunehmen. [...] Er soll von Guatarro geschrieben haben, worauf muthmasslich kein Gefecht mehr war. Er schrieb von Mexiko und wollte versuchen zum Kaiser zu gelangen, ob ihm's gelungen, weiß man nicht. Jetzt jähren sich die Schreckenstage vom vorigen Jahr* (Niederlage von Königgrätz, Anm.) *und wieder erleidet das Schönbrunner Séjour einen traurigen und gewaltsamen Abschluß. Es ist 3 Jahr, da fing das Unglück von Königgrätz recht an! Mama und ich waren in Mariahilf um zu danken! Mein Meßbuch wird recht nachträglich seine Bestimmung erreichen [...] Behüte Euch alle Gott – Therese.«*[173]

Nach dieser Tragödie, die auch in der Bevölkerung Erschütterung auslöste – Maximilian war recht beliebt gewesen –, kursierten die wildesten Gerüchte. Es wurde, wie nach solchen Ereignissen üblich, nach einem Schuldigen gesucht. Und so ging die Fama, Erzherzogin Sophie habe Maximilian zu dem Abenteuer geraten, damit ihr Liebling, Franz Joseph, einen Konkurrenten loswurde. Doch jene, die es genau wissen müssen, schildern die Verhältnisse völlig anders, wie wir bei Fürstenberg lesen, nämlich dass Sophie ihm dringend von diesem Abenteuer abgeraten hatte. Sie hatte gehandelt, wie jede Mutter handeln würde, und hatte sich in Politik überhaupt nicht eingemischt:

»*Daß sie (Erzherzogin Sophie, Anm.) jemals aus eigener Initiative dem Kaiser dieses oder jenes geraten habe, kommt mir unwahrscheinlich vor. Es ist auch nicht richtig, daß sie ihren Sohn, Erzherzog Ferdinand Max, darin bekräftigt habe, die mexikanische Kaiserkrone zu übernehmen. Ihn trieb der eigene Ehrgeiz und der Wunsch seiner Frau, der Kaiserin Charlotte. Wohl aber ist es Tatsache, daß Sophie den Erzherzog vermochte, vor seiner Abreise nach Mexiko auf seine Erbrechte zu verzichten. Dies nahm sie auf sich, weil Kaiser Franz Joseph es wünschte. Sie fühlte sich eben als die erste Untertanin ihres Sohnes und stellte sich ihm zur Verfügung. Überhaupt war sie eine feurige Patriotin, weit besser wie viele geborene Österreicherinnen. Sie war von lauterer Wahrheitsliebe und von solcher Offenheit, daß sie ihren Widerspruch gegen eine Meinung, die nicht die ihrige war, nicht unterdrücken konnte. Wenn sie aber selbst eine Behauptung ausgesprochen hatte, die sich als unrichtig erwies, so beeilte sie sich, dies demjenigen zu sagen oder sagen zu lassen, dem gegenüber sie den Irrtum begangen hatte. Mitunter lag sogar etwas Schroffes in der Bestimmtheit, mit der sie eine ihr falsch erscheinende Ansicht ablehnte. Ihr Charakter war lauter und ihre Bildungsinteressen weit. Sie interessierte sich für viele Dinge, besonders auf dem Gebiet der Literatur.*«[174]

Maximilians Schicksal inspirierte zahlreiche Historiker und Dichter, unter ihnen Franz Werfel, und fand Eingang in die Kunstgeschichte durch das berühmte Gemälde Edouard Manets von seiner Hinrichtung.

KAISER GEGEN KAISERIN – DER AUSGLEICH MIT UNGARN 1867

Wie bereits erwähnt, schwächte die verlorene Schlacht von Königgrätz die Position Kaiser Franz Josephs erheblich. Die Niederlage gegen Preußen war nicht die erste, sondern eine weitere, besonders dramatische in einer ganzen Reihe. Seine erste große Niederlage erlitt der Kaiser 1859 bei den Schlachten von Magenta und Solferino, im Krieg gegen Frankreich und Sardinien. Damals musste er die Lombardei abtreten. Franz Joseph, der sich in erster Linie als Militär verstand, schmerzten diese Verluste nicht nur politisch, sie scheinen auch menschlich, in seinem Selbstwertgefühl und Selbstvertrauen, tiefe Wunden hinterlassen zu haben. Einen interessanten Einblick in seine Gefühlslage erlaubt uns der Bericht von Gräfin Marie Festetics, Hofdame Kaiserin Elisabeths:

»Kaiser Franz Joseph hatte nach den Niederlagen von 1859 und 1866 das Vertrauen in sich und in sein Glück verloren. Es war tieftraurig, seine Äußerungen zu hören, und Graf Andrássy gab sich alle Mühe, sein Selbstvertrauen zu kräftigen. Mehr als einmal sagte er der Kaiserin, daß auch sie ihre Bemühungen mit den seinigen vereinigen möge. Eine Szene ist mir in schmerzlicher Erinnerung. Es war am Tage der Eröffnung der Weltausstellung von 1873. Der ganze Hof, der Kaiser, die Kaiserin, das Gefolge, die Minister waren in den Appartments der Hofburg versammelt, um sich für die Auffahrt in Bewegung zu setzen. Da sagte der Kaiser laut, sodaß es die Umgebung hörte: ›Wenn nur schon der heutige Tag vorüber wäre. Ich fürchte, es wird irgendeine unserer gewöhnlichen Dummheiten geschehen.‹ Graf Andrássy erwiderte, es sei alles geordnet, eine Befürchtung läge nicht vor. Das Fest werde ganz nach Wunsch ablaufen. ›Glau-

ben Sie?‹ sagte der Kaiser. ›Das wäre bei uns in Österreich un-
gewöhnlich. Es muß sich immer irgendeine Schweinerei ereig-
nen.‹ Darauf erwiderte Andrássy, daß ich es hören konnte: ›Es
ist schmerzlich, daß Euer Majestät kein Selbstvertrauen besit-
zen. Das ist ein Unglück für das ganze Reich.‹ [...] Der Kaiser
fühlte sich durch seine geistige Überlegenheit gedrückt. Es wäre
zuviel gesagt, daß er eifersüchtig auf Andrássy war, aber er
wollte nicht mehr ganz nach seinen Ratschlägen handeln, und
beabsichtigte, mit dem Grafen Taaffe einen Zustand in Öster-
reich herzustellen, von dem er wußte, daß Graf Andrássy ihm
opponieren werde. Deshalb nahm er die vollständig freiwillige
Demission Andrássys an.«[175]

Die Ungarn begannen bereits nach den Niederlagen von Magenta
und Solferino die Schwäche der Monarchie für ihre Interessen zu
nutzen. Sukzessive gelang es ihnen – mit Unterstützung der Un-
garn-affinen Kaiserin –, eine Sonderstellung im Vielvölkerstaat
einzunehmen und ihre Sonderrechte auszubauen. Diese Anstren-
gungen gipfelten im sogenannten »Ausgleich« 1867, durch den
die Monarchie in zwei gleichberechtigte Teile gegliedert wurde
und fortan »Österreich-Ungarn« hieß. Der Kaiser und die Kaiserin
wurden in Buda zu König und Königin von Ungarn gekrönt, Ungarn erhielt eine eigene Verfassung mit weitgehender Autonomie.
Schließlich wurde Graf Gyula Andrássy von Franz Joseph zum Ministerpräsidenten ernannt.

Das gestörte Selbstwertgefühl des Kaisers führte offenbar zu
Schwierigkeiten mit seinen engsten Mitarbeitern, wie etwa dem
ungarischen Ministerpräsidenten und ab 1871 Außenminister der
Gesamtmonarchie Graf Andrássy, und es machte ihn anfällig für
falsche Ratgeber und Einflüsterungen, wie seitens des österreichischen Ministerpräsidenten Graf Eduard Taaffe, über den wir
bereits eine Einschätzung der Landgräfin Fürstenberg gelesen
haben. Dieser verdanken wir auch eine interessante innenpolitische Analyse im Zuge des Ausgleichs mit Ungarn:

»Der Kaiser hatte die beste Meinung von dem Grafen Julius Andrássy und hatte ihn eigentlich gerne. Aber Graf Julius Andrássy konnte bei der besten Absicht es nicht ungeschehen machen, daß er dem Kaiser überlegen war. Das fühlte dieser, und er konnte es nicht ganz verwinden. Andrássy kam oft in die Lage, dem Kaiser auseinandersetzen zu müssen, daß das, was dieser für richtig halte, verfehlt sei. Daraus ergaben sich unüberwindliche Schwierigkeiten. Er brachte den Kaiser auch zu Entschlüssen, die überraschend sind im Hinblick auf die Auffassung des Hofes. Man kann sich von der Feindseligkeit des Hofes und der kaiserlichen Familie gegen Deutschland keine rechte Vorstellung machen. [...] Als er vom Amte zurückgetreten war, fragte er mich einmal, was der Kaiser meiner Meinung nach über ihn denke. Darauf erwiderte ich: ›Er hegt die größte Hochachtung vor Ihnen, aber er hegt die Absicht, mit dem Grafen Taaffe zu kochen, und wollte sich dabei von Ihnen nicht stören lassen.‹«[176]

Taaffe war zuerst Ministerpräsident Cisleithaniens und bekleidete in der Folge verschiedene Ministerämter. Der straffe Konservative war nicht eben beliebt im Volk, da er etwa die Zensur verschärfte, die Pressefreiheit einschränkte und ein polizeistaatliches Überwachungssystem nach Metternich'schem Vorbild aufbaute. Dennoch ließ ihn der Kaiser gewähren, und erst als seine Bemühungen um eine Einigung mit den Tschechen grandios scheiterten, entließ er ihn.

Neben Taaffe gab es noch andere Protagonisten bei Hof, die dem Kaiser das Regieren nicht eben leicht machten. Rivalitäten und Intrigen griffen dort Raum, wo früher Autorität und Führungsstärke geherrscht hatten. Wiederum ist es Therese Fürstenberg, die weit über ihre Rolle als Hofdame hinaus Politik nicht nur scharfsinnig analysierte, sondern auch selbst dabei mitmischte.

»Ich habe in meinem Leben drei sehr schlaue Menschen am Hofe kennengelernt. Der erste war Graf Grünne. Er war im höchsten

Grade ungebildet wie soviele Offiziere seiner Zeit, aber ein Pfiffi-
kus ohnegleichen, ein wahrer Fuchs. Schlau im Verkehr am
Hofe, grob und rücksichtslos dagegen Leuten gegenüber, die er
nicht zu schonen brauchte. Seine Freunde nannten ihn deshalb
einen ungeschliffenen Diamanten. Der zweite, gleichfalls über-
aus schlaue Mann ist Baron Bánffy. [...] Als ich ihn nun kennen-
lernte, war ich überrascht von seiner geistigen Ähnlichkeit mit
dem Grafen Grünne. Er gab sich für den loyalsten Anhänger der
Dynastie, für eine feste Stütze des kaiserlichen Hauses in Un-
garn. Als ich einmal dem Grafen Goluchowsky gegenüber meine
Bedenken über Bánffy äußerte, erwiderte dieser: ›Sie tun Bánffy
Unrecht. Er ist der loyalste unter allen Ministerpräsidenten, die
Ungarn gehabt hat.‹ Ich war entrüstet über diese Behauptung
und fragte Goluchowski ungehalten, von wann er denn eigent-
lich rechne. Von der Unbildung Bánffys kann man sich schwer
eine Vorstellung machen. Er spricht Deutsch sehr schlecht. Um
aber bei Hof den Eindruck hervorzurufen, daß er die deutsche
Sprache fördere, antwortete er immer deutsch, auch wenn man
ihn ungarisch fragte. Ich konnte meine Abneigung gegen ihn
nicht verbergen.

Nun saßen wir einmal in Ischl, der ganze Hof, der Kaiser, die
Kaiserin, etwas entfernter die Erzherzogin Marie Valerie, ich in
der Nähe des Kaisers und neben mir Baron Bánffy. Es war mir
lange nicht möglich, an ihn das Wort zu richten. Ich merkte, daß
dem Kaiser dies auffiel, und um irgendetwas zu sagen, bemerkte
ich in ungarischer Sprache: ›Die Musikaufführung aus Anlaß
des Milleniums (1000-Jahr-Feier des Bestandes Ungarns, Anm.)
war sehr schön.‹ Bánffy antwortete: ›Ich muß wohl glauben,
daß das Orchestrum gut ist, da ich auch von Ihnen Lob höre.
Auch der ›Tann‹ hat das Orchestrum sehr gelobt.‹ Ich verstand
sofort, was Bánffy sagen wollte, aber ich bin eine schlechte Per-
son und gab mir den Anschein, als ob ich nicht verstünde und
fragte: ›Wer ist denn der ›Tann‹?‹ ›Gnädigste Gräfin kennen
den ›Tann‹ nicht? Er ist das französische Blatt.‹ ›Der ›Temps‹!‹

sagte ich. Selbst der Kaiser mußte lächeln, und man sah, daß der
ganze Hof nur mühsam das Lachen unterdrückte.«[177]

Immer wieder fragten sie wichtige Hofleute und Minister um ihre
Einschätzung, ja selbst der Kaiser wollte manches Mal ihre Meinung hören. Eine ähnlich machtvolle Position wie ihre Großmutter, Obersthofmeisterin Maria Theresia Fürstenberg, nahm sie jedoch nicht ein.

KRIEGSAUSBRUCH 1914, ABDANKUNG KAISER KARLS UND EXIL

Die finale Katastrophe für die Kaiserfamilie zeichnete sich mit der
Ermordung des Thronfolgers Franz Ferdinand und seiner Frau, der
Kriegserklärung an Serbien sowie dem darauf folgenden Aus-
bruch des Ersten Weltkriegs ab. Die Hofdame Kaiserin Zitas, Gräfin Agnes Schönborn, die damals noch ein halbwüchsiges Mädchen war, erinnert sich:

»Am Sonntag den 28.6.1914 gingen die Eltern mit Mariedschi
und mir wie jeden Sonntag ins Benediktinerkloster St. Gabriel,
Marie Christine zu besuchen, die dort Novizin war. In der recht
steilen Karlsgasse lief ein Postbeamter uns nach und sagte dem
Papa, dass der Thronfolger und seine Gemahlin in Sarajevo er-
mordet worden waren. Bei uns zuhause war leider nie die Rede
von Politik, weil Papa mittags im Büro aß und abends allein mit
der Mama, aber es wundert mich jetzt nachträglich doch eher,
dass der Sarajevoer Mord nicht mehr Eindruck auf uns machte,
umsomehr, als wir beide recht gut kannten. Sophie Chotek war
Geschwisterkind von Tante Osy Löwenstein und war einen
Sommer in Fischhorn, der Erzherzog derweil im nahen Zell am
See. Er kam sehr oft herüber, natürlich wusste der Kaiser nichts
von dieser ›Einrichtung‹, aber auch nicht der Großpapa, der
sich dann sehr darüber ärgerte. Aber wie gesagt, Mariedschi
und ich waren wenig aufgeregt über den Mord an und für sich,
sondern nur ängstlich, dass wir nicht wie projectiert nach dem

Marie-Christine-Besuch in die böhmische Oper gehen durften,
wo das ›Geheimnis‹ von Smetana gegeben wurde und wo Papa
eine Loge hatte. Die Eltern erlaubten uns aber doch hinzugehen.
Als dann plötzlich mitten während der Vorstellung der Director
vortrat und, vor herabgelassenen eisernen Vorhang verkündete,
die Vorstellung werde unterbrochen, weil das Thronfolgerpaar
ermordet worden sei, waren wir nur sehr stolz, weil wir es
schon im Voraus gewusst hatten!«[178]

Bald darauf sollte sich dieses Ereignis zum Ersten Weltkrieg aus-
weiten. Zu diesem Zeitpunkt konnte die junge Gräfin noch nicht
wissen, dass sie nur zwei Jahre später als Hofdame Kaiserin Zita
dienen und die Geschehnisse aus allernächster Nähe beobachten
würde. Mit ihr zitterte sie um den Kaiser, der während des Krieges
die Truppen an der Front inspizierte. Dass das Kaiserpaar heimlich um Frieden bemüht war, erfuhr nicht einmal sie. Nachdem
Kaiser Franz Joseph am 21. November 1916 gestorben war und
sein Großneffe Karl die Nachfolge angetreten hatte, begann dieser
sich – wie schon zuvor – sofort um einen Frieden mit dem Gegner
zu bemühen. Er nützte dafür auf Bitten Außenminister Czernins
die familiären Beziehungen Zitas, deren Brüder Sixtus und Franz
Xaver als Offiziere in der belgischen Armee dienten. Karl schrieb
einen Brief an den französischen Präsidenten Raymond Poincaré –
der diesem von seinen beiden Schwägern übergeben wurde – und
versprach darin, sich im Gegenzug für den Frieden um die Rück-
gabe Elsass-Lothringens an Frankreich einzusetzen. Das geheime
Schreiben gelangte im April 1918 an die Öffentlichkeit, der Skandal war perfekt. Generell schien Zita eine sehr vorsichtige und
misstrauische Herrin gewesen zu sein, was politische Dinge betraf:
»Ich weiß nicht, ob das jetzt die Zeit der ›Sixtus-Affäre‹ war,
über die ich nur wenig Besonderes weiß. Wie jedesmal, wenn sie
ein Baby erwartete, räumte I. M. ihre Papiere und verbrannte
viel. (Kaiserin Zita musste damit rechnen, die Geburt nicht zu
überleben, und wollte daher ihren Nachlass ordnen, Anm.)

*Dieses Mal hatte sie einen Brief des Ministers des Äußeren, Graf
Czernin, in der Hand, um ihn zu verbrennen, hob ihn aber doch
zur Sicherheit noch auf. Darin bat Czernin S. M. an Sixtus, den
ältesten Bruder der Kaiserin, zu schreiben, dass jetzt der Moment gekommen sei, Sixtus in die Friedensbemühungen einzu-
schalten. Soviel ich weiß, zeigte Sixtus diesen Brief dem Poincaré, überließ ihn ihm sogar.«*[179]

Die Sixtus-Affäre führte zu schweren Verstimmungen mit dem
Bündnispartner Deutschland, der sich hintergangen führte. Und
auch andere, die man auf seiner Seite gewähnt hatte, begannen
sich zu distanzieren: Noch im Jahr 1916, kurz nach der Thronbesteigung Kaiser Karls, hatte der politisch sehr mächtige ungarische Ministerpräsident Graf István Tisza Karl quasi gezwungen,
sich auch zum ungarischen König krönen zu lassen. Ein Jahr später entließ ihn der König, da er konsequent alle demokratischen
Reformen verweigert hatte. Doch die ungarische Oberschicht
folgte weiter diesem Weg, und als eine Niederlage auf den Kriegs-
schauplätzen immer deutlicher absehbar war, setzen sich Ungarn
und die ungarischen Soldaten – im wahrsten Sinn des Wortes –
immer mehr von Österreich ab. Es kam zu Massendesertionen.
Durch Reisen nach Ungarn versuchte Kaiser Karl, sein Reich zusammenzuhalten, doch die Risse in dieser Beziehung waren bereits sehr tief, wie die Schilderungen von Agnes Schönborn drastisch zeigen. Ausgangspunkt war eine Reise der Kaiserfamilie ins
kaiserliche Schloss Gödöllő:

*»Die ersten Tage in Gödöllő waren sehr schön. Ich war viel im
Stall bei einem Araber, der extra für mich gekauft worden war,
damit ich I. M. beim Ausreiten begleiten kann. Dann wurde die
Kriegslage immer schlechter, der Kaiser musste zurück nach
Wien. Warum die Kinder in Gödöllő zurückgelassen wurden,
weiss ich nicht mehr. Die M.s nahmen in ihrem Zug Mihály Károly*[180] *mit als eine Art Geisel. Graf Alexander war erfreut, ›mir
kann nichts geschehen, ich habe dem Mihály ein Zahnbürstel ge-*

geben‹. – In Schönbrunn, wohin wir fuhren, war natürlich rege
Tätigkeit. Minister etc. kamen um mit S. M. zu sprechen. Er war
schon so übermüdet, dass I. M. ihn zu einer Fahrt irgendwohin
hinaus mitnahm. Einmal, als er arg Zahnweh hatte, gab sie ihm
ein Schlafmittel – kaum hatte er es eingenommen, kamen einige
Herren zu einer wichtigen Besprechung! – Keine Nachricht von
den Kindern. Ich erinnere mich an einen Moment, als I. M. bei
einem Kamin stand und Papiere verbrannte und mir leise sagte:
›Sie wollen die Kinder als Geiseln behalten!‹ Mihály Károlyi
war gleich nach der Ankunft in Wien nach Budapest zurückge-
fahren. Sehr groß war die Freude, als die Kinder eines Abends
unerwartet eintrafen, per Auto. Therese Kerssenbrock, das ›Kor-
ferl‹, Aja der Kinder, und Oberleutnant Walla, ein Ungar aus
der Militärkanzlei, hatten sie heimlich, auf Umwegen, ich
glaube gegen Norden zu, gebracht. – Gabrielle Bellegarde und
einige Herren vergruben einige wichtige Schriften im Park, oben
rechts von der Gloriette, eingewickelt in meinen wasserdichten
Schreibmaschinenüberzug. Sie mussten nicht lang nachher wie-
der ausgegraben werden, weil der oben erwähnte Brief von
Kary Czernin benötigt wurde.«

Man muss sich vor Augen halten, dass all diese Dinge geschahen,
noch bevor der Krieg zu Ende war und Kaiser Karl abgedankt
hatte. So sehr verworren waren die Dinge und so unsicher die
Lage, dass das regierende Kaiserpaar zu seiner Sicherheit eine Geisel nahm und umgekehrt fürchten musste, dass die eigenen Kinder zu Geiseln genommen würden! Gegen Kriegsende hin, und besonders nach der Abdankung, wurde die Situation für die
kaiserliche Familie noch gefährlicher und unsicherer. Das zeigte
sich unter anderem daran, dass die Bewachung von Schloss
Schönbrunn zu einem Problem wurde.

»Zur Bewachung hatten die M.s erst ungarische Soldaten, die
sich aber verkrümelten, als man erfuhr, dass auch an der Front
die Ungarn nachhaus gegangen waren. Die Herrn vom elegan-

ten Jockeyclub wollten die Wache übernehmen und waren recht gekränkt, als man sie ohne weitere Begründung zurückwies – es waren ja lauter Offiziere, großteils adlige. Ich nehme an, dass das eine Eigenmächtigkeit von Baron Werkmann war, der sich um seinen Einfluss fürchtete. Schliesslich wurden die M.s von Wiener-Neustädter Akademikern, ganz jungen Offiziersaspiranten, bewacht.

Die Lage wurde immer ernster und es wurde beschlossen, nach Eckartsau auszuweichen. Über diese Zeit erinnere ich mich nur an Weniges. [...] Ich wurde in den Augarten geschickt, um Erzherzogin Maria Josepha – bei den Suiten die ›Marie-Pepi‹ genannt – abzuholen. Es war eine mir recht unangenehme Aufgabe, da ich Crescence Pallavicini, seit jeher Hofdame der Erzherzogin, nicht mitnehmen durfte – sie hatte absolut damit gerechnet auch nach Eckartsau zu kommen. Ich hatte zu unserem Schutz eine Pistole bekommen, aber ich glaube nicht, dass ich gut damit umzugehen gewusst hätte. So habe ich auch das sehr fälschlicherweise als Unterhaltung aufgefasst. Auch in Eckartsau rissen die Besuche nicht ab. Joszi Hunyady bat mich, Ihre Majestät zu bitten, bei solchen Besprechungen mit S. M. immer anwesend zu sein, da S. M. zu optimistisch sei und besonders in der Erinnerung die Gespräche zu hoffnungsvoll auffasse. Aber I.M. sagte mir sehr deprimiert: ›Ich wäre ja so gern dabei, aber er lasst mich nicht.‹ – Die Herren versuchten, S. M. auf die veränderte Lage vorzubereiten. So kam Exz. Zeidler, General, über jede Verdächtigung erhabener Chef der Militärkanzlei einmal zu S. M. mit einem roten Querband über der Kokarde auf der Mütze, so wie es in Wien jetzt allgemein getragen wurde, um Anpöbelungen zu entgehen. S. M. war sehr ungehalten, dass Zeidler es wage, so vor ihm zu erscheinen. – Wir waren alle in Eckartsau sehr gut untergebracht. [...] Bald normalisierte sich das Leben. So viel ich mich erinnere, jagte S. M. [...] Ich war während dieser Zeit einmal für eine Übernachtung nach Wien geschickt, um I.M. bei einer Bischofsweihe von Burgpfarrer Seydl

zu vertreten. Ich schlief in der wie ausgestorbenen Burg, in mei-
nem alten Hofdamenzimmer, mit Fenster auf den Ballhausplatz.
Mein altes Toilettezimmer war abgesperrt. Es ging auf die
Schauflergasse und Maschinengewehre waren dort aufgestellt.
Weit und breit kein Mensch. Es war eher unheimlich, als plötz-
lich lautlos die Flügeltüren vis-a-vis von meinem Bett sich öffne-
ten. Nach einer Weile ermannte ich mich und machte die Türen
wieder zu. Erst als der Vorgang sich wiederholte kam ich drauf,
dass die linke, auch durch eine Klinke gefestigte, Seite nicht or-
dentlich eingeschnappt war. Von da an schlief ich fest und gut.
  Wir hatten genügend Verpflegung, besonders auch durch die
Jagdergebnisse von S. M. Das englische Königshaus war scheints
besorgt um die Gesundheit der M.s und der Kinder, wollte auch
einen Herrn zum Schutz schicken und so kam zuerst ein Colonel
Summerhays, Arzt aus Indien. Sehr nett, bisl primitiv, immer
bestrebt uns durch kleine Spiele, zum Beispiel ›Jenkins up‹, zu
unterhalten. Er war kein großer Erfolg, wurde nach einer Weile
durch Oberstleutnant Strutt abgelöst, der allgemein sehr beliebt
und auch eine große Hilfe und Stütze war. [...] Warum beschlos-
sen wurde, Eckartsau zu verlassen, weiß ich nicht mehr – ich
glaube, dass immer öfter verdächtige Elemente in den Wäldern
der Umgebung gesehen worden waren. Aber jetzt wohin? Ein-
mal rief mich I. M., Strutt sei gerade bei S. M., sie wolle hören,
was beschlossen werde; ich glaube, S. M. wusste von ihrer An-
wesenheit an der verschlossenen Tür. Erst war nur Herumge-
rede, aber wie von der Ankunft in Buchs gesprochen wurde, ging
I. M. selig wieder weg. ›Endlich kommen wir in die Schweiz in
Sicherheit!‹ Sie selbst war eine ungemein tapfere Frau, aber hier
handelte es sich vor allem um die 5 schon lebenden und ein noch
ungeborenes Kind.«

IM EXIL IN DER SCHWEIZ

Am 11. November 1918 unterzeichnete Kaiser Karl ein Manifest, in dem er sich zum Rückzug aus allen Regierungsgeschäften verpflichtete, jedoch ausdrücklich nicht auf den Thron verzichtete. Zwei Tage später unterzeichnete er als König von Ungarn eine ähnliche Erklärung. Die Nationalversammlung beschloss, dass Österreich eine Republik sein solle; in dieser war für einen Kaiser kein Platz. Karl wurde des Landes verwiesen und musste am 24. März 1919 Österreich verlassen. Als Exil wählte er die Schweiz, erste Station war Wartegg am Bodensee. Gräfin Schönborn schildert die Zeit des Exils:

»Auch von dieser Abreise weiß ich nichts mehr, außer dass wir von irgend einer Station aus per Bahn reisten und dass an jeder Station englische Soldaten, Gewehr bei Fuss, den Zug entlang Wache hielten. Vorher hatten wir in Eckartsau noch eine Messe, und ich überredete Strutt, auch dazu zu kommen. [...] Zuerst kamen wir nach Wartegg, einem kleinen Schloss der Parmas am Bodensee, aber nicht direkt am Ufer. Die Mutter von I. M. und ihre Schwester Bella waren dort. Mit letzterer war ich auf gutem Fuß, nur während eines Besuches von I.M.s Bruder Sixtus wurde sie sich plötzlich des Rangunterschiedes bewusst und grüßte mich bei zufälligen Begegnungen sehr von oben herab, was mich sehr unterhalten hat. [...] Die Kinder hatten im Garten einen großen Sandhaufen. Einmal, als sie fleißig darin gruben, fragt mich Erzherzogin Adelheid: ›Was werden die Leute sagen, wenn sie sehn, dass die Kaiserkinder so fleißig arbeiten?‹ – Fast jeden Abend fuhr unweit vom Strand ein Boot hin und her, von dem aus ein wunderschönes Alphornkonzert erschallte. S. M. war gar nicht musikalisch und auch nicht sehr kunstsinnig. Ein Wiener Streichquartett kam einmal extra in die Schweiz, um vor den M.s zu spielen. S. M. sagte nach dem wunderschönen Konzert, er habe sich gar nicht gelangweilt, weil er auf der Uhr die Längen der einzelnen Teile abgestoppt habe. – Der Antiquar Sartori schickte ihm einmal ein uraltes Kruzifix – 15. Jahrhun-

dert? –, welches der Kaiser sofort einer Tiroler Gemeinde schickte, die ihn um ein Wegkreuz gebeten hatte. Sartori hat das natürlich erfahren, war eher gekränkt, kaufte es zurück und schenkte der Tiroler Gemeinde ein würdiges Wegkreuz, dem Wind und Wetter weniger schadeten. [...]

Von Wartegg aus wurde nach einem ständigen Aufenthaltsort gesucht und man entschloss sich schließlich, nach Prangins bei Nyon zu ziehen. Prangins bestand aus einer sehr schönen großen Villa am Genfer See mit großem Garten und einem sehr netten Nebengebäude für die Suiten, es hatte einem Bonaparte gehört. Unser Leben plätscherte ruhig weiter. Eine Weile ging ich auf Urlaub nach Haus, erst nach Heubach, dann nach Prag. [...] I.M. fuhr mit mir ein paar Mal in das nahe Genf, wo ich die steile Straße mit den vielen Antiquaren besonders gern hatte. I.M. ließ sich von jemandem eine Liste guter Geschäfte, besonders von Kleidergeschäften, geben, weil sie Sommerkleider kaufen wollte. Kurz vor Genf fiel mir ein, dass ich die Liste zuhause gelassen hatte! Wie gewöhnlich machte I.M. keinerlei unangenehme Bemerkungen darüber, sondern wir gingen aufs Geratewohl einkaufen – ich schämte mich sehr! [...]«

Kaiser Karl blieb im Exil nicht untätig. Er hielt regen Kontakt mit legitimistischen Kreisen in Ungarn, die ihn im Hinblick auf seinen Krönungseid zu einem Restaurationsversuch anregten. Er baute auf Reichsverweser Admiral Horthy[181] und wagte im Frühjahr 1921 eine heimliche Reise nach Ungarn, wo er seinen Thron zurückerlangen wollte. In diesen Versuch, die Macht in Ungarn zurückzuerobern, war auch Gräfin Schönborn unmittelbar eingebunden, ohne vorerst etwas davon zu ahnen. Sie sollte die Nachricht überbringen, dass die Restauration versucht werden sollte:

»Als ich mich am Charmittwoch von den M.s verabschieden wollte, waren sie sehr erstaunt. I.M. hatte meine Bitte (um Urlaub, Anm.) sichtlich vergessen, was ihr gar nicht ähnlich sah. Dann sagte sie aber, es sei ihr sehr recht, ich solle aber am späten

Nachmittag über Genf – also in der entgegengesetzten Richtung
– fahren und in der Nacht dort ein Telegramm aufgeben. Die
M.s gaben mit dann ein langes französisches Telegramm, dessen
Sinn mir ganz unklar war. [...] Als ich zu Ostern wieder hinun-
terkam, fand ich alles in freudiger Aufregung – S. M. war nach
Ungarn abgereist. ›Mein‹ Telegramm scheint die Ankündigung
der Abfahrt gewesen zu sein – leider weiß ich weder die Adresse
noch den Text mehr. Die Aufregung hielt an, die Freude leider
nicht. Wenige Nächte später wurde ich mitten in der Nacht von
der Korfferl geweckt, ich soll mich schnell zurecht machen, wir
fahren dem zurückkehrenden Kaiser nach Buchs entgegen. Flügel-
adjutant Schonta und Baron Werkmann führen auch mit, I. M.
neben dem Chauffeur, wir drei im Fond. (Siehe Boroviczény, Der
König und sein Reichsverweser).
Der Canton de Vaud wollte S. M. nicht mehr aufnehmen, und
so wurde per Bahn nach Luzern gefahren, wo wir im Hotel Na-
tional abstiegen. Mit S. M. war Ali Pallavicini gekommen, und
Papa, den ich damals kennen lernte.[182] Papa erzählte mir alle
Einzelheiten, über S. M. ›Audienz‹ bei Horthy, bei der der spä-
tere Innenminister Gömbös durch die Tür gehorcht habe, über
das unverschämte Schreiben von Horthy, S. M. solle unverzüg-
lich in die Schweiz zurückkehren, über S. M.s fingierte Krank-
heit und die schließliche Rückkehr. Wir sprachen englisch, damit
Mitreisende und Baron Werkmann uns nicht verstehen könnten.
– Nach einer Weile ließen die M.s mich rufen. S. M. begrüsste
mich und erzählte mir in kurzen Worten das gleiche wie der
Papa und I. M. fügte hinzu, ich soll das aber nicht vor den mit-
fahrenden Herren wiederholen, die nicht wüssten, dass die
Krankheit nicht echt gewesen sei, wenigstens nicht so arg, wie
S. M. dergleichen gemacht habe. Da S. M. nicht widersprach,
sagte ich natürlich auch kein Wort. Ziemlich müde kamen wir
am Abend in Luzern an und gingen sehr bald schlafen.«

Horthy war von 1909 bis 1914 Flügeladjutant Kaiser Franz Josephs gewesen, daher besaß er das Vertrauen von dessen Nachfolger Kaiser Karl. Horthy führte zwar umgehend nach seiner Machtergreifung in Ungarn die Monarchie wieder ein, hielt jedoch König Karl mit allen Mitteln vom Thron fern und blieb auf diese Weise provisorischer Regierungschef einer Monarchie ohne König. So wurde der zweite Restaurationsversuch ohne die Einbindung Horthys als Überraschungsaktion geplant:

»Nach vielen Verhandlungen, während welchen Papa auf Befehl des Königs in Ungarn war, wurde bestimmt, dass die kaiserliche Familie vorläufig nach Hertenstein im Kanton Luzern ziehen solle, das früher ein Hotel gewesen war und sich gut eignete. So kamen die M.s und die Kinder endlich wieder in Ruhe und das äußerlich ereignislose Leben ging weiter. Hertenstein lag schön am Vierwaldstätter See, vis-a-vis vom Bürgerstock. I. M. wäre lieber bis ganz ans Ende des Sees gefahren, wogegen aber wegen dem dort oft herrschenden Föhn, unter dem I. M. selbst aber gar nicht litt, Einspruch erhoben wurde. Am Eingang des Hertensteiner Parks hatte sich ein ungarischer Detektiv niedergelassen, damit S. M. nicht noch einmal unbemerkt entkommen könne. Daraufhin machte S. M. mit dem Papa fast täglich längere Autotouren in der Gegend, ohne irgendjemand zu sagen, wohin er fuhr. Die Flügeladjutanten waren – vielleicht begreiflicherweise – recht gekränkt, dass S. M. den ›zugereisten‹ Papa mehr ins Vertrauen zog, als seine altbewährten Begleiter. Vielleicht erwuchs aus der dadurch entstehenden Eifersucht auf Papa der erste Keim zu den Intrigen, aus denen später die ›Buchs-Affäre‹ entstanden ist? Jedenfalls hatte diese Fahrten aber den gewünschten Erfolg: Anfangs herrschte in Budapest darüber große Aufregung, einmal wurden daraufhin auf der Kettenbrücke alle Autos angehalten und durchsucht, ich glaube, dass einmal sogar die Auffahrt zur Burg nur mit Passierschein möglich war – mit der Zeit legte sich aber die Aufregung, da man einsah, dass es sich nur um eine Marotte von S. M. handle!

[...] *Einmal, als Papa gerade bei S. M. war, kam Baron Werkmann, der S. M.s Tagebuch-Aufzeichnungen über die Österreise* (nach Ungarn zum ersten Restaurationsversuch, Anm.) *abgetippt hatte. Die Aufzeichnungen waren schlagwortartig, stylistisch gar nicht durchgefeilt. S. M. nahm sie dem Werkmann ab und schickte ihn dann weg. Werkmann war S. M.s ›Pressechef‹, ein an und für sich netter Mensch und sicher treu ergeben, aber auch sehr eingebildet und selbstherrlich. So war dieser Vorfall wohl auch wieder ein Grund zu Eifersucht und weiterhin zu Intrigen. Mit Papa ging dann S. M. das Tagebuch durch, corrigierte hie und da ein Wort mit Bleistift hinein. Dann gab er Papa ein Exemplar und sagte: ›Sie sind mir dafür verantwortlich, dass mein Tagebuch so herauskommt!‹ Papa wurde nach Budapest geschickt, um dort das Tagebuch auf irgendeine Art zu veröffentlichen. Dort stieß er auf starken Widerspruch der Legitimisten. Im Tagebuch wurde Horthy stark angegriffen, mit dem S. M. noch nicht endgültig gebrochen hatte und dies auch noch nicht tun wollte. So fuhr Papa wieder mit dem Tagebuch nach Hertenstein zurück, absolut darauf gefasst, dass S. M. ihn wegen dieser Subordination entlassen werde. Das geschah aber gar nicht. S. M. sagte, er könne von Hertenstein aus die Lage nicht so genau beurteilen, er wolle alles den Legitimisten überlassen, aber Papa solle das Tagebuch behalten und sei nach wie vor dafür verantwortlich, dass es im gegebenen Moment erscheine. Dass I. M. dies dann dem Papa unmöglich machte, beschreibe ich weiter unten. [...]*

In diese Zeit fiel auch der vieldiskutierte Schmuckverkauf[183] durch Konsul Steiner. Die M.s gaben ihm nur Schmuck, der I. M. persönlich gehörte. Sie vertrauten ihm absolut und er betrog sie nach Noten. Genaue détails weiß ich leider nicht, habe ich nie gewusst, aber ich glaube, er hat zuerst zu wenig Geld abgeliefert und am Schluss recht viel für die eigene Tasche verkauft. [...]

Im Oktober (1921, Anm.) *kam Oberstleutnant Schager aus Budapest nach Hertenstein mit dem Auftrag der dortigen Legiti-*

misten, S. M. aufzufordern, unverzüglich nach Ungarn zu kommen. Die Legitimisten beriefen sich dabei auf den Krönungseid S. M., ließen ihm also keine Wahl – Schager nebst Militär betonte aber nicht genügend, dass nur die Militärs – Léhar, Bruder des Komponisten, und Ostenburg – so sehr auf das Kommen S. M. drängten, die Zivilisten eher dagegen waren, den Moment nicht opportun fanden. Es wurde rasch zu den letzten Vorbereitungen geschritten. Papa hatte sich eines Flugzeuges am Züricher Flughafen versichert und sich mit zwei ungarischen Piloten, Fekete und Alexej, verabredet. Wie zu erwarten war, bestand I. M. obwohl sie im Anfang einer Schwangerschaft war, darauf, mitzufliegen; S. M. machte auf jeden Fall sein Testament, das ich per Bahn nach Budapest bringen sollte. Es wurde angegeben, dass Papa und ich zu einem längeren Urlaub nach Ungarn fahren, und ausgemacht, dass S. M. ihn von Zürich zurückrufen sollte. Wir, Papa und ich, fuhren also über den See zum Bahnhof, Kronprinz Otto und Erzherzogin Adelheit winkten uns lange nach.

Als Papa wieder zurückgekommen war, fuhren die Majestäten – diesmal auch I. M. – mit Papa zu einer ihrer ›gewöhnlichen‹ Autofahrten los, im eigenen Auto. Nach einer Strecke Wegs stiegen alle drei in ein anderes, unauffälliges Auto um, das Papa kurz vorher gekauft hatte, Papa am Volant. Er konnte gut fahren, hatte aber zur Sicherheit noch einen Wiederholungsfahrkurs mitgemacht, bei dem ich zur Tarnung auch den Führerschein machte. [...] Auf dem Flugplatz fielen die drei Autofahrer gar nicht auf, man konnte gleich starten. Der Flug verlief ruhig. Über Bayern wurde ein leichter Motordefekt constatiert, der einige Unruhe erzeugte, denn es wäre sehr unangenehm, landen und sich ausweisen zu müssen, ging aber auch ohne Landung gut weiter. [...] Die Majestäten fuhren dann nach Sopron und von dort per Bahn weiter. Noch einen längeren Aufenthalt gab es vor Györ. Als Papa General Léhar fragte, was los sei, sagte dieser, die Majestäten seien beim Speisen, da brauchten sie Ruhe. Papa remonstrierte, da ja doch alles auf eine Überraschung einer plötzlichen Ankunft ankomme, worauf Léhar meinte, Papa wolle schnell nach Györ kommen, weil ich ihn dort erwarte! Daraufhin ging Papa zu den Majestäten und erklärte ihnen die Situation, worauf S. M. sofort den Befehl zum Weiterfahren gab.

Ich war einstweilen von Zürich weiter gefahren. An der Schweizer Grenze gab es gar keine Schwierigkeiten, aber in Wien wurde ich mit meinen vielen Koffern aus der Reihe genommen und dann genau geprüft und ausgefragt. Warum ich so viel Gepäck und so schöne Lederkoffer habe, wohin ich fahre, etc. Ich sagte, ich sei auf der Hochzeitsreise, Papa habe wegen eines verstauchten Fußes für ein paar Tage zurückbleiben müssen, und es sei doch selbstverständlich, dass ich zur Hochzeit viele neue Sachen und Koffer bekommen habe. Schließlich ließ man mich gehen, ich glaube, nicht sehr überzeugt! Später habe ich erfahren, dass im selben Zug wie ich die Mutter eines der Kindermädeln fuhr, die in Hertenstein auf Urlaub gewesen war. Sie hat am ›Kindergang‹ gesehen, wie dort die Koffer der M.s eingepackt wurden – natürlich hatte die mich verraten.

Ich fuhr nach Ivánc zu den Sigrays, hielt mich aber unterwegs in Szombathely/Steinamanger auf, wo ich mit Léhar und Bischof Mikes reden sollte, aber nur ersterem sagen durfte, dass die M.s jetzt kommen. Bischof Mikes musste ich verhindern, eventuell grad um diese Zeit zu verreisen. [...] Léhar wollte vor allem den genauen Zeitpunkt der Ankunft wissen, war gar nicht damit zufrieden, dass ich ihm sagen musste, den werde man ihm noch mitteilen. Begreiflicherweise stand mir die Rolle I. M. am nächsten und ich fragte Léhar, wie er es fände, dass sie mitkommt. Er war begeistert. Die Ungarn seien eine ritterliche Nation und die Anwesenheit I. M. würde sie sehr anspornen. – Ich war sehr empört und erstaunt, als ich später hörte, das völlig Unerwartete am Kommen I. M.s sei Hauptschuld am Misslingen gewesen. Er war ein sehr eitler Mensch. Ich weiß nicht, ob er auch darunter litt, dass er neben seinem berühmten Bruder

nie erwähnt wurde, jedenfalls war er sehr eifersüchtig auf Hor-
thy. Léhar hatte mit seinen Soldaten den Kommunismus gebro-
chen, aber wegen Eifersüchteleien unter den Generälen hatte
man den einzigen Admiral zum Reichsverweser erwählt, er
war auf einem Schimmel zur Burg geritten, während Léhar
beim Einzug keine Rolle gespielt hatte. Jetzt sah Léhar den Mo-
ment, das alles wieder gut zu machen, er würde den König zu-
rückbringen! Das dürfte auch der Grund gewesen sein, weshalb
auf jeder Station Paraden abgehalten wurden und dann schließ-
lich gegen Schluss vergessen wurde, die Telephonleitung nach
Budapest zu zerschneiden. Diese Zerstörung des Überraschungs-
moments und die vielen Verzögerungen durch die Paraden
waren Schuld am Misslingen. Oberstleutnant Ottrubay, früher
bei der Militärkanzlei und S. M. treu ergeben, war mit Minister
Vass gekommen, den Horthy S. M. entgegengeschickt hatte, um
ihn zur Umkehr zu bewegen. Als es Ottrubay gelang, mit un-
sern Herrn einen Moment allein zu reden, sagte er ihnen, man
möge sich möglichst beeilen, nach Budapest zu kommen, die
ganze Bevölkerung erwarte S. M. mit Begeisterung, aber es seien
›Mädchen‹ in die Kasernen geschickt worden, um die Soldaten
zu demoralisieren, ihnen ›gut zuzureden‹. Die Regierung hatte
an mehreren Stellen die Schienen aufreißen lassen.

Um 6 Uhr früh waren wir in Bia-Torbágy, Papa weckte
mich, damit ich mich fertig mache, in 20 Minuten würden wir
in Kelenföld sein, wo auswaggoniert werden sollte. Der Zug
wurde aber nach der Abfahrt wieder zurückgeschoben, wieder
waren Schienen aufgerissen, der erste Zug, der uns voranfuhr,
sei in Buda-Örs unter Feuer genommen worden. [...][184] *Um Ver-*
leumdungen, die das Gegenteil behaupten, entgegenzutreten,
möchte ich noch extra betonen, dass die Sonntagsmesse in Bia-
Torbágy — so nahe bei den Waggons, dass die M.s jederzeit
schnell einsteigen konnten — die einzige Messe während der gan-
zen Zeit seit Sopron war; immer wieder wird nämlich behaup-
tet, die Weiterfahrt sei durch Messen verzögert worden.

RÜCKKEHR UND ABSCHIED

Das Unternehmen war also misslungen. Franzl Esterházy bat die Majestäten, zu ihm nach Totis zu kommen. Die Eisenbahnfahrt Bia-Torbágy – Totis ist nicht lang. Trotzdem waren bei unserer Ankunft nicht nur die Zimmer hergerichtet, sondern am Anfang der schönen Kastanienallee, die Bahnhof und Schloss verbindet, standen genügend Wagen für alle – für die Majestäten, soviel ich mich erinnere, mit 4er oder 5er Zug, alle Kutscher in ungarischer Gala. In Totis meldete sich Oberst Siményfalvy, der ab Györ als Gefangener im Zug mitgereist war, bei S. M. als derjenige, der für die Sicherheit zu sorgen habe. S. M. wies auf Siményfalvys zahlreiche Orden und machte eine Bemerkung darüber, dass der Oberst mit der Eisernen Krone jetzt sein Gefängniswärter sei. Als ich bald darauf durch das Vorzimmer ging, sah ich Siményfalvy sichtlich ganz gebrochen auf einem Sessel sitzen. Abends ein gutes, aber nicht übermäßiges diner, Suppe, Vorspeise, Braten, Nachspeise, Käsedessert. I. M. sagte mir nachher, ich solle der Mária (der Köchin, Anm.) sagen, sie solle um alles in der Welt nicht der M.s wegen so einen Aufwand treiben. Mária wurde sehr verlegen, weil es so ein diner war, wie sie es immer hatte.

Bald darauf gingen wir schlafen, wir waren sehr müde. Mária weckte plötzlich den Franzl – sie hatte sehr lebhaft von ihrer verstorbenen Mutter geträumt, das deutete immer etwas Besonderes an, er solle nachschauen gehen. Franzl beruhigte sie, sie sei einfach nervös, es sei gar nichts los. Nach ca. 10 Minuten wiederholte sich der Vorgang, da stand Franzl auf, um Mária zu beruhigen. Draußen sah er auf der obersten Stufe einer Wendeltreppe einen sichtlich bewaffneten Fremden. Franzl warf ihn hinunter und sah, wie der erste einen zweiten mitriss. Natürlich große Aufregung, Siményfalvy wurde geweckt, Papa verständigt etc. Die Wendeltreppe startet von einer kleinen Hoftür, die unbewacht geblieben war, und mündete in einem kleinen Vorraum des Schlafzimmers der Franzls, welches letztere den M.s abgetreten hatten. Siményfalvy ließ die beiden Männer einsper-

ren, aber das war scheints nur ›for show‹ – am nächsten Tag wurden sie samt ihren Waffen in ein Auto gesetzt und nach Budapest geschickt. Wir hörten später, dass sie sich in einem Wirtshaus gebrüstet hatten, sie führen jetzt nach Totis um die Königsfrage schnell und auf einfache Art zu lösen! Außer Papa und mir hatten noch mehrere andere die M.s begleitet, Ella Andrássy, Lily Wenckheim – die übrigen weiß ich nicht mehr.

Am nächsten Tag wurde Ostenburg, der es nicht über sich gebracht hatte, so wie Léhar auf Befehl von S. M. zu fliehen, in Remetteség, wo das Gestüt war und er sich versteckt hatte, gefangen genommen. Zu uns übrigen kamen einige Militärs und sagten, die M.s würden jetzt nach Tihány gebracht werden, der Hofstaat dürfe sie aber nicht begleiten. Gottlob hatte ich die rettende Idee zu sagen, d.h. durch Papa sagen zu lassen, ich sei nicht Hofstaat, ich sei Cousine, worauf Papa und ich mitfahren durften. Natürlich waren die ungarischen Damen eifersüchtig auf mich, damals Fremde. Ella Andrássy blätterte aufgeregt in einem Grafengotha und sagte mir scharf: ›Wie kannst du behaupten, eine Cousine I.M. zu sein. Du stehst gar nicht im Gotha.‹ Schönborn ist nämlich in der 2ten Abteilung im Fürstengotha. Die Großmutter von I.M., Tante Ada Braganca, die auf ihre alten Tage Benediktinerin wurde, war die Schwester meines Großvaters, Karl Löwenstein, der hinwiederum im Alter als Pater Raymundus Dominikaner wurde.

Am nächsten Tag fuhren wir nach Tihány, nachdem dem Papa durch einen Lakaien gemeldet worden war, dass er verhaftet sei, aber noch mitfahren dürfe. Das Trinkgeld, das die M.s dem Kammerdiener Tom für alle Hausleute gaben, gab dann Tom dem Flügeladjutanten Schonta zurück. ›Wir wollen die M.s nicht durch eine Zurückweisung kränken, aber niemand von uns will etwas von den M.s nehmen, wo es ihnen so schlecht geht!‹ [...] Ich glaube es war bei dieser Gelegenheit, dass Mária an Jószi Károlyi telegraphierte, er soll Pölster dann und dann zum Zug bringen, weil die M.s welche brauchen. Es war dies nur eine

Finte, um Jószi aufmerksam zu machen, dass die M.s vorbei-kommen, aber es ist zum Glück gut gelungen. Tihány ist eine wunderschöne Abtei am Plattensee, war damals nur von alten ›pensionierten‹ Benedictinern bewohnt. Die M.s hatten ein nicht großes Zimmer am Ende vom Querstrich eines T-förmigen Gan-ges, daneben ein kleineres Zimmer und dann kam unser Zim-mer. – Ich glaube, der Fürstprimas war einmal bei den M.s und jedenfalls auch Graf Szécsen mit einem andern Herrn. Erna Sz. (Szécsen, Anm.) glaubt, es war Graf Sándor Esterházy gewe-sen. Ersterer fragte immer wieder, was er für die M.s tun, was er ihnen bringen könne. Es tut mir heute noch leid, dass ich sagte, sie brauchen nichts – er war so enttäuscht, aber leider ist mir nichts eingefallen. Vis-a-vis von unserem Fenster machte am ersten Abend jemand Morsezeichen mit einer Taschenlampe, die wir leider nicht entziffern konnten und die M.s auch nicht. Bald darauf wurde Papa ins Gefängnis abgeführt. [...]

Am Abend des ?? (Fragezeichen im Original, Anm.) Oktober wurden wir wieder in einen Zug verfrachtet und fuhren nach Baja, wo uns Graf Alexander Esterházy, Obersthofmeister S. M., erwartete. Während der ganzen Fahrt von Budapest aus hatte er Angst vor dieser Begegnung mit den M.s, fürchtete, sie wür-den gefesselt oder sich sträubend abgeführt werden. Das war Gottlob nicht der Fall. Vom Zug bis zum wartenden englischen Motorboot ›Glowworm‹ standen Soldaten Spalier – es sah fast so aus wie in früheren Zeiten, als die M.s, Siményfalvy folgend, hindurchschritten. [...] Es war auch noch ein zweites großes Mo-torboot auf der Donau, in das Graf Alexander einstieg. Auf der Glowworm begrüßte der sehr freundliche Oberst Snagg die M.s. Siményfalvy verabschiedete sich mit Tränen in den Augen. Er bat S. M. um Verzeihung und beteuerte, er habe diese Wächter-rolle nur angenommen, damit nicht vielleicht ein anderer, schlechter Gesinnter, sie übernehme. S. M. reichte ihm daraufhin die Hand. Der Nuntius kam und sprach eine Weile allein mit den M.s, dann wurde losgefahren – wir wussten nicht wohin.

Wir waren gut verpflegt, aßen mit dem sehr angenehmen Oberst Snagg, der mir leider meine Pistole abnahm. Er versicherte mir, dass die gefangenen Politiker jedenfalls vorläufig nicht hingerichtet würden, der Prozess habe noch nicht begonnen. [...] Die M.s hielten sich fabelhaft. Als ich einmal Kopfweh hatte und bei I. M. sitzend die ganze Situation besprach mit ihr, konnte ich plötzlich zu meiner Beschämung und Wut die Tränen nicht mehr zurückhalten. Sie tröstete mich sehr liebevoll und meinte auch, dass man hie und da einmal die Nerven verliert, sei selbstverständlich.

An der jugoslawischen Grenze war kein Pilot aufzutreiben. Sie waren alle Ungarn und weigerten sich, S. M. aus dem Land zu führen – man musste schließlich einen serbischen Piloten nehmen. [...] Aus irgendeinem Grund – zu viel oder zu wenig Wasser – konnten wir nicht per Schiff durch das Eiserne Tor und fuhren diese Strecke per Auto, begleitet von geschniegelten und parfümierten rumänischen Offizieren. Dann ging es wieder per Schiff weiter, ich glaube wieder auf dem Glowworm. In Galatz erwarteten uns Jószi und Gabriele Hunyády. Die M.s stiegen gleich auf ein großes Schiff um. Sie wussten immer noch nicht, wohin sie gebracht werden würden, nur dass sie ›dort‹ mit ihren Kindern vereint sein würden. I. M. hatte sehr Angst, dass sie auf die Insel kämen, wo immer so eine böse Augenkrankheit herrscht – Malta? Davon hatte sie auch schon immer wieder auf dem Glawworm gesprochen. Gabrielle sagte mir, dass I. M. nur ein Kleid habe, alles andere sei in Budapest oder vielleicht auch in Totis geblieben – ich hätte mich wohl darum kümmern sollen, hatte es über all den Aufregungen vergessen. Ich hatte ein besseres schwarzes Kleid mit, das Papa besonders gern hatte, und borgte es I. M., sagte aber leider dazu, dass Gabrielle es mir zurückbringen soll. Das war natürlich dumm, und machte einen schlechten Eindruck. Ich verabschiedete mich von den M.s auf dem Dampfer, ahnte nicht, dass ich S. M. nie mehr, I. M. erst nach vielen Jahren beim Eucharistischen Kongress in Fulda wie-

dersehen würde. Wenn ich nicht geglaubt hätte, ich würde später die Hunyádys ablösen, wäre mir der Abschied viel schwerer geworden.«

Das Ende der Geschichte ist rasch erzählt und in allen Geschichtsbüchern nachzulesen: Kaiser Karl überlebte das Exil nicht lange. Auf Madeira zog er sich eine schwere Lungenentzündung zu und starb daran am 1. April 1922. Seine Frau war zu diesem Zeitpunkt erneut schwanger. Zita zog sich nach einer Odyssee zuerst in Spanien und dann in Belgien schließlich in das Kloster Zizers in der Schweiz zurück, wo sie im Jahr 1989 starb.

Gräfin Agnes Schönborn, verehelichte Boroviczény, musste in Ungarn lange Jahre der Armut und Unterdrückung durch das Horthy-Regime und die Kommunisten erleiden, ihr Mann Aladár war als überzeugter Legitimist immer wieder eingesperrt. Nach dem Zweiten Weltkrieg, 1945, flohen sie nach Österreich, wo sie von Agnes' Cousin Fürst Heinrich Schwarzenberg aufgenommen wurden und einen Gutshof in der Obersteiermark, in Katsch an der Mur, bewohnten. Dort führte das Paar ein beschauliches Leben und zog seine drei Söhne groß. Agnes Boroviczény starb 80-jährig im Jahr 1973.

DANK

Allen, die mich beim Verfassen dieses Buches unterstützt haben, möchte ich an dieser Stelle herzlich danken. Vor allem danke ich meiner Familie für ihr Verständnis für meine oftmalige physische und geistige Abwesenheit, insbesondere meinem Mann und meiner Schwiegermutter für die Betreuung unseres Sohnes in dieser Zeit.

Den Leihgebern der privaten Briefe und Tagebücher danke ich sehr herzlich für das Vertrauen und die Bereitschaft, familieninterne Schriften der Öffentlichkeit zugänglich zu machen. Konkret gilt mein besonderer Dank Johannes Prinz und Landgraf zu Fürstenberg in Weitra sowie Elisabeth und Dr. Franz Boroviczény, Enkelin bzw. Sohn von Gräfin Agnes Schönborn, dass sie mir die privaten Aufzeichnungen zur Verfügung stellten. Johannes Hartig und Archivar Dr. Wolfgang Katzenschlager danke ich für die herzliche Aufnahme und Unterstützung bei meinen Recherchen in Weitra. Für die wertvollen Hinweise und das überlassene Material sage ich Dr. Mária Tolnay Kiss, Urgroßnichte von Gräfin Ida Ferenczy, Dr. Georg Frölichsthal sowie meinen Tanten Edeltraud Folliot Crenneville und Hildegard Walterskirchen herzlichen Dank.

Dr. Carmen Sippl, die mich auf die Idee für dieses Buch brachte und mich bei der Entstehung tatkräftig unterstützt hat, danke ich ebenfalls sehr herzlich sowie allen Mitarbeitern des Residenz Verlages und meiner Lektorin MMag. Mares Pitner für ihre hervorragende Arbeit.

LEXIKON DER FACHBEGRIFFE

Adjutant

Adjutant bedeutet eigentlich »Gehilfe« und ist die militärische Bezeichnung für einen beigestellten Offizier. Seine Aufgabe bestand vor allem darin, Befehle entgegenzunehmen und zu überbringen. In der k. u. k. Monarchie gab es mehrere Arten von Adjutanten: Der Kaiser hatte Generaladjutanten im Rang eines Generals und Flügeladjutanten im Rang von Stabsoffizieren zu seiner Unterstützung und Begleitung zur Verfügung. Über Flügeladjutanten verfügten auch die Feldmarschälle und die jeweiligen Thronfolger.

Ahnenprobe

Im strengen Reglement des Wiener Hofes war für die »Hoffähigkeit«, also die Erlaubnis für die Anwesenheit bei Hof, eine Ahnenprobe nötig. Darin musste urkundlich die direkte und eheliche Abstammung von einer bestimmten Anzahl adeliger Ahnen nachgewiesen werden. Für die große Ahnenprobe mussten sowohl väterlicher- als auch mütterlicherseits je acht adelige Vorfahren nachgewiesen werden. Die Ahnenprobe war auch Voraussetzung für die Verleihung etlicher Ämter und Würden, wie etwa der Kämmererwürde oder der Aufnahme als Hofdame.

Aja

Der Begriff kommt aus dem Spanischen. Im Kaiserhaus wurden so die Erzieherinnen der Erzherzöge und Erzherzoginnen genannt. Im Gegensatz zur Amme, die nur für die Ernährung des Säuglings sorgte und bürgerlicher Herkunft war, stammte die Aja aus einem adeligen Haus, sollte gebildet, vornehm und im Umgang mit Kindern erfahren sein. Spätestens ab dem sechsten Geburtstag ihrer Zöglinge wurden ihr diese abgenommen und die Erzherzöge männlichen Erziehern zur Ausbildung übergeben.

Cortège

Der Begriff stammt aus dem Französischen und bezeichnet allgemein eine feierliche Prozession oder einen Umzug bzw. eine Parade. Bei Hof wurde so das Gefolge eines Monarchen bei offiziellen Anlässen bezeichnet, bei dem die Würdenträger zu erscheinen hatten. Das Cortège wurde laut Hofrangordnung ausschließlich vom Hofstaat gebildet, also von Geheimen Räten, Kämmerern und Truchsessen bei den Herren, Palastdamen und Hofdamen bei den Frauen. Zum Cortège eines Monarchen oder einer Monarchin zu zählen, war einerseits eine Ehre, andererseits eine – teils lästige – Verpflichtung.

Ebenbürtigkeit oder Standesgemäßheit

Im Herrscherhaus wurde bei der Eheschließung streng auf die Ebenbür-
tigkeit der zukünftigen Braut geachtet, sie musste ebenfalls aus einem
regierenden, also standesherrlichen, Haus stammen. War die Braut nicht
ebenbürtig, so hatten die Nachkommen kein Anrecht auf den Thron.
Man nannte dies eine »morganatische« Ehe. Dies war etwa der Fall, als
der Thronfolger Franz Ferdinand Gräfin Sophie Chotek heiratete. Seine
Nachkommen verloren die Thronrechte und waren nicht mehr der
Familie Habsburg-Lothringen zugehörig; sie wurden zu Herzögen von
Hohenberg.

Hoffähigkeit

Der Zutritt zum Hof und der regelmäßige Kontakt mit Mitgliedern der
kaiserlichen Familie waren nicht jedermann möglich und erlaubt. Vor
allem für die Teilnahme an gesellschaftlichen Ereignissen wie Festen
und Bällen bedurfte es der Hoffähigkeit, um eingeladen zu werden.
Diese besaßen vornehmlich die Mitglieder alter Adelsfamilien, die eine
Ahnenprobe beibringen mussten, sowie einzelne ausgewählte Personen,
die aufgrund ihrer Stellung oder besonderer Verdienste Zutritt zum Hof
hatten. Es gab mehrere Arten des Hofzutritts. Der engere Hofzutritt
stand nur Hofwürdenträgern, Mitgliedern der fürstlichen und Chefs der
standesherrlichen gräflichen Familien zu. Es gab auch den erweiterten
Hofzutritt, der für Offiziere der Wiener Garnison, Diplomaten und
Ordensritter galt, der Personenkreis war also relativ weit gefasst.

Kämmerer

Die Kammer war im Mittelalter die den Haushalt führende Behörde,
deren Leitung dem Kämmerer oblag. Im Lauf der Zeit wurde daraus ein
Ehrenamt, das an verdiente Männer verliehen wurde. Äußeres Zeichen
dieses Amtes war ein großer goldener Schlüssel. Zur Erlangung der
Kämmererwürde musste eine Ahnenprobe beigebracht werden. Die
Kämmerer übernahmen beispielsweise das Geleit bei Begräbnissen
innerhalb der Kaiserfamilie.

Hofdame

Im Unterschied zur Palastdame war Hofdame ein richtiger Beruf. Hofdamen erhielten ein Gehalt, eine Abfindung beim Ausscheiden, Kost
und Unterkunft. Voraussetzungen waren eine vornehme, also adelige
Herkunft – sie mussten eine Ahnenprobe für die Hoffähigkeit abgeben –
, eine gute Erziehung und Vertrauenswürdigkeit, außerdem hatten die

Hofdamen unverheiratet zu sein. Bei Heirat schieden sie aus dem Hofdienst aus. Für den Posten einer Hofdame konnte man sich nicht bewerben, man wurde dazu ernannt und erhielt ein formelles Ernennungsdekret. (Näheres siehe in *Kapitel 1*.)

Marschallstafel
Zur Marschallstafel wurden Gäste geladen, die nicht an der Haupttafel mit dem Monarchen speisten. Den Gastgeber machte hier der Obersthofmarschall oder ein anderer Kammerherr.

Obersthofmarschall
Er leitete den Obersthofmarschallstab, eine Abteilung des Hofes, die als Zivilgerichtsbehörde für die kaiserliche Familie und andere Familien, die einen Sonderstatus einnahmen, fungierte. Weiters war das Amt zuständig für die Fideikommisse, also das gebundene Vermögen etlicher adeliger Familien (ähnlich den heutigen Familienstiftungen).

Obersthofmeister
Der Obersthofmeister war der engste Mitarbeiter des Kaisers und leitete den gesamten Hofstaat. Ihm unterstanden die gesamte Verwaltung, die Finanzen, das Dienstpersonal und die Garden. Sein Einfluss reichte von der Hofküche bis zur Hofoper. Ab 1895 war ihm auch das Hofmarschallamt in Ungarn unterstellt.

Obersthofmeisterin
Sie war das Pendant zum Obersthofmeister, ihr unterstand der gesamte Hofstaat einer Kaiserin oder anderen Fürstin. Obersthofmeisterin war ein verantwortungsvoller, anstrengender und hoch bezahlter Beruf. Sie beaufsichtigte das Dienstpersonal, stellte das Personal ein und entließ es, achtete auf die Etikette, hatte die Anordnungen des Obersthofmeisteramtes auszuführen und sorgte generell für Zucht und Ordnung. Durch ihre hohe und zentrale Stellung übten die Obersthofmeisterinnen oft großen Einfluss in persönlicher und politischer Hinsicht auf die Monarchinnen aus.

Palastdame
Im Unterschied zur Hofdame war Palastdame ein unbezahltes Ehrenamt, sehr begehrt, jedoch recht kostspielig. Wie die Kämmerer waren auch die Palastdamen turnusmäßig zum Hofdienst eingeteilt und hatten zu den Repräsentationsterminen zu erscheinen. Als Pflichttermine galten der Hofball und der Ball bei Hof, der Neujahrscours, also der Neujahrsempfang des Kaisers (ähnlich jenem des Bundespräsidenten heute, bei dem er die Diplomaten empfängt), sowie hohe kirchliche Feste wie

die Fronleichnamsprozession. Bei diesen Anlässen musste stets eine strenge Kleiderordnung beachtet werden, die sich für die Damen als recht kostspielig erwies, wollte man doch nicht zweimal im selben Kleid erscheinen.

Suite
Der Begriff kommt aus dem Französischen und bedeutet »Gefolge«. Er bezieht sich auf das Militärische und meint die Begleitung eines Landesherrn, Feldherrn oder Generals durch seinen Adjutanten und seine höchsten Offiziere, die ihm stets (à la suite) zur Verfügung stehen.

1792–1835 Regierungszeit Kaiser Franz' II.
(als römischer Kaiser Franz I.)
bis 1809 Kriege Napoleons u. a. gegen Österreich, Friede von
Schönbrunn
1810 heiratet Napoleon Erzherzogin Marie Louise
1811 kommt ihr gemeinsamer Sohn, Napoleon Franz Joseph
(der spätere Herzog von Reichstadt), auf die Welt
1815 endgültige Niederlage Napoleons bei Waterloo und
Verbannung, Wiener Kongress
1830 Geburt Erzherzog Franz Josephs
1835 Regierungsantritt Kaiser Ferdinands
1848 Revolution und Abdankung Ferdinands,
Regierungsantritt Kaiser Franz Josephs
1853 Attentat auf den Kaiser durch Libényi
1853–1865 Krimkrieg, Feindschaft zwischen Österreich und Russland
1854 Hochzeit Kaiser Franz Josephs mit Elisabeth
1855 Geburt ihrer Tochter Sophie (gest. 1857)
1856 Geburt ihrer Tochter Gisela
1858 Geburt ihres Sohnes Rudolf, Kronprinz
1859 Krieg Österreichs gegen Sardinien und Frankreich,
Niederlagen bei Magenta und Solferino;
Österreich verliert die Lombardei
1864 Erzherzog Maximilian wird Kaiser von Mexiko
1866 Krieg gegen Preußen und Italien, Siege bei Custozza und
Lissa, Niederlage bei Königgrätz. Verlust Venetiens an
Italien
1867 Ausgleich mit Ungarn
1867 Hinrichtung Kaiser Maximilians in Mexiko
1868 Geburt der Tochter Marie Valerie
1871–1879 Graf Julius Andrássy k. u. k. Außenminister
1872 Tod von Erzherzogin Sophie
1878 Okkupation der türkischen Provinzen Bosnien und
Herzegowina
1879 Zweibund zwischen Österreich und Deutschland
(seit 1871 Kaisertum)
1879–1893 Graf Eduard Taaffe Ministerpräsident Cisleithaniens
1881 Kronprinz Rudolf heiratet Stephanie von Belgien
1882 Dreibund mit Deutschland und Italien
1886 Tod König Ludwigs von Bayern
1888 Regierungsantritt Kaiser Wilhelms II.

1889	Kronprinz Rudolf begeht Selbstmord
1895–1897	Regierung Graf Kasimir Badenis in Cisleithanien, die Nationalitätenkonflikte spitzen sich zu
1896	Millenniumsfeiern in Ungarn
1898	Kaiserin Elisabeth wird in Genf ermordet
1914	Thronfolger Franz Ferdinand wird in Sarajevo ermordet, Ausbruch des Ersten Weltkriegs
1916	Tod Kaiser Franz Josephs, Regierungsantritt Kaiser Karls
1918	Staatsbesuch in Konstantinopel, Ende des Ersten Weltkriegs, Abdankung Kaiser Karls
1919	das Kaiserpaar geht ins Exil in die Schweiz
1921	März: erster Restaurationsversuch Kaiser Karls; Oktober: zweiter Restaurationsversuch; Verbannung nach Madeira
1922	Karl stirbt auf Madeira
1989	Tod Zitas

STAMMBAUM

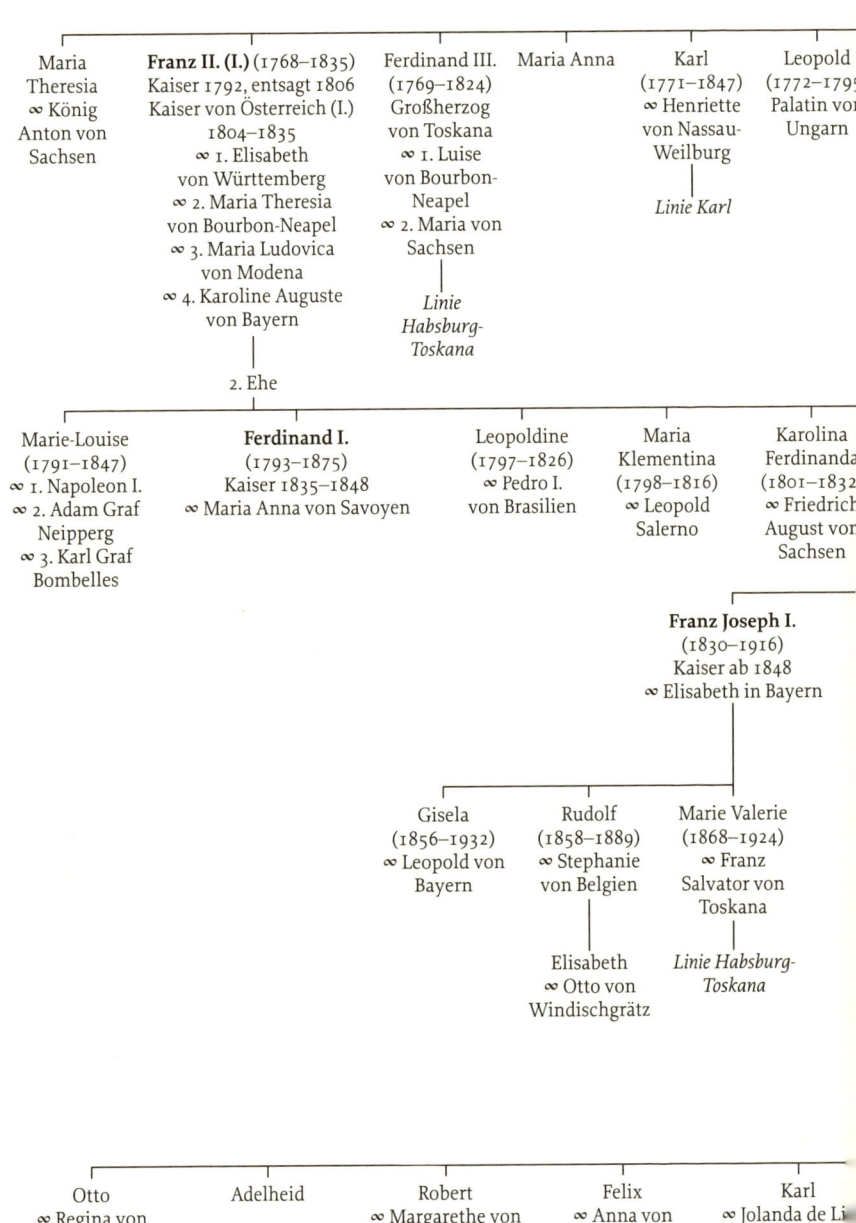

Maria Theresia ∞ König Anton von Sachsen	**Franz II. (I.)** (1768–1835) Kaiser 1792, entsagt 1806 Kaiser von Österreich (I.) 1804–1835 ∞ 1. Elisabeth von Württemberg ∞ 2. Maria Theresia von Bourbon-Neapel ∞ 3. Maria Ludovica von Modena ∞ 4. Karoline Auguste von Bayern	Ferdinand III. (1769–1824) Großherzog von Toskana ∞ 1. Luise von Bourbon-Neapel ∞ 2. Maria von Sachsen	Maria Anna	Karl (1771–1847) ∞ Henriette von Nassau-Weilburg	Leopold (1772–1795) Palatin von Ungarn

Maria Anna

Linie Habsburg-Toskana

Linie Karl

2. Ehe

Marie-Louise (1791–1847) ∞ 1. Napoleon I. ∞ 2. Adam Graf Neipperg ∞ 3. Karl Graf Bombelles	**Ferdinand I.** (1793–1875) Kaiser 1835–1848 ∞ Maria Anna von Savoyen	Leopoldine (1797–1826) ∞ Pedro I. von Brasilien	Maria Klementina (1798–1816) ∞ Leopold Salerno	Karolina Ferdinanda (1801–1832) ∞ Friedrich August von Sachsen

Franz Joseph I.
(1830–1916)
Kaiser ab 1848
∞ Elisabeth in Bayern

Gisela (1856–1932) ∞ Leopold von Bayern	Rudolf (1858–1889) ∞ Stephanie von Belgien	Marie Valerie (1868–1924) ∞ Franz Salvator von Toskana

Elisabeth
∞ Otto von
Windischgrätz

Linie Habsburg-Toskana

Otto ∞ Regina von Sachsen-Meiningen	Adelheid	Robert ∞ Margarethe von Savoyen	Felix ∞ Anna von Arenberg	Karl ∞ Jolanda de Li

Nachkommen

Nachkommen

Nachkommen

Nachkomme

Josef	Anton Viktor	Maria	Johann	Rainer	Ludwig	Rudolf
1776–1847)	(1779–1835)	Theresia	(1782–1859)	(1783–1853)	(1784–1864)	(1788–1831)
Palatin	Hoch- und	∞ König	∞ Anna	∞ Elisabeth		Kardinal
̃on Ungarn	Deutsch-	Anton von	Plochl (Gräfin	von Savoyen		
1. Alexandra	meister	Sachsen	von Meran)			
Pawlowna				*Linie*		
2. Hermine			*Grafen*	*Erzherzog*		
̃on Anhalt			*von Meran*	*Rainer*		
∞ 3. Maria						
̃orothea von						
̃ürttemberg						

Linie
̃zherzog Josef

Franz Karl · Maria Anna
1802–1878) · (1804–1858)
∞ Sophie von
Bayern

Ferdinand Maximilian · Karl Ludwig (1833–1869) · Ludwig Viktor
(1832–1867) · ∞ 1. Margarete von Sachsen · (1842–1919)
̃aiser von Mexiko 1864–1867 · ∞ 2. Maria Annunziata
∞ Charlotte von Belgien · von Neapel-Sizilien
· ∞ 3. Maria Theresia von Portugal
· 2. Ehe · 3. Ehe

̃nz Ferdinand · Otto Franz Josef · Ferdinand · Margarethe · Maria · Elisabeth
̃863–1914) · (1865–1906) · ∞ Berta Czuber · ∞ Albrecht v. · Annunziata · Amalia
∞ Sophie · ∞ Maria Josefa · (Burg) · Württemberg · · ∞ Alois von
̃otek, Gräfin, · von Sachsen · · · · Liechtenstein
̃rzogin von
̃ohenberg

̃erzöge von
̃ohenberg

Karl I. (1887–1922) · Maximilian Eugen (1895–1952)
Kaiser 1916–1918 · ∞ Franziska von Hohenlohe-
∞ Zita von Bourbon-Parma · Waldenburg-Schillingsfürst

Nachkommen

Rudolf · Charlotte · Elisabeth
∞ Xenia · ∞ Georg von · ∞ Heinrich von
̃Bezobrazova · Mecklenburg · Liechtenstein

̃Nachkommen

QUELLEN UND LITERATUR

Quellen

Gedruckte Quellen

Augsburger Allgemeine Zeitung, 10. Jänner 1816.

Correspondance de Marie Louise 1799–1847. Wien 1887.

Hofdamen-Briefe. Sammlung von Briefen an und von Wiener Hofdamen Anfang des 19. Jahrhunderts. Wien 1903.

Die Kindheit unseres Kaisers. Briefe der Baronin Luise von Sturmfeder, Aja seiner Majestät, aus den Jahren 1830–1840. Wien 1900.

Gräfin Irma Sztáray, Aus den letzten Jahren der Kaiserin Elisabeth. Wien 1909, Neuauflage Amalthea Wien 2004.

Gräfin Lulu Thürheim, Mein Leben. Erinnerungen aus Österreichs großer Welt 1788–1852. Hg. René van Rhyn. 4 Bände. München 1913/14.

Ungedruckte Quellen

Briefe und Cahier personel der Landgräfin Therese Fürstenberg. Familienarchiv Fürstenberg in Weitra (FA Fürstenberg).

Briefe der Landgräfin Maria Therese von Fürstenberg, geb. Prinzessin Schwarzenberg, FA Fürstenberg in Weitra.

Briefe der Gräfin Marie Festetics an Baron de Vaux. Haus-, Hof- und Staatsarchiv Wien.

Briefe an Gräfin Clementine Taaffe. Familienarchiv Taaffe, Haus-, Hof- und Staatsarchiv Wien.

Briefe von Gräfin Victoire Crenneville. Familienarchiv Crenneville. Haus-, Hof- und Staatsarchiv Wien.

Erinnerungen von Gräfin Agnes Schönborn, verheiratete Boroviczény. Familienbesitz Wien.

Literatur

Arndt Christiane, Das Archiv der Grafenfamilie Folliot de Crenneville im Haus-, Hof- und Staatsarchiv Wien. FH Dipl. Arb. Potsdam 2009.

Ernst Otto (Hg.), Franz Joseph I. in seinen Briefen. Wien 1924.

Feigl Erich, Zita. Kaiserin und Königin. Wien 1977.

Filek-Wittinghausen Werner, Grundherren und Unternehmer – wirtschaftliche und soziale Initiativen der Landgrafen von Fürstenberg zu Weitra im 19. Jahrhundert. In: Erwein H. Eltz, Arno Strohmayer (Hg.), Die Fürstenberger – 800 Jahre Herrschaft und Kultur in Mitteleuropa. Korneuburg 1994.

Friedjung Heinrich, Geschichte in Gesprächen. Hg. Von Franz Adlgesse
und Margaret Friedrich. Bd 1 und 2. Wien 1997.
Guglia Eugen, Maria Theresia, Band 1. München 1917.
Hamann Brigitte, Die Habsburger. Ein bibliographisches Lexikon.
Wien 1988.
Dies., Elisabeth. Kaiserin wider Willen. Wien 1997.
Kaiser Stephanie-Christina, Ein Leben zwischen Familie und Kaiserhof.
Die Briefe der Landgräfin Therese von Fürstenberg an ihren Mann
(ca. 1820–1840). Phil. Dipl. Arb. Salzburg 2010.
Keller Katrin, Hofdamen. Amtsträgerinnen im Wiener Hofstaat des
17. Jahrhunderts. Wien 2005.
Praschl-Bichler Gabriele, Die Habsburger und das Übersinnliche.
Wien 2003.
Vocelka Karl, Geschichte Österreichs. Graz–Wien–Köln 2000.
Winkelhofer Martina,»Viribus unitis«. Der Kaiser und sein Hof.
Wien 2008.

ANMERKUNGEN

1 Der zitierte und alle folgenden Briefe der Baronin Scharnhorst
  sind folgender Quelle entnommen: Hofdamen-Briefe. Sammlung
  von Briefen an und von Wiener Hofdamen Anfang des 19. Jahrhunderts, Wien 1903
2 Damen Conversations Lexikon, Band 7, o. O. 1836
3 Maria Theresia Landgräfin zu Fürstenberg, geb. Prinzessin
  Schwarzenberg, 1780–1870
4 Filek-Wittinghausen Werner, Grundherren, S. 272
5 Brief Baronin Scharnhorst in: Hofdamen-Briefe, S. 205
6 Fürst Clemens Wenzel Metternich, Staatskanzler, 1773–1859;
  Graf Franz Anton Kolowrat, Staatsminister und sein Gegenspieler,
  1778–1861
7 Fürst Alfred I. zu Windisch-Grätz, Feldmarschall, 1787–1862
8 Lajos Kossuth de Kossuth et Udvard, 1802–1894, Rechtsanwalt und
  Politiker, stammte aus ungarischem Kleinadel. Er war 1848/49
  einer der Anführer des Aufstands der Ungarn gegen die Habsburger-Herrschaft und forderte bis zu seinem Tod im italienischen
  Exil die Unabhängigkeit Ungarns von Österreich. Hierzulande
  galt er als Verräter, in Ungarn wird er bis heute als Nationalheld
  verehrt.

9 Landgräfin Therese Fürstenberg, Cahier personel, Familienarchiv
(FA) Fürstenberg, FA 39

10 Joachim Egon Landgraf zu Fürstenberg, 1749–1828, verheiratet mit
Sophie-Therese zu Oettingen-Wallerstein, 1751–1835

11 Friedrich Karl Egon Landgraf zu Fürstenberg, 1774–1865

12 Brief vom 11.8.1837, Bad Ischl, Fürstenberg-Archiv Weitra, FA 31/2,
fol. 79

13 Brief vom 17. April 1850

14 FA Fürstenberg, FA 39/1a

15 Louise Marie, 1840–1925, ab 1864 verheiratet mit Graf Aloys von
Rechberg

16 Brief vom 2. November 1865, FA Fürstenberg, FA 39/1a

17 Brief an Louise vom 8. Dezember 1865, FA Fürstenberg, FA 39/1a

18 Althart in Mähren bei Znaim, wo die Grafen Rechberg ein Gut
besaßen

19 Brief an Louise, Wien, 16. Jän. 1866, FA Fürstenberg, FA 39/1a

20 Brief an Louise, 17. Februar 1866, ebd.

21 Ebd.

22 Wien, 10. März o. J., ebd.

23 Brief vom 4.2.1866, ebd.

24 Landgräfin Therese Fürstenberg im Gespräch, in: Friedjung
Heinrich, Geschichte in Gesprächen, hg. von Adlgesse Franz und
Margaret Friedrich, Bd. 2 1904–1919, S. 77–82

25 Brief Therese Fürstenberg, 3. Dezember 1888, FA Fürstenberg
FA 39/1a

26 1864–1940; die Gräfin blieb unverheiratet und starb auf dem
Stammsitz ihrer Familie Szobráncz in Ungarn. Für ihre treuen
Dienste erhielt sie als Erste den von Kaiser Franz Joseph gestifteten
Elisabeth-Orden 1. Klasse.

27 Janka Mikes, die 1894 heiraten wollte und der Kaiserin Irma
Sztáray vermittelte

28 Irma Gräfin Sztáray, Aus den letzten Jahren der Kaiserin Elisabeth,
S. 15–19

29 Brief an ihre Schwester Gabrielle, Wien, 20. Mai, FA Fürstenberg,
FA 40/2–4

30 Alle Zitate von Gräfin Agnes Schönborn sind ihren ungedruckten
Erinnerungen entnommen.

31 Annotationen, zitiert bei Feigl, Zita, Kaiserin und Königin, S. 41f.

32 Vgl. dazu: Praschl-Bichler Gabriele, Die Habsburger und das
Übersinnliche, 39ff.

33 Eigentlich hieß sie Reichsgräfin Maria Karolina von Fuchs, geboren
1675 in Dresden, gestorben 1754 in Wien.

34 Guglia Eugen, Maria Theresia, Band 1, München 1917, S. 17f.

35 Anders Ferdinand, Eggert Klaus, Maximilian von Mexiko, 1982
36 Das Tagebuch der Baronin Louise von Sturmfeder ist 1910 unter
dem Titel »Die Kindheit unseres Kaisers« gedruckt erschienen.
Die Schreibweise wurde wie im Original beibehalten.
37 Maria Klementina, Tochter Kaiser Franz II., 1798–1881, verheiratet
mit ihrem Onkel Leopold, Prinz von Sizilien und Salerno
38 Karoline von Bayern, Sophies Mutter
39 Älteste Tochter Kaiser Franz', verheiratet mit Napoleon Bonaparte,
Mutter des Herzogs von Reichstadt
40 Gemeint ist Maria Carolina Augusta, Tochter von Maria Klementina, Prinzessin von Salerno, damals acht Jahre alt.
41 »Meine Liebe, ich hätte an Sie eine Bitte, ich ordne meine Bibliothek neu und hoffe, dass Sie mir bei dieser Beschäftigung helfen
würden?« – »Wie Ihre Majestät befehlen.« – Dieser Dialog enthält
den verklausulierten Wunsch, dass Sturmfeder auch nach dem
Ende ihrer Tätigkeit als Aja bei Hof bleiben sollte.
42 Hofdamen-Briefe, S. 377
43 Charlotte von Welden, 1812–1892, verheiratet mit Ludwig von
Welden, Feldherr der kaiserlichen Armee
44 Kosename »Tini«, geb. 23.10.1825, gest. 13.9.1882. Ihre Eltern waren
Ludwig Patrick Graf Taaffe und Prinzessin Amalie von Berzenheim.
45 Friedjung Heinrich, Gespräche, S. 80
46 HHStA, SB FA, Taaffe 24
47 Ebd.
48 Zit. nach Feigl, Zita, Kaiserin und Königin, S. 371
49 Ebd., S. 143f.
50 Ebd., S. 144f.
51 Ebd., S. 343f.
52 Guglia Eugen, Maria Theresia, S. 360
53 Brief vom 23. März 1832, in: Sturmfeder: Die Kindheit unseres
Kaisers
54 Brief vom Oktober 1834, ebd.
55 Graf Philipp von Grünne, General, Obersthofmeister von Erzherzog
Karl, 1762–1854
56 Freiherr Karl von Gudenau, Feldmarschallleutnant, Kämmerer von
Erzherzog Karl
57 Gräfin Antonia von Eltz, Aja der Erzherzoginnen Maria Theresia
und Maria Karolina
58 Brief vom 5. März 1835 an ihre Schwester Nani, in: Sturmfeder,
Die Kindheit unseres Kaisers
59 Ebd.
60 Dieses Zitat wie auch die folgenden der Baronin Scharnhorst sind
den Hofdamen-Briefen entnommen.

61 1809–1895; sie starb in Eferding im Hause ihrer Tochter, die
Fürst Camillo Starhemberg geheiratet hatte, nachdem sie durch
Verschwendung ihr gesamtes Vermögen verloren hatte.
62 Baronin Scharnhorst, 18. Oktober 1848, an Gräfin Sickingen, in:
Hofdamen-Briefe
63 Baronin Scharnhorst, Olmütz, 4. Dezember 1848, anlässlich der
Thronbesteigung Franz Josephs, ebd.
64 Baronin Scharnhorst, Hacking, 15. Juli 1849, ebd.
65 Baronin Scharnhorst, Wien, 18. März 1850, ebd.
66 Baronin Scharnhorst, 24. Februar 1851 an Gräfin Sickingen, ebd.
67 Hofdamen-Briefe
68 Ebd.
69 Brief Therese Fürstenberg an ihre Schwester Louise, Wien,
8. Dez. 1865, FA Fürstenberg FA 39/1a
70 Brief Therese Fürstenberg an ihre Schwestern, dat. Ischl,
4. Okt. 1865, FA Fürstenberg FA 39
71 Cahier personel, FA Fürstenberg, FA 38/3
72 Sztáray, S. 95
73 August 1894, Sztáray, S. 19f.
74 Gräfin Marie Festetics, siehe: Friedjung Heinrich, Gespräche,
S. 293ff.
75 Ebd.
76 Friedjung Heinrich, Gespräche, S. 77–82
77 Zit. nach Kaiser Stephanie, Die Briefe der Landgräfin Maria
Theresia Fürstenberg an ihren Mann
78 Baronin Scharnhorst, Wien, Februar 1841, an Gräfin Sickingen, in:
Hofdamen-Briefe
79 Baronin Scharnhorst, Wien, März 1843, an Gräfin Sickingen, ebd.
80 Baronin Scharnhorst, Wien, April 1843, an Gräfin Sickingen, ebd.
81 Gemeint ist Josip Graf Jelačić, kaiserlicher Statthalter des Kronlandes Kroatien.
82 Hofdamen-Briefe
83 Sztáray, S. 142ff.
84 Baronin Speth, Würzburg, 22. Februar 1850, in: Hofdamen-Briefe
85 Gräfin Julie Hunyadi, geb. 1809 als Gräfin Zichy, hatte insgesamt
vier Söhne und eine Tochter; sie war die Tante von Karoline »Lily«
Hunyadi, spätere Hofdame Kaiserin Elisabeths.
86 Wien, Februar 1841, in: Hofdamen-Briefe, ebenso die folgenden
Zitate
87 Hofdamen-Briefe
88 Therese Fürstenberg, Cahier personel, Fürstenberg Archiv,
FA 38/2
89 Die französische Thronerbin und ihre Hofdame

90 Adelgunde, Erbprinzessin von Modena, Schwester von Erzherzogin Hildegard und Tochter König Ludwigs von Bayern
91 Maria Beatrix, 1824–1906, Tochter Franz' IV. von Modena aus dem Haus Habsburg-Este, die später den Infanten von Spanien, Juan, heiratete, sowie Maria Theresia, später mit Heinrich von Bourbon verheiratet
92 Hofdamen-Briefe
93 Zit. nach Kaiser Stephanie, Die Briefe der Landgräfin Maria Theresia Fürstenberg an ihren Mann
94 Brief aus Holitsch, 18. o. M. o. J, SA Weitra, FA 31/2
95 Zit. nach Kaiser Stephanie, Die Briefe der Landgräfin Maria Theresia Fürstenberg an ihren Mann
96 Brief aus Linz, 2.7.1837, SA Weitra 31/2
97 Maximilian Josef, 1782–1863, Hoch- und Deutschmeister
98 Zit. nach Kaiser Stephanie, Die Briefe der Landgräfin Maria Theresia Fürstenberg an ihren Mann
99 Es handelt sich um eine weitere Hofdame Erzherzogin Sophies, deren Identität nicht zu klären war.
100 Brief Therese Fürstenberg an ihre Schwester Gabrielle, FA Fürstenberg, FA 40
101 Julius Wenzel Ritter von Bělský, Landesadvokat und ab 1866 Bürgermeister von Prag; von Kaiser Franz Joseph in den Ritterstand erhoben. František Palacký war ein böhmischer Historiker und sehr um das böhmische nationale Bewusstsein bemüht.
102 Brief Therese Fürstenberg an Gabrielle, FA Fürstenberg, FA 40
103 Ebd., wie auch die folgenden Zitate
104 Alle Briefe an Louise, FA Fürstenberg, FA 39a
105 Ebd.
106 Ebd.
107 Ebd.
108 Ebd.
109 Ebd.
110 Ebd.
111 Ebd.
112 Ebd.
113 Als Buch erschienen sie erstmals 1909 und wurden 2004 im Verlag Amalthea neu aufgelegt, sind mittlerweile aber leider vergriffen.
114 Sztáray Irma, Die letzten Jahre der Kaiserin Elisabeth, S. 15–34
115 Ebd., S. 168–173
116 Gustav von Schweden, 1858–1950
117 1 Gulden entspricht etwa 6 Euro.
118 Hofdamen-Briefe, S. 88f.
119 Franz Graf Colloredo-Mels und Waldsee, 1735–1806

120 Gräfin Lulu Thürheim, Mein Leben. Erinnerungen aus Österreichs
      großer Welt 1788–1852, hg von René van Rhyn, 4 Bände, München
      1913/14
121 HHStA, Crenneville, Karton 1
122 »Augsburger Allgemeine Zeitung«, 10. Jänner 1816, S. 4
123 Hofdamen-Briefe
124 Ebd.
125 Ebd.
126 Ebd.
127 Ebd.
128 Ebd.
129 FA Fürstenberg, FA 39 1a
130 Friedjung Heinrich, Gespräche, S. 293ff.
131 Hofdamen-Briefe
132 Ebd.
133 FA Fürstenberg, FA 39 1a
134 Brief vom 31. August 1843 an Gräfin Sickingen, in: Hofdamen-
      Briefe
135 Maria Viktoria Pauline Folliot Crenneville Poutet, 1766–1855,
      heiratete später Obersthofmeister Franz Graf Colloredo.
136 Correspondance de Marie Louise 1799–1847. Lettres intimes et
      inédites à la Comtesse de Colloredo et à Mademoiselle de Poutet de-
      puis 1810, Comtesse de Crenneville, Vienne 1887
137 Ebd., S. 268
138 Im Original heißt es »grand maître«, also Großmeister, aber sie
      meint wahrscheinlich Graf Crenneville.
139 Ebd., S. 270
140 Ebd., S. 289
141 Sturmfeder, Die Kindheit unseres Kaisers
142 Ebd.
143 Ebd.
144 Ebd.
145 Correspondance de Marie Louise, S. 304
146 Dieses Vorurteil wird u.a. auch im Internet-Lexikon Wikipedia
      sowie in zahlreichen Schulbüchern immer noch verbreitet.
147 Zit. nach Hamann Brigitte, Elisabeth – Kaiserin wider Willen.
      S. 112–113
148 HHStA, Archiv Taaffe, SB FA, Taaffe 24
149 Hofdamen-Briefe
150 Sztáray, S. 143
151 Fürstenberg Therese, Cahier personel, FA Fürstenberg, FA 39
152 Fürstenberg Therese, in: Friedjung Heinrich, Gespräche, S. 77–82
153 Hofdamen-Briefe

154 Ebd.
155 Ebd.
156 Ebd.
157 Ebd.
158 Ebd.
159 Ebd.
160 Ebd.
161 Fürstenberg Therese, FA Fürstenberg, FA 39, Cahier personel
162 Hofdamen-Briefe
163 FA Fürstenberg, FA 40
164 FA Fürstenberg, FA 39 1a
165 Ebd.
166 FA Fürstenberg, FA 41
167 FA Fürstenberg, FA 39 1a
168 Ebd.
169 Ebd.
170 Ebd.
171 Charlotte war die Tochter des belgischen Königs Leopold, dessen
    Liebling und sehr reich. Sie verliebte sich Hals über Kopf in
    Maximilian. Den Tod ihres Mannes konnte sie nicht verwinden.
    Sie starb, geistig umnachtet, im Jahr 1927 in Belgien.
172 Konstantin von Hohenlohe-Schillingsfürst, 1828–1896, erster
    Obersthofmeister Kaiser Franz Josephs
173 FA Fürstenberg, FA 39 1a
174 Therese Fürstenberg über Kaiser Maximilian, in: Friedjung
    Heinrich, Gespräche, S. 77–82
175 Gräfin Festetics, in: Friedjung Heinrich, Gespräche, Bd. II,
    S. 292–294
176 Landgräfin Fürstenberg, in: Friedjung Heinrich, Gespräche, S. 77–82
177 Ebd.
178 Alle Zitate von Agnes Schönborn sind ihren privaten, ungedruck-
    ten Erinnerungen entnommen.
179 Im Original verweist Agnes Schönborn auf Gordon Brook-Sheperds
    Buch »Um Krone und Reich«, S. 77ff.
180 Mihály Graf Károly, 1875–1955, war ein führender ungarischer
    Politiker. Er folgte Graf Tisza als Ministerpräsident nach und
    strebte eine reine Personalunion mit Österreich und das allgemeine
    Wahlrecht an. 1918 rief er die Republik Ungarn aus.
181 Miklós Horthy von Nagybánya, 1868–1957, schlug die ungarische
    Räterepublik nieder und regierte von 1920 bis 1944. Er führte ein
    halb-autoritäres Regierungssystem ein, ab 1932 näherte er sich
    dem faschistischen Italien und dem nationalsozialistischen
    Deutschland an.

182 Ihr zukünftiger Mann Baron Aladár Boroviczény de Kisvárda,
geb. 1890, stammte aus ungarischem Adel, war studierter Jurist
und Diplomat. Er diente Kaiser Karl in der offiziellen Funktion
eines Legationssekretärs,
de facto als enger Mitarbeiter und Berater, vor allem in der Phase
der Restaurationsversuche als Verbindungsmann zu den ungarischen Monarchisten.

183 Die Anti-Habsburg-Propaganda beschuldigte das Kaiserpaar,
Kronjuwelen gestohlen und im Ausland verkauft zu haben.

184 Für den weiteren Verlauf der Ereignisse verweist die Autorin auf
das Buch ihres Mannes, Aladár Boroviczény: Der König und sein
Reichsverweser, München 1924.

PERSONENREGISTER

BILDNACHWEIS

Konrad Kramar
Georg Mayrhofer

Prinz Eugen
Heros und Neurose

ISBN 978 3 7017 3289 0

Kriegsherr, Stratege, Philosoph, Gärtner, Baumeister – das historische Bild des Prinzen Eugen von Savoyen ist so übergroß wie seine Statue auf dem Wiener Heldenplatz. Treue und Ehrgefühl bestimmten sein Handeln, seine Persönlichkeit aber war von tief sitzenden kindlichen Neurosen geprägt, verborgen nur hinter einem »Image«, das er ein Leben lang schützend vor sich her trug.

Konrad Kramar und Georg Mayrhofer zeichnen vor dem Hintergrund seiner Zeit, aber aus dem Blickwinkel unserer Gegenwart, das vielschichtige Porträt einer öffentlichen Person, die Weichen stellte – und das eines privaten Menschen, der sich hinter der eigenen Heldenrolle zu verbergen suchte.

www.residenzverlag.at